“十四五”职业教育河南省规划教材

商品学基础与实务

（第4版）

主编　孙参运

中国财经出版传媒集团
中国财政经济出版社

图书在版编目（CIP）数据

商品学基础与实务 / 孙参运主编. --4 版. --北京：中国财政经济出版社，2022.8（2025.8重印）
“十四五”职业教育河南省规划教材
ISBN 978-7-5223-1475-4

Ⅰ.①商…　Ⅱ.①孙…　Ⅲ.①商品学-高等职业教育-教材　Ⅳ.①F76

中国版本图书馆 CIP 数据核字（2022）第 102036 号

责任编辑：康　苗　　　　　　责任校对：胡永立
封面设计：华乐功　　　　　　责任印制：史大鹏

中国财政经济出版社 出版
URL：http：//www.cfeph.cn
E-mail：cfeph@cfeph.cn

社址：北京市海淀区阜成路甲 28 号　邮政编码：100142
营销中心电话：010-88191522　编辑部门电话：010-88190639
天猫网店：中国财政经济出版社旗舰店
网址：https：//zgczjjcbs.tmall.com
北京中兴印刷有限公司印刷　　各地新华书店经销
成品尺寸：185mm×260mm　16 开　17.75 印张　412 000 字
2022 年 8 月第 4 版　2025 年 8 月北京第 4 次印刷
定价：46.00 元
ISBN 978-7-5223-1475-4
（图书出现印装问题，本社负责调换，电话：010-88190548）
本社质量投诉电话：010-88190744
打击盗版举报热线：010-88191661　QQ：2242791300

第4版前言

“愚本园丁侍花开，耕耘守责无旁贷。俯身作梯拱日月，可为杏坛增光彩。”转眼间，从2008年本人主编出版的《商品学基础》到现在的《商品学基础与实务》（第3版）已过14个年头。“穷理以致其知，反躬以践其实，居敬者所以成始成终也。”很庆幸本人在商品学教育道路上的耕耘与努力能得到中国财政经济出版社和广大同行以及莘莘学子的厚爱，亦有幸的是本书入选了“十四五”首批职业教育河南省规划教材建设名单和“十四五”首批职业教育国家规划教材推荐名单，荣获首届河南省教材建设二等奖。本课程也入选了全国电子商务行指委创新课程建设项目和获得了河南省课程思政示范课程。

商品是企业经营的主要对象，更是人们消费中不可或缺的重要资源。对于商品的认知、研究和管理，不仅对于企业的经营、发展，而且对于普通消费者的消费和生活都有着重要的意义，因而商品学教育势必成为商品经济发展的客观需要。传统的商品学教育作为高等职业教育商科专业的一门基础课，因其枯燥的理论和应用性不足，让很多学校抛弃了这门课，但商科专业其他课程涉及商品相关的内容很少，因此需要它承担起生产者、经营者、消费者对于商品认知、商品质量管理、商品经营的教育职能。所以本次修订是基于改变商品学“鸡肋”性质的改版，是全新理念、全新内容、全新设计的改版。

党的二十大报告指出，全面贯彻党的教育方针，落实立德树人根本任务，培养德智体美劳全面发展的社会主义建设者和接班人。本次修订以“立德树人、培技育才”为己任，按照教育部最新发布的《高等职业学校市场营销专业教学标准》中对本课程的要求，把培养商品管理和经营能力作为课程定位。教材编写特点如下：一是全面贯彻“课程思政”指导精神，坚持知识传授与价值引领相结合，树立大学生正确的理想信念、价值取向、政治信仰、社会责任，全面提高其缘事析理、明辨是非的能力，培养思想政治坚定，德、智、体、美、劳全面发展，掌握本专业知识和技术技能，能够从事营销工作的具有良好职业道德、人文素养、创新意识和工匠精神的高素质技能型人才；二是依据有用性选择学习内容，参照企业岗位、职业标准设计学习情景和实训项目，力求体现“营造职业氛围，训练职业技能”的指导思想，突出职业能力培养；三是充分调动启发学生思考分析能力，强调商品学的应用价值，实现岗课赛证融通对接，全面融入思政元素和专创融合思想，实现立德树人基本任务，培育创新创业理念。

教材在内容设计上：一是整合改造原有内容，由十一章整合为十章，依据“理论内容问题化、实践内容项目化”教改思想，每章增加“应用与实践”模块，进一步突出课程的应用型，并在教材中增加“问题与思考”小栏目，充分调动启发学生的思考分析能力；二是充分挖掘思政元素，增加“素养视点”小模块，实现“立德树人、培技育才”根本任务目标；三是对标工作岗位、职业技能认证和竞赛需要，大幅度增加最新的和实用性的内容，实现岗课赛证融通对接。

为了便于老师教学和学生的学习，教材配备了大量的数字化教学资源。全书设计了课程综述和课程标准，各章教学实施手册、课件和自测题，各章还配备了视频讲解和知识链接，帮助学生理解和掌握知识点，开阔视野，激发学习兴趣。学生需刮开封底二维码图标，手机扫描激活增值服务，即可查看书内二维码资源。另外，本课程在超星平台所构建的精品资源在线课程也同时开通。

在本次编写工作中我进一步认识到教师需要有“求真务实，开拓创新”的科学精神。教师的科学精神是教改的原动力，也是对自己的工作质量持续改进的推动力。本着“求真务实，开拓创新”的科学精神，期待广大同仁和莘莘学子提出更多宝贵意见，本人将继续与全国从事商品学教育的老师进行教学探讨，持续改进教材的质量。

本书在编写过程中，得到了商丘师范学院经济管理学院院长张保胜教授、无锡商业职业技术学院许汉文教授、深圳职业技术学院的窦志铭教授、河南省诚实人食品有限公司宋肃远总经理、河南瀚斯作物保护有限公司申艳林总经理和中国财政经济出版社的关心、指导和大力支持，在此表示衷心的感谢！本书还参阅、引用了有关著作、教材、网站的成果与资料，在此一并致以由衷的感谢！

孙参运

2022年4月于古城商丘

视频：课程综述

文本：课程标准

目　录 contents

项目一

商品与商品学

文本：项目一
教学实施手册

PPT：项目一
课件

学 习 指 南

<table>
<tr><td>单元名称</td><td>商品与商品学</td><td>对应岗证</td><td>无</td></tr>
<tr><td>学习目标</td><td colspan="3">1. 知识目标
（1）掌握商品的整体概念；
（2）了解商品的基本属性和其他属性；
（3）掌握商品学的形成与发展；
（4）了解商品学的三大学派及各派的主张。
2. 能力目标
（1）能分析商品学形成和经济发展的关系；
（2）能分析商品的整体概念和产品营销之间的关系。
3. 素养目标
（1）激发科学兴趣，培养科学精神；
（2）坚定文化自信，厚植爱国情怀。</td></tr>
<tr><td>学习重点</td><td colspan="3">1. 商品的整体概念；
2. 商品学的三大学派及其主张；
3. 商品学研究的任务；
4. 学习商品学的意义。</td></tr>
<tr><td>实训建议</td><td colspan="3">企业参观实训</td></tr>
<tr><td>问题思考</td><td colspan="3">1. 商品学是怎样产生的？
2. 商品学有哪些用处？
3. 为什么要学习商品学？</td></tr>
</table>

导入案例

陆羽与《茶经》

陆羽（公元733年—804年），字鸿渐，号竟陵子、桑苎翁、东冈子，唐复州竟陵（今湖北天门）人。陆羽一生嗜茶，精于茶道，以著世界第一部茶叶专著——《茶经》闻名于世，对中国茶业和世界茶业的发展做出了卓越贡献，被誉为“茶仙”，尊为“茶圣”，祀为“茶神”。

《茶经》是一部历史和实际考察相结合的关于茶的专著。全书分为十经，七千余字。观其内容主要有两个方面：其一，茶树的植物学特性及其加工制造，“一之原”记茶的名称考订、茶树的性状特征、生境、栽培、品种鉴定和利用；“二之具”记采茶工具；“三之造”记茶叶的加工；“八之地”记茶树的地理分布。其二，烹茶和饮茶。“四之器”记煮茶和饮茶工具；“五之煮”记饼茶的烹茶（烤、煮、酌）法；“六之饮”记饮茶法；“七之事”为历史资料汇编。前者与农学有关，而以“一之原”为其主要内容；后者则与饮茶有关，而以“五之煮”为其主要内容。

《茶经》系统地总结了当时的茶叶采制和饮用经验，全面论述了有关茶叶起源、生产、饮用等各方面的问题，传播了茶业科学知识，促进了茶叶生产的发展，开中国茶道的先河。《茶经》还是中国古代最完备的茶书，除茶法外，凡与茶有关的各种内容都有叙述。以后茶书皆本于此。

视频：陆羽与《茶经》

（资料来源：中国侨都网）

问题与思考：

《茶经》是如何形成的？它的作用是什么？由此再谈一谈“理论来源于实践，又指导实践”的含义。

任务1
商　　品

一、什么是商品

（一）商品的定义

在马克思主义政治经济学中，商品的定义是“用于交换的劳动产品”。随着经济的发展，许多自然资源以及非劳动产品也进入交换领域，因此现代经济学家在原定义的基础上对商品定义进行了扩展与外延，得出了广义的商品定义，即“商品是用于交换的使用价值”，其中特别强调“必须通过交换过程，实现使用价值的转移才叫商品”。

商品具备经济的和金融的两种意义。经济意义上的商品，指专门用来交换的产品，即生产者本身并不消费，而是用来向其他生产者交换自己需要的其他产品。在社会化大生产时代，几乎所有工业产品和绝大部分农产品都属于商品。金融意义上的商品，实际上是指商品期货，即标准化的商品远期合约。本书所研究和探讨的商品是经济意义上的商品。

（二）商品的整体概念

商品的概念是随着人们消费观念的不同而逐步改变的。根据马斯洛的需要层次理论，人们的需要分为五个层次，即生理需要、安全需要、社交需要、尊重需要和自我实现的需要，而且这五个层次是由低到高逐步发展的。体现这种需要的消费当然也会有不同的要求，这便形成了不同的消费观念。随着人们需要层次的不断发展和消费观念的不断更新，商品的概念也就不断地变换着内涵。从营销学的理论来说，商品的整体概念有三个层次之说，也有五个层次之说。这里我们采用三个层次的说法，即商品实质层、商品实体层和商品延伸层。

1. 商品实质层

即商品的功能和效用。消费者购买某种商品，不仅是为了获得商品本身，更主要的是要获得商品给他带来的某种需求的满足。例如，消费者购买电视机实质上是为了满足其闲暇时休息和娱乐的需要；购买化妆品是为了改善自己的皮肤，获得美丽的需求。商品的实质层是商品的效用给消费者带来的满足，缺少这一层，消费者就不会去购买这种商品。这也是企业在开发产品和制定营销策略时首先要考虑的重要因素。

2. 商品实体层

商品的功能和效用总是通过一定的具体形式反映出来。商品的实体层向人们展示的是商品实质的外在特征，包括外观形式和内在质量以及促销成分，即品质、包装、品牌、造型、款式、色调等。在消费水平不高或商品供给不足的情况下，消费者购买商品主要考虑的是功能和效用，而对商品的形式的要求居次。随着消费观念的提高和买方市场的出现，消费者的要求越来越高，选择余地也越来越大，除了考虑商品的效能外，商品的质量，造型、颜色、品牌等也是消费者所要考虑的因素。

3. 商品延伸层

它是指消费者在购买和使用商品时获得的各种附加利益的总和。这一层次包括售前的咨询服务，售中的交易条件（如赊购、提供信贷或各种担保等）以及售后的送货、维修服务等。

商品的整体概念是以消费者的基本利益为核心，强调服务是商品的组成部分，体现了现代市场营销思想。对于企业而言，也应认识到：伴随着商品销售提供的各种服务不但不是额外负担或可有可无的点缀，恰恰相反，对商品延伸层的精心策划和管理，是企业提高市场竞争力的保证。特别是当商品的实质层和实体层与竞争者相仿的情况下，企业竞争的高下往往取决于商品的延伸层。因此，正确认识商品的整体概念，提高服务质量，使消费者购买商品时得到更多的附加利益是商品开发和管理中的一项重要的基础工作。

问题与思考：

商品的整体概念对于商品营销有何指导意义？是否可以用商品的整体概念来解释顾客不同的消费倾向？为什么说“当商品的实质层和实体层与竞争者相仿的情况下，企业竞争的高下往往取决于商品的延伸层”？

视频：商品的整体概念

二、商品的属性

（一）商品的基本属性

商品的基本属性是价值和使用价值。其中，价值是商品的本质属性，而使用价值是商品的自然属性。

1. 商品的价值

凝结在商品中的无差别的人类劳动就是商品的价值。商品的价值是商品的本质属性、共同属性。商品的价值是商品所特有的。

2. 商品的使用价值

商品的使用价值是商品能够满足人们需要的物品的有用性。不同的商品具有不同的使用价值，不同的使用价值是由物品本身的自然属性决定的；同一种商品具有多种自然属性，因而具有多方面的有用性。商品的使用价值是维持人类的生存和繁衍、维持社会的生存和发展所必需的。因此，不论财富的社会形式如何，使用价值总是构成财富的物质内容。

问题与思考：

结合生活中的商品实例，谈一谈“同一种商品具有多种自然属性，因而具有多方面的有用性”。

3. 商品的交换价值

一种使用价值与另一种使用价值相交换的量的关系或比例，是商品的交换价值。两种不同的使用价值之所以能按一定的比例相交换，表明它们之间存在着某种共同的东西，这种共同的东西在质上应是相同的，从而在量上才可以进行比较。这种同质的共同东西，就是凝结在商品中的无差别的一般人类劳动。商品中的这种无差别的一般人类劳动的凝结，就是商品的价值。因此，交换价值是价值的表现形式，价值是交换价值的内容。价值反映了商品的社会属性，体现了商品生产者之间互相交换劳动的社会生产关系。

（二）商品的其他属性

商品的其他属性可以分成以下几类：

1. 固定属性

固定属性主要是指一种商品的相对不变的属性，如商品编码、商品名称、生产厂家、商品条码、商品类别等。一般情况下，这些属性不发生变化，特殊情况下会有一些变化。如商品类别，同一种商品在小类划分的时候，对于不同的商场，可能有不同的归属。商品编码，一般也不会变化，但在商场的经营部门发生变化的时候，可能发生变化，这主要取决于商场现有计算机系统的商品编码规则。

固定属性还可以进一步分成经营属性和管理属性。经营属性主要是指在日常商品流转过程中涉及的种种属性，如商品编码、名称、生产厂家、条码等，都属于这一属性。它们是在正常的经营过程中必不可少的。商品的管理属性是指为满足在经营过程中的进一步要求而设置的属性，如商品保质期、保修期、某些商品的最高最低库存、商品的各种损耗率等。这些属性的作用需要一定的条件，如企业的日常经营管理应比较成熟、基础数据全面和稳定、经营管理人员对计算机系统要比较熟悉等。

2. 变化属性

变化属性指在经营过程中会发生变化的属性，如商品价格、商品数量、进货人员、供货单位等。同样，对于变化属性，也有经营和管理性质之分。

商品变化属性中的经营属性有：进货价格、销售价格、商品批次、进货数量、所属库房、经销代销性质、进货价格含税与否等。商品变化属性中的管理属性有：商品保本保利期、商品库存位置、商品陈列位置、商品建议进货量、商品供货周期、商品进货费用、商品建议零售价格、竞争对手商品售价等。

商品的经营属性是基础属性，管理属性是高级属性。管理属性依赖基础属性的正确性和系统性。商品固定属性是更加基础的属性，它又是商品变化属性的基础。可以说，商品的固定属性是最基础的部分。另外，商品的各种属性在某些条件下可以互相转化，比如商品的隶属关系。商品的最高和最低库存也有类似性质。销售波动小、不太受季节影响的商品，它的最高和最低库存就可以放在固定属性内。

任务2
商　品　学

一、商品学的形成与发展

商品学是商品经济发展到一定阶段的必然产物。在国外，首次开设“商品学”课程的年代是18世纪。商品学的创始人是德国人约翰·贝克曼。19世纪，商品学由德国传入我国，我国商品学因而得到迅速发展。1902年，我国商业教育中把“商品学”作为一门必修课。

（一）国外商品学的形成与发展

国外在首次开设“商品学”这门课程以前，有关商品的研究和著述是作为商业的一部分来进行的。据西方和日本文献记载，现存世界上最早的商业著作，是9—10世纪间身居大马士革的阿拉伯人阿里·阿德·迪米斯基著的《商业之美》，该书的副标题是“关于优质商品和劣质商品的鉴别方法及对商品骗子伪货的识别指南”。从1000余年前世界上早期的商业发展来看，识别商品质量优劣、真伪已成为当时经商人所必备的知识和技能。因此，广泛和深入的商品知识，作为培养与造就精明能干商人的基础理论，日益扩展到商业研究中来。在此之后，当时欧洲的商业中心——意大利各城市的商人也著述了大量的内容近似的著作。

16世纪中叶，欧洲兴起了许多新的工业部门，如造纸、火药、制糖、棉织、军工和造船等。随着蒸汽机的出现、新技术的应用，自然科学在理论方面也取得了重大突破。社会化大生产和随之而来的新的生产关系极大地促进了商品生产和商品交换。在这种条件下，商品研究和商业研究更密不可分地结合起来，出现了意大利普那裴特药剂师著的药物商品学——《生药学》；俄国也出现了首批商品学书籍，叙述了商品及贸易的有关知识；法国官员沙瓦利著有《完美商人》，这是一部系统的并享有盛名的商业业务指导书，书中记述了关于纤维制品和染料为主的各种商品的产地、销路、包装和贮藏方法等。

18世纪，德国人约翰·贝克曼教授于1780年在德国哥廷根大学首先开设了“商品学”课程，并于1793—1800年出版了《商品学导论》。因此，约翰·贝克曼教授被西方称为“商品学”的创始人，他所创立的“商品学”被誉为“贝克曼商品学”。在东方，日本商品学的发展也经历了一个相当长的过程，可追溯到江户时代的物产学、物产志等，到1891年日本人户田翠香编著了《日本商品学》，并规定为学校的教材。

19 世纪中叶，由于自然科学和技术的飞速发展，不少学者运用物理、化学等方面的研究成果，开展了对商品学的研究，把研究商品的内在质量、确定质量标准、拟定检验和鉴定方法，作为商品学研究的主要内容，在建立商品学的自然科学体系方面取得了显著成果。

第二次世界大战以后，商品学的研究又有了新的发展，在西欧形成了“经济学体系”的商品学，在苏联及东欧各国则形成了自然科学和技术科学的学派。此后，以美国、日本、意大利为代表，又形成了“经营商品学”这个新的理论体系。

1976 年 10 月 8 日，在奥地利的萨尔斯堡成立了国际商品学会，以德文缩写“IGWT”为会徽标志，会刊为《商品论坛——科学与实践》，活动中心设在维也纳经济大学。从此，商品学在世界范围内巩固了地位。

（二）我国商品学的形成与发展

在我国，商品学是一门既古老又年轻的学科。我国是一个具有悠久历史的文明古国，商品经济曾一度比较发达，为商品学的诞生奠定了物质基础。春秋时期的《禽经》、唐朝的《茶经》、宋朝的《荔枝谱》以及明朝的《本草纲目》和清代的《商贾便览》等，都记载了与商品经营有关的知识。其中，公元 780 年陆羽（见图 1－1）所著的《茶经》一书，从学术角度看，可以说是商品学的萌芽。该书共三卷十篇，详细论述了各种茶叶的形状、品质、产地、采制、烹饮方法及用具。书中还对茶叶的评审、用途及储藏方法等方面的知识作了专门介绍。

图 1－1 陆羽

清朝末年废除科举之后，学校式的商业教育肇始，一些学校在商业课程上就列有商品学。盛在珦于 1925 年撰写的《商品学》、1932 年刘冠英著的《现代商品学》、1937 年方嘉东著的《商品研究通论》等，这都是我国近代商品学研究中的早期著作。

中华人民共和国成立后，随着国民经济建设的发展，商品学学科也得到了蓬勃发展。许多高等院校相继开设了“商品学”课程，中国人民大学曾出版《商品学总论》等五个分册；黑龙江商学院出版《日用工业品商品学》《食品商品学》《五金商品学》；各有关商业、财经院校与商业部门共同编写了《纺织品商品学》《针织品商品学》《百货商品学》《棉花商品学》《茶叶商品学》等多种专业商品学。20 世纪 60 年代初，商业部还召开了全国商品学学术讨论会。此后，上海、北京、天津、广州等大型商业企业出版了定期的商品知识刊物，这对我国商品学的研究和发展起到了积极的推动作用。自 1983 年以来，天津、陕西、黑龙江、内蒙古、河南、上海等省（自治区、直辖市）相继成立了商品学会。1995 年中国商品学会成立，标志着我国商品学已经进入一个崭新的发展时期。中国商品学会标志如图 1－2所示。

图 1－2 中国商品学会标志

素养视点

我国对于商品学的形成做出了什么贡献？谈一谈如何“弘扬传统文化，坚定文化自信”。

视频：文化自信

二、商品学界的主要学派及主张

当今世界商品学界存在三大学派：一是技术学派，主张从自然科学方面研究商品学；二是经济学派，主张从社会科学方面研究商品学；三是融合学派，主张从技术和经济两个方面来研究和评价商品的使用价值。

（一）技术学派

技术学派也称为自然科学与技术派商品学，简称为第一商品学派。它主张从自然科学方面研究商品学，确立以商品检验和鉴定为主体的商品学，运用物理、化学、电子学等方面的研究成果，开展对商品质量的研究，把商品的有形内在质量、质量标准、检验和鉴定方法，作为商品学的主要研究内容。进入20世纪，技术学派的理论和体系趋于完善，在意大利、奥地利、俄罗斯、东欧一些国家以及日本和我国都先后开始讲授这一体系的商品学。

（二）经济学派

经济学派也称为社会科学与经济派商品学，简称为第二商品学派。它主张从社会科学方面研究商品学，主要从市场经济出发，建立以市场价值为中心的商品学，着重研究商品的经营管理、商品销售、商品广告、商品包装、消费者和市场信息等。1804年德国尼恩贝格大学劳克斯教授，首次提出了经济商品学大纲和体系的设想，1947年德国的珀施尔教授创立了“目的论”商品学，1958年奥地利维也纳经济大学格伦斯洗特尔创立了“商品经济学”，1961年德国科隆经济大学库兹尼格教授创立了“经济商品学”。

（三）融合学派

融合学派又称为第三商品学派。它折中发展了技术学派和经济学派的主张，主张从技术和经济两个方面研究来评价商品的使用价值，使商品学成为一门典型的边缘学科，是一门具有较强实践性的应用技术科学。

三、商品学研究的对象、内容及任务

商品学研究的对象和任务是由商品的二重性决定的。商品的二重性是指商品的价值和使用价值。商品的价值范畴，如商品价值的形成和实现等问题，是由政治经济学、经济学及有关经济门类学科来研究的。关于商品的使用价值是商品学研究的范畴。

（一）商品学研究的对象

商品学研究的客体是商品。商品学是研究商品使用价值及其实现的一门科学。

商品的使用价值是指商品对其消费（使用）者的有用性或效用，是由商品本身能满足人们的某种需要的属性决定的，如粮食可充饥，衣服可御寒，钢铁可制造器械等。研究商品的使用价值，不仅要研究商品的外形、结构、成分、化学性质、生物学性质和物理学性质等商品的自然属性，还要研究商品的流行性、时代感、地区性、民族性和经济性等社会经济属性，满足人和社会在商品方面的物质需要和精神需要。

商品的使用价值随着科学技术的发展和人们经验的不断丰富而陆续被发现。商品的使用价值是一个动态的、综合性的概念。准确而全面地理解商品的使用价值，运用商品的使用价值学说指导商品的生产、经营和消费，对我国的商品生产和经济发展具有重大的现实意义。

（二）商品学研究的内容

商品学的研究内容以商品客体为基础，研究商品在整个生命周期中的质量（固有质量、市场附加质量、形象质量）及其构成要素（技术、经济、社会、环境要求等）计量、检测、控制与管理活动。其主要包括以下内容：

（1）研究商品的自然属性，包括商品的成分、结构、形态、物理性质、化学性质、机械性质、生物学性质等。

（2）研究原材料、生产工艺对商品质量的影响，着重研究以商品固有属性为基础，利用工艺方法所形成的商品质量以及各工艺环节中对商品质量影响的因素。

（3）研究商品在流通和使用过程中质量的变化及其影响因素。

（4）研究流通领域对商品质量的评价、管理和保护方法。即通过研究商品分类与编码、商品质量与品种、商品标准及法规、商品质量认证与管理、商品包装装潢、商品运输与养护、商品资源与环境等来达到此目的。

（5）从社会和经济角度来研究商品使用价值的实现。

（6）研究大类商品知识，如日用百货、针纺织品、服装、家电、食品、电子商品等商品知识。

（三）商品学研究的任务

商品学是一门管理科学与人文社会科学相融合的交叉型、应用型的技术经济科学，主要侧重于流通、消费领域的商品（以生活资料商品为主）使用价值的研究，是为企业经营者、市场消费者及经济管理者服务的边缘性科学。它的任务是站在商品流通的角度，通过为商品流通服务促进工农业生产乃至整个国民经济的发展，指导社会对商品使用价值的消费。其任务如下：

1. 阐述商品的有用性和适用性

商品的有用性和适用性是构成商品使用价值的最基本条件，离开了对商品有用性和适用性的研究，就无从谈起商品的使用价值。只有对商品有用性和适用性进行全面阐述，才能发现和明确商品的用途和利用方法，从而扩大商品的适用范围。

问题与思考：

结合生活中的商品实例，谈一谈商品“有用性”和“适用性”的辩证关系。

2. 为评价商品质量奠定基础

商品质量是企业的生命，是消费者最关心的切身利益。通过对商品成分、结构和性质的分析，探讨与研究商品质量特性和检验商品质量的方法及方法的选择，可以更好地为制定、修订商品质量标准和商品检验标准提供依据，从而为评价商品质量奠定良好的基础。

3. 分析商品质量变化规律

商品质量虽然是在生产过程中形成的，但也会受到各种外界因素的影响，从而发生不同的质量变化。商品学不仅要研究商品质量变化的类型及其表征，更重要的是分析质量变化的原因，从中找到抑制商品质量劣变的有效办法。

4. 研究商品的科学系统分类

商品经营管理的目的不同，商品分类体系也不相同。通过对商品分类原则和商品分类方法的研究，提出明确的分类目的，选择适当的分类标志，才能进行科学系统的商品分类，将分类的商品集合体形成适应需要的商品分类体系、商品目录和商品代码。

5. 指导商品使用价值的形成

通过对商品各种属性的研究，从而给企业提供有效的商品需求信息，提出对商品质量的改进，保证市场商品适销对路。

6. 促进商品使用价值的实现

商品经营管理者学习、研究商品学，不仅可以掌握有关理论知识，经营管理好各种商品，实现商品使用价值的交换，而且可以向消费者大力普及商品知识；消费者学习、研究商品学，会更加认识和了解商品，学会科学地选购和使用商品，掌握正确的消费方式和方法，促进使用价值的最终实现。

四、商品学学科性质和学习的意义

（一）商品学学科的性质

从商品学研究的对象和内容看，商品学与许多学科的理论知识有着密切的联系，这一点也决定了商品学这门学科所涉及的理论知识具有广泛性。

如研究商品的成分、结构和性质，要以化学、物理学、植物学和微生物学等学科的基础理论和基本知识以及研究这些学科的基本方法为基础；研究商品质量的保养和维护，既要研究在外界因素影响下商品质量变化的形式及其规律，又要研究商品成分结构的变化等内在因素，还要研究影响质量变化的各种外界因素，这同样需要物理学、化学、气象学、微生物学、昆虫学等学科的理论知识；研究商品分类、商品品种类别及其构成，乃至品种发展规律需要分类学、统计学等学科的理论知识；研究商品名称、型号和系列，对其进行科学规范，需要标准化、数学等学科的理论知识。此外，在研究商品质量和品种的过程中，还需要市场学、物流学、经济学、管理学、广告学、心理学、美学和地理学中有关的理论知识。

综上所述，研究商品的使用价值不仅需要自然科学理论知识，还需要社会科学理论知识。因此，商品学既是一门边缘学科，又是一门综合性较强的应用技术学科。

（二）学习商品学的作用与意义

“生活离不开商品”，商品是企业经营的主要对象，更是人们消费中不可或缺的重要资源。因此，对于商品的认知、研究和管理不仅对于企业的经营、发展，而且对于普通消费者的消费和生活都有着重要的意义。

商品是经济的起点，商品学是经济学的基础。商品学是随着商品经济的产生与发展而诞生并发展起来的，它为发展商品经济服务，因而发展商品学教育势必成为商品经济发展的客观需要。

随着商品的日益丰富，商品学显示了旺盛的生命力。该课程主要以商品质量为中心，研究商品的使用价值和使用价值实现规律，培养学生综合运用自然科学和经济、管理等多方面的基础知识，分析和解决流通领域中商品管理和经营问题的能力，为学好专业课及今后从事营销工作，进一步研究和掌握商品质量、营销管理奠定扎实的基础。

“商品学”虽然是一门传统的课程，但也是市场营销（商贸等）专业一门必不可缺的专业基础必修课，开设的时间一般早于专业核心课。它突出市场营销专业学生对专业的理性认识，增强职业意识，为后续专业课程的衔接和将来从事营销工作奠定良好的基础，因而我们把它定位为市场营销专业基础必修课程。它主要培养市场营销（商贸等）专业商品管理和经营能力的核心能力，另外，对于专业其他核心能力，如商品推销与谈判能力、营销管理与决策能力、营销策划和执行能力也起到铺垫和支撑作用。

任务3
应用与实践

商品和人们的生活密切相关，是我们不可或缺的重要资源。企业生产或经营商品一是为了满足人类的消费需求，二是为了获得企业利润。作为社会中的一员，学习商品学，了解和认知商品，对于我们每一个人来说都是非常重要的。

为了加深学生对于商品及商品学的认知，本节可以利用周末时间，组织学生到学校周边的商场、超市和生产企业进行参观。在商品参观实习活动时，让学生带着问题（1. 商品学形成和经济发展的关系；2. 商品的整体概念和产品营销之间的关系；3. 学习商品学对我们有什么作用）进行参观实习，实习后再以课堂讨论的方式进行个人发言，最后每个学生就此问题形成不少于2000字的书面作业。如果参观活动有难度，任课教师可以提前录制企业视频，采取播放企业视频的形式。

企业参观实训

1. 实训目的：进一步了解商品学形成和经济发展的关系，明白学习商品学的意义。
2. 实训内容：商场、超市和生产企业参观。
3. 环境要求：校外实训基地或校企合作企业的超市和生产企业。
4. 实训流程：准备—参观—总结。
5. 注意事项：①注意参观往返及过程中的安全事宜；②遵守参观企业的作业、生产、经营管理纪律。
6. 实训作业：就商品学形成和经济发展的关系、商品的整体概念和产品营销之间的关系两个问题，完成不少于2000字的论文。

思考训练

项目一自测题

一、简答题

1. 商品学的研究内容主要有哪些？
2. 商品学研究的任务主要有哪些？

二、实务分析题

1. 试分析说明商品学形成和经济发展的关系。
2. 试举例分析商品的整体概念和产品营销之间的关系。

项目二

商品与环境

文本：项目二
教学实施手册

PPT：项目二
课件

学 习 指 南

单元名称	商品与环境	对应岗证	环境保护管理岗位/碳排放师
学习目标	1. 知识目标 （1）了解环境的定义，知道防治污染环境的意义； （2）了解自然资源的概念以及分类； （3）掌握可持续性发展概念； （4）掌握绿色发展的内涵。 2. 能力目标 （1）会分析商品生产对环境的影响； （2）能分析商品生产、消费与资源关系； （3）能为企业的制定实施绿色营销。 3. 素养目标 （1）树立和践行“绿水青山就是金山银山”的理念； （2）倡导绿色低碳生活，树立生态环保理念。		
学习重点	1. 商品生产对环境的影响； 2. 商品生产和消费带来的资源问题； 3. 可持续发展； 4. 绿色发展。		
实训建议	“我上台讲微课”实训		
问题思考	1. 商品生产对环境有什么影响？ 2. 我们能为环境保护做些什么？ 3. 如何才能减少企业商品生产对环境的影响？		

导入案例

触目惊心的“白色污染”

郑州市环保志愿者李刚曾看过一组数据。这组数据显示，全球每年塑料袋总消费6亿吨，其中中国消费就达到了6000万吨。每年超10万只海洋动物因塑料袋缠住或误食塑料袋而死亡。目前，全球只有14%的塑料包装得到回收，而最终被有效回收的只有10%。而据有关部门测算，每生产1吨塑料，需消耗3吨的石油。塑料袋被废弃后，如果焚烧，会产生大量有毒有害气体污染空气；如果掩埋地下，其降解时间要200—1000年，填埋不仅要占用大量的土地，且被占用的土地土壤受到污染，长期得不到恢复。

2020年年初，国家发展改革委和生态环境部发布《关于进一步加强塑料污染治理的意见》（又称新“限塑令”）规定：到2020年年底，直辖市、省会城市、计划单列市城市建成区的商场、超市、药店、书店等场所以及餐饮打包外卖服务和各类展会活动，禁止使用不可降解塑料袋，集贸市场规范和限制使用不可降解塑料袋；到2020年年底，全国范围餐饮行业禁止使用不可降解一次性塑料吸管；到2025年，地级以上城市餐饮外卖领域不可降解一次性塑料餐具消耗强度下降30%。

（资料来源：《光明日报》）

视频：什么是白色污染？

问题与思考：

白色污染对环境造成哪些影响？我们能为减少白色污染做些什么？

任务1 环　境

人类社会在发展进程中，由于片面地追求经济增长，长期以来的高消耗、低产出、高污染、高浪费的生产方式，只顾加速资源、环境和商品的开发，而忽略了对环境的保护，已经造成了对环境的巨大破坏。随着科学技术水平的发展和全球环保意识的增强，环境保护与商品生产的协调发展已成为世界各个国家共同关注的课题。

一、环境的概念与分类

环境是指与某一体系有关的周围客观事物的总和。《中华人民共和国环境保护法》对于环境的定义是："环境，是指影响人类生存和发展的各种天然的和经过人工改造的自然因素的总体，包括大气、水、海洋、土地、矿藏、森林、草原、野生生物、自然遗迹、人文遗迹、自然保护区、风景名胜区、城市和乡村等。"

对于环境的分类一般可以按照环境要素的属性和环境要素等依据来划分。

（1）按照环境要素的属性分为自然环境和社会环境。自然环境是指人类生存和发展所依赖的各种自然条件的总和；社会环境是指人类生存及活动范围内的社会物质和精神条件的总和。

（2）按照环境要素分为大气环境、水环境、地质环境、土壤环境、生物环境。大气环境是指生物赖以生存的空气的物理、化学和生物学特性；水环境是指生物赖以生存的水资源环境；地质环境是整个生态环境的基础，是自然资源主要的赋存系统，是人类最基本的栖息场所、活动空间及生活、生产所需物质来源的基本载体；土壤环境是指陆地表面具有肥力、能够生长植物的疏松表层，其厚度一般在2米左右；生物环境是指环境因素中其他活着的生物，这是相对于由物理化学的环境因素所构成的非生物环境而言，与有机环境同义。

二、商品对环境的影响

商品的生产、交换、消费是一个连续的过程，环境污染主要是由大规模的工业生产造成的。在商品的生产流通过程中，需要开发资源，取得原料和能源，对自然环境造成了一定程度的破坏。而各种原料、能源在生产中由于不能全部成为产品，形成废气、废水和各种各样的固体废弃物排入环境，又对环境造成了污染。

（一）商品生产中的环境污染

众所周知，商品的生产需要开发资源，取得原料和能源，然后通过生产过程将其转化为产品。但从环境中获取资源的同时，对环境造成了一定的污染，如破坏植被环境、噪声污染、破坏水资源等。在生产过程中，又会产生许多废弃物排放到环境中，如 CO_2、NO、NO_2、SO_2、废水等，这些如果处理不当就会对环境造成不可估量的污染。

（二）商品流通中的环境污染

商品生产出来，为社会提供了使用价值，接下来就是如何将商品送到顾客手中，实现商品价值。商品需要被包装和运输才能到顾客手中，而在其过程中也造成了环境污染。如汽车尾气污染等。

（三）商品消费中的环境污染

在现代社会中，商品消费过程中所产生的垃圾和废旧物资以及其他物资对空气质量、水资源、土地等造成了严重的污染，但是我国对废旧物的回收率相当于世界先进水平的1/4—1/3，很多可再生资源尚未得到回收利用，流失严重，于是又出现了"垃圾包围城市"的现象。据不完全统计，我国生活垃圾产生量增长快，尤其是城市生活垃圾，每年以8%—10%的速度增长，并且有进一步恶化的趋势。

视频：触目惊心的污染

知识拓展

坚决不能走“先污染后治理”的老路

——英国伦敦雾霾启示录

一、伦敦的雾霾

19世纪，作为工业革命发源地和工业中心的伦敦进入工业急速发展期，大量化石燃料，尤其是煤炭的消耗量不断增加，使伦敦大气污染愈演愈烈，工厂产生大量废气，形成了极浓的灰黄色烟雾，伦敦的空气污染形势渐趋严峻。从19世纪初到20世纪中期的100多年，伦敦在冬季发生过多起空气污染案例，最早的记录甚至可追溯到1813年。随后的1873年、1880年、1882年、1891年、1892年和1952年等年份又多次发生大气污染事件，其中1952年12月的一次严重大气污染事件最为典型。

1952年12月4日至9日，大范围高浓度的雾霾笼罩伦敦。据史料记载从12月5日到12月8日的4天里，伦敦市死亡人数达4000人，其中，48岁以上人群死亡率为平时的3倍；1岁以下人群的死亡率为平时的2倍。此外肺炎、肺癌、流行性感冒等呼吸系统疾病的发病率也有显著增加。在接下来的两个月中，这起事件总共造成12000人死亡。这就是后来震惊世界的“伦敦烟雾事件”。空气污染不仅损害人体健康，而且严重地腐蚀了建筑物，还使土壤贫瘠，水质恶化，鸟类远辟他乡，并影响植物生长。

二、雾霾的治理

严重烟雾事件，促使英国人民开始深刻反思。1953年英国政府成立了由比佛爵士领导的比佛委员会（the Beaver Committee），专门调查烟雾事件的成因并制订应对方案。1956年英国出台专门针对空气污染的《清洁空气法》，1968年英国政府又对《清洁空气法》进行了修订和扩充，赋予负责控制大气污染的住房和地方政府部部长更多权限，包括出台新的锅炉颗粒物和烟尘排放限值的权力以及可以强制要求地方政府设立新的烟尘控制区的权力。1974年，政府颁布《污染控制法》，规定机动车燃料的组成，并限制了油品（用于机动车或壁炉）中硫的含量。1980—2000年，英国政府又陆续出台或修订了一系列法案，如《汽车燃料法》（1981年）、《空气质量标准》（1989年）、《环境保护法》（1990年）、《道路车辆监管法》（1991年）、《清洁空气法》（1993年）、《环境法》（1995年）、《国家空气质量战略》（1997年）、《大伦敦政府法》（1999）、《污染预防和控制法》（1999年）。在2002年，伦敦市长经过广泛咨询后发布了伦敦的空气质量战略，其中详细说明了伦敦要如何达到国家空气质量目标。2003年，《英国能源白皮书——我们能源的未来：创建低碳经济》中首次正式提出低碳经济概念，提出将于2050年建成低碳社会。此后，伦敦的空气质量战略在2006年、2010年又进行了两次修订。通过多年的治理，今天的伦敦已成为一座“绿色花园城市”，并荣登吸引全球游客最多的城市榜首。

（资料来源：中国科学技术信息研究所）

问题与思考：

为什么说我国坚决不能走“先污染后治理”的老路？

三、防治污染环境的意义

党的二十大报告指出，大自然是人类赖以生存发展的基本条件。尊重自然、顺应自然、保护自然，是全面建设社会主义现代化国家的内在要求。必须牢固树立和践行绿水青山就是金山银山的理念，站在人与自然和谐共生的高度谋划发展。随着经济发展和城镇化、工业化的过程，能源开发力度的增强和工业企业生产体量的加大，环境污染压力日益加剧。保护和改善生活环境与生态环境，防治污染和其他公害，保障人体健康，是促进社会主义现代化建设发展的前提和基础。《中华人民共和国宪法》明确规定：“国家保护环境和自然资源，防治污染和其他公害。”加强环境保护，防治环境污染已是我国的一项基本国策。

文本：《中华人民共和国环境保护法》

2017 年 4 月 5 日，国家环保部正式印发《国家环境保护标准“十三五”发展规划》，规划明确在“十三五”期间，我国将启动约 300 项环保标准制修订项目以及 20 项解决环境质量标准、污染物排放（控制）标准制修订工作中有关达标判定、排放量核算等关键和共性问题项目；发布约 800 项环保标准，包括质量标准和污染物排放（控制）标准约 100 项，环境监测类标准约 400 项，环境基础类标准和管理规范类标准约 300 项，支持环境管理重点工作。

另外，我国相继出台了《大气污染防治法》《水污染防治法》《固体废物污染环境防治法》《噪声污染防治法》《放射性污染防治法》等相关法律和被称为史上最严的《土壤污染防治行动计划》（简称《土十条》）、《大气污染防治行动计划》（简称《大气十条》）、《水污染防治行动计划》（简称《水十条》）等措施，以加大对环境污染的预防与治理。

防治污染环境的意义主要表现在：

（1）保护环境，不断改善环境质量，创建一个适宜的、健全的生活环境和自然环境是促进商品经济可持续发展的前提条件；

（2）防治环境污染、维持生态平衡是保护农产品发展的重要因素；

（3）发展商品生产，重视环境保护，统筹兼顾眼前利益和长远利益，才能从根本上促进经济的发展；

（4）污染没有国界，防治环境污染是全人类面临的保卫生存条件的共同课题。

素养视点

从我国近些年来加大环境保护力度的各项措施，深刻理解“绿水青山就是金山银山”发展理念的科学内涵。

视频：两山论

任务2 资　源

资源是人类赖以生存和发展的物质基础，它为商品的生产和消费提供所需的物质和能源，但地球资源并不是无限的。由于长期的人类活动，特别是在第二次世界大战后，由于生产效率大幅度提高，一方面，工业的发展给人类带来了巨大的财富，极大地改变了人类的生产生活方式；另一方面，工业生产对原材料的需求与自然界中有限的资源能源之间的矛盾越来越突出，同时，人类对资源能源的不合理利用也会造成酸雨等严重的工业污染，并直接破坏人类赖以生存的环境。

一、自然资源的概念与分类

（一）自然资源的概念

《辞海》对自然资源的定义为：它指天然存在的自然物（不包括人类加工制造的原材料），如土地资源、矿产资源、水利资源、生物资源、气候资源等。

联合国环境规划署对自然资源的定义为：它在一定的时间和技术条件下，能够产生经济价值。它是提高人类当前和未来福利的自然环境因素的总称。

狭义的自然资源只包括实物性资源，即在一定社会经济技术条件下能够产生生态价值或经济价值，从而提高人类当前或可预见未来生存质量的天然物质和自然能量的总和。广义的自然资源则包括实物性自然资源和舒适性自然资源的总和，泛指存在于自然界、能为人类利用的自然条件（自然环境要素）。但在一般意义上我们通常认为，自然资源是指自然环境中与人类社会发展有关的、能被利用来产生使用价值并影响劳动生产率的自然诸要素。自然资源仅为相对概念，随社会生产力水平的提高与科学技术进步，部分自然条件可转换为自然资源。如随海水淡化技术的进步，在干旱地区，部分海水和咸水湖有可能成为淡水的来源。

（二）自然资源的分类

自然资源通常按照再生性质、空间分布、数量和质量的稳定性等进行分类。

1. 按照再生性质分类

自然资源按照再生性质分为可再生资源、不可再生资源。可再生资源是指可以用自然力保持或增加蕴藏量的自然资源，它在合理使用的前提下，可以自己生产自己。如鱼、树等，只要不过量捕捞，大鱼可以生出小鱼，一代一代繁殖下去；只要合理砍伐，森林可以砍了再生，生了再砍，循环往复。非再生资源又称可耗竭资源。它不具备自我繁殖能力，是不能运用自然力增加蕴藏量的自然资源，初始禀赋是固定的，用一点少一点。它分为可回收的非再生资源和不可回收的非再生资源，前者主要指金属等资源，后者主要指石油、煤、天然气等能源资源，煤、铁等矿藏是典型的非再生资源。

2. 按照空间分布分类

自然资源按照空间分布分为地下资源、地表资源、海洋资源。地下资源赋存于地壳之中，也可称作地壳资源，主要包括矿物资源、空间资源和能源。地表资源赋存于地球外表层，主要包括空间地貌和植被等因素构成的风景资源和土地资源、由地表水和地下水构成的水资源、由各种动物和植物构成的生物资源。海洋资源指的是与海水水体及海底、海面本身有着直接关系的物质和能量，也是生物资源的组成部分，如海洋生物、海底矿产、海水、潮汐等。

3. 按照数量和质量的稳定性分类

自然资源按照数量和质量的稳定性分为恒定资源、亚恒定资源。恒定资源是指那些被利用后，在可以预计的时间内不会导致其储量的减少，也不会导致其枯竭的资源。如太阳能、潮汐能等，这些资源的数量和质量在较长时期内基本稳定。亚恒定资源是指数量和质量经常变化的资源，如矿产等。

4. 按照在人类生产和生活中的用途分类

自然资源按照在人类生产和生活中的用途分为劳动资料性自然资源、生活资料性自然资源。劳动资料性自然资源是指作为劳动对象或用于生产的矿藏、树木、土地、水力、风力等资源。生活资料性自然资源是指作为人们直接生活资料的鱼类、野生动物、天然植物性食物等资源。

5. 按照国民经济生产分类

自然资源按照国民经济生产分为土地资源、气候资源、水资源、生物资源、矿产资源、海洋资源、能源资源、旅游资源等。

二、商品生产和消费带来的资源问题

商品属于人类生活环境范畴。商品的数量、质量、品种是否能充分满足人们的要求，直接反映出生活的质量。人们在经济发展的过程中，过于偏重商品对人类需求的满足，而忽略了对资源的利用，从而引发了商品生产和消费所带来的资源问题。具体表现在以下几个方面：

（一）森林面积减少

森林被誉为“地球之肺”“大自然的总调度室”，是人类生存所需要的生活资料和劳动资料的供应者之一，并且在整个系统中起着涵养水源、调节气候、保持水土、防土固沙、净化环境的作用。森林还是野生动物的栖息地，能保护野生动物的生存和发展。但近100年来，由于人类一味地向地球索取，乱砍滥伐，使森林面积不断减少。联合国粮食及农业组织2015年发布的林资源评估报告指出，2010—2015年，森林年损失量为760万公顷，年增长量为430万公顷，结果为森林面积每年净减少330万公顷。森林减少导致土壤流失、水灾频繁、全球变暖、物种消失，已将地球的生存逼向了一个十分危险的境地。

知识拓展

“地球之肺”在哭泣！

巴西的亚马逊雨林是地球上最大的雨林，它覆盖了南美洲40%的面积，是3000多万人和无数哺乳动物、鸟类、两栖动物和爬行动物的家园，其中大多数是丛林特有的。亚马逊经常被称为“地球之肺”，因为它在氧气生产中发挥着至关重要的作用，而氧气是通过天气系统输送到世界各地的。

亚马逊雨林确实有一个人为的火灾季节，每年的这个时候，由于农民和牧场主长期以来一直用火来清理土地，这导致火灾数量都在增加。另外，非法的土地掠夺者毁坏树木，这些森林已经被清理出来用作农田。自1998年6月起，巴西国家空间研究所开始按月统计巴西境内森林着火点，而观测结果就是：该雨林年年月月都起火。在2019年，亚马逊地区森林大火更是持续燃烧了16天，“地球之肺”正面临不能承受之重。

科学家们表示，亚马逊正在接近一个临界点，在那之后，它将不可逆转地退化为一个干燥的大草原。当世界需要数十亿棵树木来吸收碳并稳定气候时，地球正在失去其最大的雨林。

肆意破坏最大的“地球之肺”，它所带来的后果将在数年甚至数十年后才会显现，人类终会为自己的私欲付出沉重的代价。没有了“地球之肺”，温室气体将无处可排，全球变暖将达到不可控的局面，警钟也该敲响了，我们要行动了。

（资料来源：搜狐网）

（二）耕地减少，土地沙漠化

土地是人类赖以生息繁衍的基础。据统计，人类所需食物能量的98%是直接或间接地来自土地。但是，随着人类过度耕种、过分放牧和狂砍滥伐森林，土地变得贫瘠，植被遭到破坏，水土流失严重，从而带来了沙漠化对人类的威胁。据联合国公布的资料，目前全球有110多个国家、10亿多人受到沙漠化威胁，其中1.35亿人面临流离失所的危险。联合国的研究还表明，气候变暖导致占全球41%的干旱地区土地不断退化，全球沙漠面积正在逐渐扩大。目前养活着21亿人口的干旱地区中有10%—20%的土地已无法耕种，丧失了经济价值，沙漠化正在威胁着人类的生存。

知识拓展

中国成功“征服”的沙漠

这个被中国人“征服”的沙漠叫作毛乌素沙漠。作为中国四大沙漠之一，毛乌素沙漠一直困扰着中国西北地区的经济发展。毛乌素沙漠所在的地方一直以来被称为“沙漠之城”。毛乌素沙漠面积约4.22万平方千米，经过国家一批又一批的治沙人员扎根在这里，花费将近30年的时间，终于将毛乌素沙漠变成了一块“绿洲”。

如今来到毛乌素沙漠不再看见漫天的黄沙遍地，而是已经有800多万亩沙地被治理，止沙生绿。88%的毛乌素沙漠得到治理，水土不再流失，甚至成功地减少了黄河的年输沙量足足4亿吨。由于近几十年治沙团队的治理，曾经的沙地变成了如今的林地、草地和良田。在沙漠腹地，中国治沙人员还累计新辟农田200万亩，这些地可以种植经济作物马铃薯、红薯等，为当地人们增加了收入来源。要知道一个台湾地区的面积才3.6万平方千米，而国家治理毛乌素沙漠就达到4万平方千米的面积。

（资料来源：新浪网）

（三）水资源危机

地球上的总水量约为13.8亿立方千米，其中96.5%是海水，用以维持地球上陆栖生物和人类生存发展的淡水仅占3.5%。随着经济的发展和人口的增长，世界用水量在迅速增加，全球许多国家都出现了严重的水资源危机。除了全球气候异常导致部分地区发生水资源短缺外，人类对水资源的过度开发、浪费和破坏，是造成全球水危机的主要原因。我国也是一个缺水严重的国家。我国的淡水资源总量为28000亿立方米，占全球水资源的6%，仅次于巴西、俄罗斯和加拿大，居世界第四位，但人均只有2200立方米，仅为世界平均水平的1/4、美国的1/5，在世界上名列121位，是全球13个人均水资源最贫乏的国家之一。

知识拓展

会桌上的“水浪费”何时休？

一瓶水，一场会；会一散，扔一半。参加会议时，多少人曾不经意这么做过？世界水日来临之际，“新华视点”记者走访多个会议场所发现，瓶装水浪费现象随处可见。有专家估计，我国每年在会议场所浪费的瓶装水有上千万瓶。

关注瓶装水10年的环保组织，“水卫士行动”领导小组秘书处秘书长张合军多次调查发现，保守估计，一般会议有10%以上的瓶装水会有剩水。“以10%的浪费率估算，仅北京一年便浪费100多万瓶‘半瓶水’，全国保守估计在千万瓶以上。”

天津一家瓶装水公司总经理张征说，以包括循环利用的全流程计算，每1吨瓶装水一般需耗费1.3吨原水。“千万瓶瓶装水浪费的背后，是更加惊人的水资源浪费。”

节约每一滴水，需要全社会的共同努力，营造“厉行节约、反对浪费”的浓厚氛围，全社会急需一场“清瓶行动”。

（资料来源：光明网）

问题与思考：

结合会桌上的“水浪费”，谈一谈你有什么好的办法遏制这种“水浪费”？

（四）生物物种不断灭绝

生物多样性是生物及其与环境形成的生态复合体以及与此相关的各种生态过程的总和，由遗传（基因）多样性、物种多样性和生态系统多样性等部分组成。而物种的多样性是生物多样性的关键，它既体现了生物之间及环境之间的复杂关系，又体现了生物资源的丰富性。但是，由于环境的恶化、人类的猎杀，生物物种不断灭绝。总部位于瑞士格朗的世界自然保护联盟（IUCN）在美国夏威夷举行的2016年世界自然保护大会上，发布了最新版的《世界自然保护联盟濒危物种红色名录》。濒危物种红色名录是由世界自然保护联盟领导制定的一份衡量全球物种生存和受威胁状况的清单，它将物种的濒危等级标准分为“有评估数据”和“数据缺乏”两类。“有评估数据”中根据濒危程度划分为灭绝、野外灭绝、极危、濒危、易危、近危和无危7级。在更新的红色名录收录的82954个物种中，有23928个正遭受灭绝的威胁，占比28.9%。

知识拓展

大熊猫“降级了”

据世界自然保护联盟（IUCN）制定的《IUCN物种红色名录濒危等级和标准》显示，根据数目下降速度、物种总数、地理分布、群族分散程度等准则，该标准将物种分类为9个级别，即灭绝、野外灭绝、极危、濒危、易危、近危、无危、数据缺乏和未评估。

国家有关部门介绍称：大熊猫野外种群数量已经达到1800多只，受威胁程度等级由濒危降为易危。一时间，“国宝降级了”引起了众多关注。

据有关记载，大熊猫已在地球上生存了至少800万年，它不仅是一个珍稀物种，还成为中国与其他国家文化交流、友谊交往的符号，在促进传递中国生物多样性保护理念中，起到重大推动作用。

为了保护这个“国宝”，我国陆续在四川、陕西以及甘肃三省共建立了不同级别的67处大熊猫自然保护区，总面积达336万公顷，覆盖了53.8%的大熊猫栖息地，并保护了66.8%的野生大熊猫种群。大熊猫自然保护区不仅有效保护了大熊猫，更促进了栖息地内其他珍稀物种种群的恢复与繁殖。比如，秦岭山系的羚牛、金丝猴等我国特有珍稀野生动物，均在大熊猫自然保护区得到了有效保护。

如今，大熊猫“降级”，反映了其栖息地自然环境和社会环境的持续向好，也展现了我国自然保护区建设与管理的进步。不过，大熊猫从“濒危”降级为“易危”，并不意味着保护工作停歇，对其保护的道路依然任重而道远。

（资料来源：中国新闻周刊）

（五）矿产资源耗竭

矿产资源指经过地质成矿作用，使埋藏于地下或出露于地表并具有开发利用价值的矿物或有用元素的含量达到具有工业利用价值的集合体。矿产资源是重要的自然资源，是社会生产发展的重要物质基础，现代社会人们的生产和生活都离不开矿产资源。矿产资源属于非可再生资源，其储量是有限的。目前，世界已知的矿产有1600多种，其中80多种应用较广泛。产业革命以来的200多年间，矿产资源的消耗速度越来越快，特别是近些年，有些矿产资源的储量已大为减少，有的甚至趋于枯竭。

素养视点

结合“地球之肺”在哭泣、中国成功“征服”的沙漠和大熊猫“降级了”案例，谈一谈我国在环境保护方面做出的贡献，进而谈一谈推动“构建人类命运共同体”的意义。

任务3
发　展

人类社会已经走到工业文明中一个动荡不安、影响深远的转折点——要么只顾自身利益最大化，无度掠夺自然资源，破坏生态环境，继续沿用“黑色”增长方式，直至将人类社会推向坟墓；要么与自然界和谐相处，节能降耗，减少温室气体排放，走“绿色”环保的可持续发展之路。

当前，我国经济发展进入新常态，产业结构优化明显加快，能源消费增速放缓，资源性、高耗能、高排放产业发展逐渐衰减。但必须清醒认识到，随着工业化、城镇化进程加快和消费结构持续升级，我国能源需求刚性增长，资源环境问题仍是制约我国经济社会发展的瓶颈之一。

一、可持续性发展

可持续发展源于20世纪80年代的“绿色运动”。由于20世纪60年代发达国家在非洲及南美大量收购农地种植咖啡和甘蔗，并用所得的金钱购买粮食，以供应给当地居民。然而，由于土地发展过度，且缺乏规划，令咖啡和糖的期货在短时间内贬值。南美各国经济顿时崩溃，加上水土流失、滥用农药及过度消费行为持续扩大，令土地贫瘠，甚至沙漠化，引致饥荒。“可持续发展”的出现，就是要纠正过去的错误，避免其他国家重蹈覆辙。“可持续发展”强调经济体系内的发展必须环环相扣，并得以自给自足。

世界环境与发展委员会于1987年发表的《我们共同的未来》中对可持续发展定义为：既满足当代人的需求，又不危及后代人满足其需求的发展。联合国在1992年6月召开“环境与发展”大会，与会各国一致承诺把走可持续发展的道路，作为未来的长期共同的发展战略。我国在1992年国务院就组织编制了《中国21世纪议程——中国21世纪人口、环境与发展白皮书》，提出了人口、经济、社会、资源和环境相互协调，可持续发展的总体战略、对策和行动方案，并已经开始了具体的行动。

（一）可持续发展的内涵

可持续发展是一个内涵极其广泛的概念，其大致可以分为三个方面。

1. 资源环境的可持续性

资源环境的可持续性包括生物资源可持续利用、能源可持续利用和环境管理三个方面。

（1）生物资源可持续利用，即林业、渔业、水资源等可更新资源的可持续产出。在保持一个稳定的可更新生物资源库的条件下，确定获得最大连续生产量作为资源管理目标，资源承载力大小是实现这一目标的关键。农业可持续产量，即农业生态系统抵抗外来干扰以维持其系统持久生产力的能力，这一定义标志着农业开发已从追求短期的产量最大化的管理目标转向维持长期的生物生产量，保持土地和生物物种资源库不退化是一个基本的操作重点。

（2）能源可持续利用，尤其是可更新能源利用。人类需要变革其能源使用方式，由对可耗竭化石能源依赖型向可再生能源依赖型的能源利用系统转变。

（3）环境管理，特别强调环境资源保护，即充分利用环境资源服务于人类发展活动，同时对被开发环境不造成难以恢复的损害，保护的核心思想是要维持一个恒定的自然资本，这是可持续性的必要条件。

2. 经济的可持续性

经济的可持续性即可持续经济发展，包括可持续经济增长和可持续经济发展。

（1）可持续经济增长，即从现在到可预见的未来可以得到自然和社会环境支持的经济增长，能源的来源是环境支持的重要因素。

（2）可持续经济发展，指在至少保持总资本量，即人力资本、人造资本和自然资本不下降的条件下，使经济收益最大。

3. 社会的可持续性

社会的可持续性，即可持续社会发展。包括社会稳定和社会公平性。

(1) 社会稳定，即一个能持久的、自力更生的、对外部干扰具有一定抗性的社会，这一社会建立在合理的自然生产力、使用有效的可更新能源、保护水土、基本稳定的人口、合适的人类生活多样性的基础上。

(2) 社会公平性，即满足当代人的需要而不损害将来人类满足其自身需要的能力。控制人口规模的消费水平，增加社会收入分配的公平性是其基本条件。

(二) 可持续性发展的三要素

可持续性发展包括三个关键要素，即经济、环境和社会。可持续性的目标相应地包括了经济目标、社会目标和环境目标，这三者存在相互关联关系。

(1) 经济要素，与效率、增长、发展相对应。对环境而言，存在价值评估和内在化问题；对社会而言，存在代内公平、就业、区域协调等。

(2) 社会要素，与贫困、文化、社会遗产等相对应。对环境而言，存在代际公平、人与自然的和谐、公众参与等；对经济而言，存在公正、福利等。

(3) 环境要素，与生物多样性、自然资源的保护、污染等相对应。对经济而言，存在价值评估、内在化、制约等；对社会而言，存在代内代际公平、公众参与等。

二、绿色发展

(一) 绿色发展的内涵

绿色发展是按照可持续发展要求，从承担社会责任、充分利用能源资源、保护生态环境角度出发，在产品开发、生产、销售、售后服务全过程中，采用节约能源资源、清洁无污染、符合生态环保要求和社会道德规范的方式，向消费者提供环保卫生、安全可靠的产品或服务。绿色发展的实质是将环境作为重要资产来经营，以较少的投入取得较大的经济效益、生态效益和社会效益。这既能满足人类社会生存发展的需要，又可减少能源资源浪费，改善生态环境。

党的二十大报告指出，推动绿色发展，促进人与自然和谐共生。作为可持续发展的具体形式，绿色发展是一项复杂的系统工程。政府和企业在扎实推进绿色发展方面应注意以下几个问题：

1. 以绿色技术推动绿色发展

绿色技术是生态工程和基因工程相结合的新兴技术，是为保护生态环境安全、保持人与自然和谐发展而使用的技术。它可以支持能源资源循环利用或可持续使用，极大地提高能源资源利用效益，从根本上改变人类生产经营方式。绿色技术是绿色发展的关键，不断创新绿色技术是绿色发展的必要条件。为此，要完善创新机制，吸引创新人才并充分发挥其作用，加大投入力度，推动绿色技术不断进步。在此基础上，不断调整和优化结构，加快传统产业和产品的技术改造，提高其绿色科技含量和附加值。同时，研发更多符合环保要求、无公害、有利于资源再生的绿色产品，积极培育绿色产业，发挥好绿色技术推动绿色发展的能动作用。

2. 以绿色服务增加绿色价值

绿色产品是提供绿色服务的载体，而绿色服务才是利润的主要来源。绿色服务从专业化角度解决绿色消费中出现的问题，架起与消费者沟通的桥梁，不但能解除顾客的后顾之忧，也可为企业绿色发展提供信息支持。随着经济社会的发展，市场竞争的重心由技术和产品逐步转向应用和服务，企业发展战略也相应地由“以产品为导向”转变为“以客户为导向”，服务由以往创造价值的辅助环节上升为主要角色。因而，应重视绿色服务的巨大增值作用，主动延长价值链，实现绿色发展价值和效益最大化，推动全社会的环境保护和生态文明建设。

3. 以绿色文化打造品牌形象

绿色企业文化是将环境有价、污染者付费的观念以及节约资源、保护环境、建设生态文明等理念纳入企业文化中。绿色企业文化不是管理方法，而是形成管理方法的理念，是企业绿色营销、绿色管理、绿色发展的思想基础。以绿色文化引领品牌建设，要努力提高员工的环保意识，使绿色环保和生态文明理念潜移默化于员工的思想行为之中，渗透于企业的一切活动之中。从而，在将企业绿色文化发扬光大的同时，在消费者心目中树立起节能降耗、绿色环保、积极履行社会责任的良好品牌形象。

4. 以绿色认证融入绿色市场

绿色发展是公认的国际经济贸易发展方向，也是企业发展的大势所趋。发达国家早已对市场实行节能和环保准入制度，通过立法或制定严格的强制性技术标准，限制不符合环保标准的产品进口。国际知名企业在选择合作伙伴或供应商时要求环保要达标。产品没有通过环保认证，则难以进入主流市场，难以为绿色发展的企业进行配套加工生产，更难以融入绿色发展产业链，结果将失去合作伙伴和宝贵商机。因此，实行绿色发展，企业要重视取得ISO14000 环境认证，取得国际贸易的绿色通行证。

总之，发展方式需要“绿色革命”，要由以往不顾能源资源消耗和生态环境保护的“黑色”增长，转变为重视节能降耗减排和生态文明建设的“绿色”发展。在政府的引导下，企业应积极主动地顺应市场的绿色需求，在经营中将经济效益、消费者需求和生态环保要求结合起来，抓住绿色发展机遇，实现持续健康发展。

（二）绿色发展战略

1. 企业——绿色营销

所谓绿色营销，是指企业在生产经营过程中，将企业自身利益、消费者利益和环境保护利益三者统一起来，以此为中心，对产品和服务进行构思、设计、销售和制造。绿色营销是指企业以环境保护为经营指导思想，以绿色文化为价值观念，以消费者的绿色消费为中心和出发点的营销观念、营销方式和营销策略。它要求企业在经营中贯彻自身利益、消费者利益和环境利益相结合的原则。

绿色营销还是一个新事物，没有更多的理论可以借鉴，从目前来看，绿色营销的内容主要包括绿色设计、绿色生产、绿色包装、绿色促销、绿色价格、绿色渠道等。

（1）绿色设计。绿色设计是由绿色产品的诞生所引申的一种设计方法，也叫生态设计，就是从未来着手构思、开发和制造产品，以便在产品的使用寿命结束时，有的部件可以翻新和重复使用，有的可以安全地被处理掉，以减少对环境的污染和资源的消耗。

绿色设计的基本思想是：在设计阶段就将环境因素和预防污染的措施纳入产品设计之中，将环境性能作为产品的设计目标和出发点，力求使产品对环境的影响最小。对工业设计而言，绿色设计的核心是“3R”，即对资源的减量利用（Reduce）、再利用（Reuse）和循环利用（Recyle）。不仅要减少物质和能源的消耗，减少有害物质的排放，而且要使产品及零部件能够方便地分类回收并再生循环或重新利用。

绿色设计的主要内容包括：绿色产品设计的材料选择与管理；产品的可拆卸性设计；产品的可回收性设计。绿色产品设计的材料选择与管理，一方面不能把含有有害成分与无害成分的材料混放在一起；另一方面，对于达到寿命周期的产品，有用部分要充分回收利用，不可用部分要用一定的工艺方法进行处理，使其对环境的影响降到最低。产品的可回收性设计要综合考虑材料的回收可能性、回收价值的大小、回收的处理方法等。产品的可拆卸性设计指设计师要使所设计的结构易于拆卸，维护方便，并在产品报废后能够重新回收利用。除此之外，绿色设计还包括绿色产品的成本分析、绿色产品设计数据库等。

（2）绿色生产。绿色生产也叫清洁生产，是指不断采取改进设计、使用清洁的能源和原料、采用先进的工艺技术与设备、改善管理、综合利用等措施，从源头削减污染，提高资源利用效率，减少或者避免生产、服务和产品使用过程中污染物的产生和排放，以减轻或者消除对人类健康和环境的危害。

绿色生产的定义包含了两个全过程控制：生产全过程和产品整个生命周期全过程。对生产过程而言，清洁生产包括节约原材料和能源，淘汰有毒有害的原材料，并在全部排放物和废物离开生产过程以前，尽最大可能减少它们的排放量和毒性。对产品而言，绿色生产旨在减少产品整个生命周期过程中从原料的提取到产品的最终处置对人类和环境的影响。

绿色生产的思考方法与其他生产的不同之处在于：过去考虑对环境的影响时，把注意力集中在污染物产生之后如何处理，以减小对环境的危害，而绿色生产则要求把污染物消除在它产生之前。

（3）绿色包装。绿色包装是指以环境保护为首选目标的包装。在包装设计上，要考虑对环境的影响；在包装材料上，要选用无毒害和可分解或能再生利用的材料；在包装风格上，要力求简单化，避免过度包装；在包装策略上，要坚持少耗材、回收、复用和再循环的原则。绿色包装是绿色产品传递给消费者的第一信息，也是绿色营销的引擎，要在包装文字中突出“保护生态环境”“可回收使用”等环保宣传或正确处理废弃包装物的说明，力求通过包装外观传播浓厚的绿色气息。

（4）绿色促销。绿色促销主要是围绕绿色产品而开展的各项促销活动的总称。它旨在通过绿色广告、宣传报道、人员推销、营销推广等，来树立企业和企业产品的绿色形象，使之与消费者的绿色需求相协调，巩固企业的市场地位。

广告宣传绿色化，指在各种国际媒体广告中重视对绿色经营理念和绿色消费概念的宣传，传播绿色语言、绿色生活风格和绿色心情等绿色信息，烘托强烈的绿色文化；促销的绿色化，指营销人员必须熟知本企业的绿色产品的绿色功能，了解消费者绿色消费的兴趣，并能回答消费者所关心的绿色消费问题。通过免费试用样品、竞赛、赠送礼品、产品保证等形式来鼓励消费者试用新的绿色产品，提高企业的知名度。

公共关系绿色化是树立企业及产品绿色形象的重要传播途径。绿色公关能帮助企业更直接、更广泛地将绿色信息传到广告无法到达的细分市场，给企业带来竞争优势。绿色公关的方式具有多样性，可通过一定的大众媒体开展，如通过演讲、报刊、环境保护教材及资料、有声影像资料、信息服务中心等，还可通过某些有关的公关活动来宣传企业的绿色形象，如通过绿色赞助活动及慈善活动等开展与环保有关的有价值的公关活动。绿色广告与绿色公关的有机结合能很快丰富品牌的绿色内涵，塑造出品牌的绿色形象。

（5）绿色价格。绿色价格是指附加了绿色价值而高于传统产品价格的价格。由于绿色产品更符合现代消费者的需求，一般来说，消费者也会认同绿色产品具有更高的价值，愿意支付较高的价钱。但就通常的消费心理而言，消费者总是希望产品的价格更便宜，为此，一定要把握好绿色商品的定价策略。在国际市场上，绿色价格主要实行新产品定价策略，在同类产品价格的基础上确定一定的加价率，树立绿色产品优质高价的形象。企业应注意绿色产品在消费者心目中的形象，利用人们求新、求异、崇尚自然的心理，采用消费者心目中的心理价格来定价，提高经济效益。

（6）绿色渠道。绿色渠道的通畅是成功实施绿色营销的关键。选择绿色渠道可以从以下几个方面进行：选择具有绿色信誉的中间商，加强渠道成员的绿色观念教育；设立绿色产品专柜或绿色产品销售公司，尽可能缩短销售渠道，减少长渠道带来污染的可能性等，逐步建立绿色产品的流通网络，同时注意这些网络与网点的“绿色包装”。

2. 消费者——绿色消费

绿色消费，指一种以适度节制消费，避免或减少对环境的破坏，崇尚自然和保护生态等为特征的新型消费行为和过程。绿色消费，不仅包括绿色产品，还包括物资的回收利用，能源的有效使用，对生存环境、物种环境的保护等。具体而言，它有三层含义：

第一，倡导消费时选择未被污染或有助于公众健康的绿色产品。

第二，在消费者转变消费观念，崇尚自然、追求健康、追求生活舒适的同时，注重环保，节约资源和能源，实现可持续消费。

第三，在消费过程中注重对垃圾的处置，不造成环境污染。符合“3E”，即经济实惠（Economic）、生态效益（Ecological）、平等人道（Equitable）以及“3R”，即减少非必要的消费（Reduce）、重复使用（Reuse）和再生利用（Recycle）。

问题与思考：

党的二十大报告指出：“倡导绿色消费，推动形成绿色低碳的生产方式和生活方式。”试结合个人生活中的一些具体事例，谈一谈我们如何做一个“绿色消费者”。

3. 社会——绿色标志和绿色认证

由于人类对于生态的关注，绿色意识不断加强，消费者对绿色产品也越来越关注，因此绿色标志和绿色认证应运而生。

世界上最早使用绿色标志的国家是德国。1978 年，德国实施的“蓝色天使”计划，就是一种绿色标志。在这一计划的实施过程中，他们给 3600 种产品发放了环境标签。1988 年，加拿大、日本、美国等国家开始实行绿色标志。随后，法国、瑞士、芬兰、澳大利亚等国于 1991 年开始实施环境标志。图 2－1 是部分国家的绿色标志。

图 2－1　德国蓝色天使标志、日本生态标志、美国环保标志

我国的一些绿色标志如图 2－2 所示。1993 年 8 月，我国国家环境保护局正式公布了中国环境标志。中国环境标志是一种官方的产品证明性商标，获准使用该标志的产品不仅质量合格，而且在生产、使用和处理过程中符合特定的环境保护要求，与同类产品相比，具有低毒少害、节约资源等环境优势。中国环境标志图形由青山、绿水、太阳及 10 个环组成。环境标志图形的中心结构表示人类赖以生存的环境；外围的 10 个环紧密结合，环环紧扣，表示公众参与，共同保护环境；同时，10 个环的“环”字与环境的“环”同字，其寓意为全民联合起来，共同保护人类赖以生存的环境。

图 2－2　中国环境标志、中国环保产品认证标志、中国绿色产品标志

2003 年 12 月 16 日，经国家认证认可监督管理委员会批准，中国标准化研究院·中标认证中心（CSC）推出中国环保产品认证。中国标准化研究院·中标认证中心（中国节能产品认证中心）于 1998 年 10 月成立，隶属于中国标准化研究院，是国家唯一授权开展节能、

节水和环保产品认证工作的第三方认证机构。中国环保产品认证标志由地球、鸟及植物叶子进行有机组合而构成，生动地阐述了生命对地球和环境的依赖的关系，强化了人们的环保意识，图案隐含着字母“E”，三个有序排列的鸟（叶子）寓意再生与重复利用，同时还有三个“√”，体现了“认证”的功能，象征认证机构的权威性。

2019年5月7日，市场监管总局发布《绿色产品标识使用管理办法》，并在2020年全国“绿色产品认证与标识宣传周”上向社会公布了“中国绿色产品标识”的样式。目前，已有纺织品、家具、纸和纸制品等12类产品进入首批中国绿色产品目录。另外，还有按照《电器电子产品有害物质限制使用合格评定制度实施安排》的12类产品、建筑门窗及其配件等51类产品以及快递包装产品纳入绿色产品认证与标识体系。

知识拓展

什么是碳达峰、碳中和？

气候变化是人类面临的全球性问题，随着各国二氧化碳排放，温室气体猛增，对生命系统形成威胁。在这一背景下，世界各国以全球协约的方式减排温室气体。2020年9月，中国在联合国大会上向世界宣布了2030年前实现碳达峰、2060年前实现碳中和的目标。那么究竟什么是碳达峰、碳中和？

碳达峰，就是指在某一个时点，二氧化碳的排放不再增长达到峰值，之后逐步回落。

碳中和，是指企业、团体或个人测算在一定时间内直接或间接产生的温室气体排放总量，通过植树造林、节能减排等形式，以抵消自身产生的二氧化碳排放量，实现二氧化碳“零排放”。

党的二十大报告指出，实现碳达峰碳中和是一场广泛而深刻的经济社会系统性变革。立足我国能源资源禀赋，坚持先立后破，有计划分步骤实施碳达峰行动。完善能源消耗总量和强度调控，重点控制化石能源消费，逐步转向碳排放总量和强度“双控”制度。推动能源清洁低碳高效利用，推进工业、建筑、交通等领域清洁低碳转型。深入推进能源革命，加强煤炭清洁高效利用，加大油气资源勘探开发和增储上产力度，加快规划建设新型能源体系，统筹水电开发和生态保护，积极安全有序发展核电，加强能源产供储销体系建设，确保能源安全。完善碳排放统计核算制度，健全碳排放权市场交易制度。提升生态系统碳汇能力。积极参与应对气候变化全球治理。

（资料来源：《潇湘晨报》）

问题与思考：

实现“碳中和”具有哪些意义？实现“碳中和”会给每个人生活带来什么变化？

任务4
应用与实践

商品在满足了人类的消费需求同时，也耗费了自然资源、影响了地球环境。正确地看待商品与环境、资源的关系，坚持绿色可持续性的发展理念，可以让地球更美好。作为青年学生，如何在我国提出的“创新、协调、绿色、开放、共享”的新发展理念下，为建设资源节约型、环境友好型社会尽一份责任呢？

为了进一步加深学生对于商品与环境、资源和发展的认识，增强环保意识，树立绿色消费理念，要求每个学生通过搜集资料，制作PPT或拍摄制作短视频的形式，做一个三分钟左右关于“我们的环境”的微课，并在班级放映短视频或PPT讲解。

“我上台讲微课”实训

1. 实训目的：加强学生对商品与环境之间关系的认识，强化环保意识，树立社会责任感。训练学生PPT制作、短视频拍摄制作以及公众场合的讲解表达能力等。
2. 实训内容：微课制作和展示。
3. 环境要求：多媒体教室（音像设备齐全）。
4. 实训流程：资料收集—制作PPT、拍摄制作短视频—播放并讲解。
5. 注意事项：①选材要聚焦；②内容按照“现象展示—问题剖析—方法与建议”来展开。
6. 实训作业：短视频或PPT。

视频：我上台讲微课

思考训练

一、简答题

1. 可持续性发展的内涵是什么？
2. 企业绿色营销包括哪些策略？

项目二自测题

二、实务分析题

1. 我们能为环境保护做些什么？
2. 企业商品生产如何才能减少对环境的影响？

项目三

商品质量与管理

文本：项目三
教学实施手册

PPT：项目三
课件

学 习 指 南

单元名称	商品质量与管理	对应岗证	质量管理岗位
学习目标	1. 知识目标 （1）了解商品质量的概念、构成要素和特性； （2）理解保证和提高商品质量的意义； （3）掌握质量的基本要求和影响因素； （4）了解商品质量管理的发展； （5）掌握商品质量管理的方法。 2. 能力目标 （1）认知质量管理岗位职责，能够胜任商品质量管理工作； （2）能够利用各种质量管理方法，实施商品质量改进工作。 3. 素养目标 （1）培养质量意识，弘扬工匠精神； （2）树立科技报国的远大理想，坚定科技强国的理想信念。		
学习重点	1. 商品质量的构成要素和商品质量特征； 2. 商品质量的基本要求和影响因素； 3. 商品质量管理的方法； 4. 质量管理岗位职责。		
实训建议	“质量改进和质量晨会”实训		
问题思考	1. 什么是商品质量？ 2. 保证和提高商品质量的意义有哪些？ 3. 如何改进和提高质量？		

导入案例

“中国制造”逐步走向“中国质造”

回想过去十几年，一提到精工品质，就想到德国；一提到高端马桶盖，率先想到日本；一提到婴儿奶粉，就会想到新西兰等地的产品……多年来，“国外的月亮看起来更圆，国外的品牌看起来更好”的观念根深蒂固。如今，随着中国经济的高质量发展，中国品牌的这轮“月亮”是否也在照亮全球？

放眼世界，逐渐占据高端商务市场的华为手机，飞遍全球的大疆无人机，科技含量和颜值俱佳的海尔家电……近年来，一批耳熟能详的中国品牌扬名海外。他们不仅在全球消费者的生活和心智中抢占了一席之地，也让“中国制造”摆脱了低端廉价，逐步走向品质可靠的“中国质造”。

在越来越多的中国品牌成功出海、为“中国制造”正名的同时，中国的产品被越来越多国家的消费者认可和青睐，中国制造大国、制造强国的地位也日益提高和巩固。

（资料来源：凤凰卫视）

视频：中国制造

问题与思考：

“中国制造”逐步走向“中国质造”说明了什么？保证和提高商品质量的意义有哪些？

任务1 商品质量

质量是国家、企业以及消费者都十分关心的一个重要问题，是一切经济管理工作的永恒主题。商品学研究的中心内容就是商品的质量。对质量的传统的、简单的理解是，商品质量就是商品好坏、优劣程度的衡量。今天的商品质量的含义已经远远超过了这种简单的理解。

一、商品质量的内涵

（一）含义

商品质量是指商品满足规定或潜在的要求（或需要）的特征和特性的总和。这里的规定是指国家有关规定、质量标准或买卖双方的合同要求等方面的人为界定；潜在要求（或需要）是指人和社会对商品的适用性、安全性、卫生性、可靠性、耐久性、美观性、经济性、信息性等方面的人为期望；特征是指用来区分同类商品不同品种的特别显著的标志；特性是指不同类别商品所特有的性质，即品质特性。可以说，商品质量是商品具备适用性功能，满足规定和消费者需求程度的一个综合性的概念。例如，一台电视机不仅要求图像清晰、色彩逼真、伴音优美动听、安全可靠、有一定的使用寿命，还要求外形美观、操作方便、经济实惠、信誉好、牌子响和售后服务良好等。

商品质量包括狭义的商品质量和广义的商品质量。狭义的商品质量主要指产品与其规定标准技术条件的符合程度，以国家或国际有关法规、商品标准或订购合同中的有关规定作为最低技术条件，是商品质量的最低要求和合格的依据。广义的商品质量指商品适合其用途所需的各种特性的综合及其满足消费者需求的程度，是市场商品质量的反映。

（二）性质

1. 商品质量具有针对性

商品的质量是针对一定使用条件和一定的用途而言的。各种商品均需在一定使用条件和范围内按设计要求或食用要求合理使用。若超出它的使用条件，即使是优质品也很难反映出它的实际功能，甚至会完全丧失其使用价值。

2. 商品质量具有相对性

商品质量相对于同类商品（使用目的相同）的不同个体而言，是一个比较的范畴。对一般商品来说，可以通过简单的比较和识别来观察，而对某些商品则要有严格的质量指标规定。

3. 商品质量具有可变性

商品的特性会随着科技进步而发展，而且人们消费水平的提高和社会因素的变化，对商品质量也会不断提出新的要求；即使同一时期，因地点、地域、消费对象不同，对商品的要求也不一样；消费者职业、年龄、性别、经济条件、宗教信仰、文化修养、心理爱好等不同，对质量要求也不同。

二、商品质量构成要素

（一）从表面看

在表现形式上，商品质量由外观质量、内在质量和附加质量构成。商品的外观质量主要指商品的外部形态以及通过感觉器官能直接感受到的特性，如商品的式样、造型、结构、色泽、气味、食味、声响、规格（尺寸、大小、轻重）等。商品的内在质量指通过仪器、实验手段能反映出来的商品特性或性质，如商品的物理性质、化学性质、机械性质以及生物学性质等。商品的附加质量主要指商品信誉、经济性、销售服务等。

商品的外观质量、内在质量和附加质量，对不同种类的商品各有侧重。商品的外观质量往往可以反映商品的内在质量，并通过附加质量得到更充分的实现。

（二）从形成环节看

在形成环节上，商品质量由设计质量、制造质量和市场质量构成。设计质量指在生产过程以前，设计部门对商品品种、规格、造型、花色、质地、装潢、包装等方面进行设计的过程中形成的质量因素。制造质量指在生产过程中所形成的符合设计要求的质量因素。市场质量指在整个流通过程中，对已在生产环节形成的质量的维护保证和附加的质量因素。

设计质量是商品质量形成的前提条件，是商品质量形成的起点。制造质量是商品质量形成的主要方面，它对商品质量的各种性质起着决定性作用。市场质量是商品质量实现的保证。

（三）从有机组成看

在有机组成上，商品质量由自然质量、社会质量和经济质量构成。自然质量是商品自然属性给商品带来的质量因素。社会质量是商品社会属性所要求的质量因素。经济质量是商品消费时投入方面所要考虑的因素。

自然质量是构成商品质量的基础，社会质量是商品质量满足社会需要的具体体现，经济质量则反映了人们对商品质量经济方面的要求。

三、商品质量特性

商品质量特性，就是根据一定的准则，将对商品的需要转化为特性，这些特性就称为商品质量特性。这里所谓的准则，指选择那些与需要关系密切的、主要的、能够检测的特性。日本有学者称质量是商品质量的特性之和。

日本的水野相教授把商品质量特性分成六类，见表 3－1。

表 3－1　　商品质量评价要素类型

<table>
<tr><td rowspan="8">内部要素</td><td rowspan="4">A</td><td rowspan="4">性状</td><td>尺寸重量</td><td>尺寸、重量、容积、毛重</td><td rowspan="6">客观的质量要素</td><td rowspan="8">使用质量要素</td><td rowspan="9">广义市场质量要素</td></tr>
<tr><td>原料成分</td><td>成效成分、含量、辅助成分、填料、杂质水分</td></tr>
<tr><td>形态构造</td><td>品种、密度、结构、装饰、加工方法、镀层厚度</td></tr>
<tr><td>其他性质</td><td>色泽、比重、黏度、折光指数、透明度、凝固点、产地、制法</td></tr>
<tr><td>B</td><td>缺陷</td><td colspan="2">各种外观缺陷、包装缺陷</td></tr>
<tr><td>C</td><td>性能</td><td colspan="2">强度、延伸率、硬度、弹性、耐久性、功率、传导率、营养率、吸湿性、透气性、色牢度、收缩率、耐水性、阻燃性、保存性、搬运性</td></tr>
<tr><td>D</td><td>感官</td><td colspan="2">色泽、手感、音色、新鲜度、外观</td><td>准客观</td></tr>
<tr><td>E</td><td>嗜好</td><td colspan="2">图案、图样设计、式样、色调、风味、风格、流行性</td><td>主观</td></tr>
<tr><td>外部要素</td><td>F</td><td>市场适应性</td><td colspan="2">包装、商标、标签、广告、产地、价格、保管、搬运费用</td><td>客观加主观</td><td>市场要素</td></tr>
</table>

（1）性状要素：商品的静态特性和形状，是构成商品基本功能的物质基础。
（2）缺陷要素：商品的外观缺陷。
（3）性能要素：商品的动态特性，是在外力或者环境作用下表现的特性。
（4）感官要素：是用人的感觉器官评价的质量特性。
（5）嗜好要素：根据人们的爱好去评价的质量特性。
（6）市场适应性要素：适应市场销售的质量特性。

问题与思考：
结合个人生活中熟悉的商品（如苹果），试着用商品质量评价六要素来评价一下商品的质量。

四、保证和提高商品质量的意义

（一）重视和提高商品质量，是促进国民经济发展的重要动力

商品生产的目的是满足人们不断增长的物质和文化生活的需要。人们生活中的吃、穿、用的商品，如果生产和经营不对路，质量不高，就会造成商品流通不畅，破坏供求比例，得不到社会的承认和欢迎，这样的商品就很难销售出去。对于企业来说，占压了资金，影响了扩大再生产和扩大经营。若不改变这种状况，要发展生产、扩大经营、提高经济效益，是很难办到或是根本不可能的。企业把质量视为生命，保证和提高商品质量有利于发展生产，扩大经营，促进流通，有利于国民经济的发展。

（二）保证和提高商品质量，是创造社会财富、满足消费的重要标志

商品的使用价值在一切社会形态中都是构成社会物质财富的内容。质量是商品具有使用价值的保证。质量高，表现为商品性能更好，使用效率更高，寿命周期更长，一个顶几个用，相当于花同样多的活劳动和物化劳动，生产出更多的商品。这样既减少了消耗，又降低了成本，而且减少了消费者在该商品上的支付，为消费者在生产和生活中提供了较好的物质条件。相反，就会造成人力、物力、财力的浪费。因此，保证和提高商品质量有利于国家、企业、消费者，对促进整个社会物质文明和精神文明的发展，有极其重要的作用和意义。

（三）加强和提高商品质量，是促进企业质量管理制度完善的中心环节

企业经营管理水平的提高和经营管理制度的完善，在很大程度上是通过组织本企业或本系统的优质产品的生产过程、销售过程和售后服务等一系列工作过程而逐步建立起来的。企业内部的商品质量管理主要是由两个系列的工作组成，即质量保证和质量控制。这一系列工作是伴随生产过程不断进行的，从企业内部来看，质量控制是质量保证的基础。因此，随着企业内部推进商品质量工作的不断完善，就会不断推动质量保证和质量控制的完善，不断促进企业规章制度的完善和经营管理水平的提高。

（四）改进和提高商品质量，是提高市场竞争能力的重要措施

市场的竞争，首先是质量的竞争，质量低劣就无法进入市场。质量是进入市场的“通行证”。因此，只有保证和提高商品质量，才能在国际、国内市场竞争中取得主动权，才能赢得企业和国家的信誉，为企业创造良好的效益，提高产品市场占有率，提高企业的知名度，树立企业良好的形象，为国家创造更多的外汇。

知识拓展

盾构机是中国人的“争气机”

中铁装备党委书记、董事长卓普周说，“盾构机，实际上是中国人的‘争气机’”！在2008年以前，盾构机的关键技术被国外垄断，国内使用的盾构机严重依赖进口。由于不掌握核心技术，设备需要外国专家远渡重洋进行检修。昂贵的进口成本，低效的设备维护，耗时的跨国沟通，中国在盾构机的应用上处处受制于人，严重影响着中国基建的效率和发展。

“造中国人自己的盾构，造中国最好的盾构，造世界最好的盾构。”在中铁装备盾构车间的三句醒目标语，既是对中铁装备盾构机腾飞之路最真实的写照，也是中国工业自强不息奋斗史的缩影。经过多年探索与努力，我国研发团队突破核心技术封锁，从2008年第一台具有自主知识产权的复合式土压平衡盾构机下线，到如今盾构机订单超过1200台、出厂1000台、出口21个国家和地区，成为世界知名的中国盾构行业领先者，支撑中铁装备快速发展、中国盾构机产业爆发的，正是创新创造。

中国是世界上隧道及地下工程规模最大、数量最多、地质条件和结构形式最复杂、修建技术发展速度最快的国家，涌现出了以中铁装备为代表的中国隧道掘进机企业的佼佼者，诞生了中国最大直径泥水平衡盾构机、世界首台马蹄形盾构机、世界最大直径硬岩掘进机等一系列标志性、创新性产品，并不断向世界最大、世界最小、世界首台发起冲锋，在世界隧道掘进机领域刷新中国高度。

（资料来源：《科技日报》）

素养视点

结合盾构机的案例和董明珠说的“要让中国制造不再是廉价的代名词”这句话，谈一谈保证和提高商品质量的意义及其对国家形象的影响。

任务2
商品质量分析

一、商品质量的基本要求

商品质量的基本要求是根据其用途、使用方法、使用目的以及消费者和社会需求提出来的。对于商品质量的基本要求可以概括为六个方面，即商品适用性、商品寿命、可靠性、安全性、经济性、艺术性。

（一）适用性

适用性是指满足这种商品主要用途所必须具备的性能，是为实现预定使用目的或规定用途，商品所必须具备的各种性能（或功能）。它是构成商品使用价值的基础。如冬天人们购买棉衣，棉衣必须具备防风御寒的性能。

（二）商品寿命

商品寿命通常指商品使用寿命，有时也包括储存寿命。使用寿命是指工业品商品在规定的使用条件下，保持正常使用性能的工作总时间。如人们购买家用电器，要求电器应能够具有一定长的使用寿命。

问题与思考：

对比分析一下商品的使用寿命、储存寿命和市场寿命之间的区别和联系。

（三）可靠性

可靠性是指商品在规定条件下和规定时间内，完成规定功能的能力。它是与商品在使用过程中的稳定性和无故障性联系在一起的一种质量特性，是评价机电类商品质量的重要指标之一。可靠性通常包括耐久性、易维修性和设计可靠性。

耐久性，是指日用工业品在使用时抵抗各种因素对其破坏的性能，它是评价高档耐用商品的一个重要质量特性。

易维修性，是指商品在发生故障后能被迅速修好恢复其功能的能力。商品是否容易维修与商品设计有关，设计中应尽量采用组合式或组件式商品结构，所用零部件要标准化、通用化、系列化，以便拆卸更换，此外还应该容易通过仪表式专用检具迅速诊断出故障部位。

设计可靠性，是指为了避免使用者在操作上的过失和在规定的环境以外使用等用法错误导致商品出故障的可能性，一方面，要求提高商品的易操作度（易使用度），使人为过失的可能性尽量减少；另一方面，即使因人为过失或环境改变引起了故障，也要把可能遭受的损害控制在最低限度。设计上这两个方面的要求就是设计可靠性。

（四）安全性

安全性是指商品在储存和使用过程中对环境无污染，对人体无损害的能力。环境要求包括两个方面，一方面要求商品在生产、流通直至消费以及废弃阶段，均不致对社会和人类生存环境造成危害；另一方面要求提供能使商品正常发挥效用的环境条件，如规定的温度、电压等。

知识拓展

食品安全的三个层次和标准

食品安全指食品无毒、无害，符合应当有的营养要求，对人体健康不造成任何急性、亚急性或者慢性危害。食品安全可以分为三个层次：第一层是食品数量安全，即一个国家或地区能够生产民族基本生存所需的膳食需要，要求人们既能买得到又能买得起生存生活所需要的基本食品；第二层是食品质量安全，指提供的食品在营养、卫生方面满足和保障人群的健康需要，食品质量安全涉及食物的污染、是否有毒，添加剂是否违规超标，标签是否规范等问题，需要在食品受到污染界限之前采取措施，预防食品的污染和遭遇主要危害因素侵袭；第三层是食品可持续安全，这是从发展角度要求食品的获取需要注重生态环境的良好保护和资源利用的可持续。食品安全的标准有以下 9 个方面：①食品相关产品的致病性微生物、农药残留、兽药残留、重金属、污染物质以及其他危害人体健康物质的限量规定；②食品添加剂的品种、使用范围、用量；③专供婴幼儿的主辅食品的营养成分要求；④对于营养有关的标签、标志、说明书的要求；⑤与食品安全有关的质量要求；⑥食品检验方法与规程；⑦其他需要制定为食品安全标准的内容；⑧食品中所有的添加剂必须详细列出；⑨食品中禁止使用的非法添加的化学物质。

（五）经济性

经济性是指商品的生产者、经营者、消费者都能用尽可能少的费用获得较高的商品质量，从而使企业获得最大的经济效益，消费者也会感到物美价廉。经济性反映了商品合理的寿命周期费用及商品质量的最佳水平。

（六）艺术性

艺术性是指商品符合时代审美特点，具有一定的艺术创造性。它已成为提高商品市场竞争能力的重要手段之一。

知识拓展

人们对服装要求的三个层次

人们对服装的核心需求，应该说因人而异，一般来说可以分为三个层次。

一、低层消费水平群体对服装的核心需求是遮羞蔽体、御寒保暖。

衣物的遮羞蔽体、御寒保暖，是其最原始、最基本的功能，这也是低层消费水平的群体的核心需求。

二、中层消费水平群体对服装的核心需求是舒适合体、展现美感。

这一群体的人们，对服装不再停留在遮羞蔽体或御寒保暖上，对衣服的品质、舒适度等方面有较高的要求，对品牌的可信度和知名度比较讲究，有强烈通过着装展现自身美的愿望，舒适、时尚、性价比高的服装最适合这一群体。

三、高层消费水平群体对服装的核心需求是追求价值、展现身份。

高层次消费群体，对服装的身份识别属性非常在意，对名牌甚至奢侈品牌的关注度很高。在他们心目中，服装是身份和地位的象征，并时刻想通过着装来展现自己不同于他人的品味以及身份特征。所以，时尚、品味、价值等元素，是这类群体的核心需求。

商品质量的各项基本要求，并不是独立的、静止的、绝对的，特别是对某种商品提出具体质量要求时，不仅要根据不同的用途进行具体分析，还必须与社会生产力的发展、国民经济水平以及人们消费习惯相适应。

由于商品种类繁多，性能各异，又有着不同的用途、特点和使用方法，因此，对不同商品质量要求也各不相同。如食品作为人们日常生活中的重要商品，是为人体提供热量、营养、维持人体生命的物质，是人们生长发育、保证健康不可缺少的生活资料。所以人们对食品质量的基本要求则是：具有营养价值；有较好的色、香、味、形；符合卫生要求等。再如随着社会的发展和生活水平的提高，人们对于服装质量的要求不再是简单地御寒遮体、维持生活，而是增加了对于舒适、卫生安全、美观、大方、流行、具有时代性等的要求。

二、商品质量的影响因素

商品质量受多方面因素的制约，既有生产环节的影响，也有流通环节和消费环节的影响。要保证和提高商品质量，重要的问题是找出影响商品质量的各种因素，特别是关键性因素。只有这样，才能确保商品质量。

（一）生产过程中对商品质量的影响

商品质量产生、形成于商品的生产过程，生产过程是影响商品质量的根本因素。从生产环节看，有的商品来源于制造业，有的商品则来源于种植业和养殖业，而它们的影响素又各不相同。

1. 影响工业产品质量的因素

（1）原材料。原材料是构成商品的原始物质，或是形成商品的基本物料。在其他条件相同的情况下，原材料对商品质量起着决定性作用。原材料的质量特性是产生商品质量特性的基础，原材料质量的优劣直接影响半成品或成品商品的等级。

（2）商品设计。商品生产之前的设计，是形成商品质量的前提。对于任何一种商品来说，如果设计质量不好，就会使商品先天不足，其质量就难以保证和提高。

为保证所生产商品的质量，必须进行全面的市场调查和分析，认真研究该商品的市场需求和基本技术要求，才能设计出结构合理、式样新颖，既能满足消费者需求，又便于加工、使用和修理的商品。

（3）制造工艺。生产过程是商品质量形成的过程。虽然原材料的质量相同，但若采用不同的生产工艺，产品质量也会出现明显差别。如采用同样的原棉，若在纺纱过程中增加精梳工序，纺成的纱其外观和强度就会有明显提高，称为精梳纱，用该种纱织造的织物称为精梳织物。

不同生产工艺可以生产不同质量的产品，即使有时原材料质量出现变化，如果预先进行必要的工艺处理，选用适合的生产工艺，也可能不致对商品质量造成影响。如不同的原棉，经过科学配棉，采用一定的工艺处理，也可以保持和提高所纺纱线乃至所织物的质量。

（4）设备和操作方法。设备水平和质量对商品质量也有重要影响。设备的故障常常是出现不合格品的重要原因。设备的自动化和高速化，又可能使发生故障的机会有所增加，特别是故障一旦发生将会波及较大范围。因此，加强设备保养和管理，防止故障发生和降低故障率，是保证商品质量的必要前提。

操作方法不同，质量也会不同。特别是一些食品的加工，同样的原材料，之所以有的班次生产的产品质量好，有的班次生产的产品质量差，恰恰是由于操作方法的差异所造成的。为此，一些对操作方法要求严格的商品，必须制定生产的操作方法标准，以此为依据进行操作，并加强管理，则可以保证加工产品的质量及其稳定程度。

知识拓展

先进集成电路制造几乎都围绕光刻展开

集成电路行业中有“一代器件、一代工艺、一代设备与材料”之说，其意指在整个行业进入纳米时代以后，微纳制造技术更多地依靠引入新材料和微观加工设备的加工能力来实现技术突破，制造工艺与设备材料更加深度地契合在一起，许多制造工艺往往需要围绕关键设备材料展开。而光刻机就是集成电路制造中最精密复杂、难度最大、价格最昂贵的设备。

有光刻机专家告诉记者：“在先进的集成电路制造工艺流程当中，一款芯片往往需要经过几十道光刻工艺，每次都需要使用光刻机把电路的设计图形做到硅片上去。所以，人们经常说到的多少纳米的工艺节点，往往就是由光刻机及其相关工艺所决定的或者说它是最核心的一个因素。光刻机的分辨率可以做到多少，集成电路的工艺节点就做到多少。”

（资料来源：搜狐网）

（5）标准水平和质量检验。商品质量问题也与标准水平有关。在制定商品质量标准时要遵循经济合理的原则，绝对不是迁就落后；相反，应该保证技术先进，这就是说商品质量标准水平应该适当高一些。有了较高水平的质量标准，又能真正地加以贯彻，那么就可以从准则上保证商品质量。

质量检验是保证商品质量的重要手段。对生产出的产品进行质检属于事后把关。对生产过程中的原材料、半成品进行质检属于事前控制。把事前控制和事后把关处理好了，商品质量就有了可靠的保证。

2. 影响农产品质量的因素

（1）生产环境。农作物的生长发育都与环境关系极为密切。太阳光的照射、气温与地温、土壤和墒情以及产地生态环境等不仅影响农产品的收获期和产量，而且影响农产品的质量。

近些年塑料大棚技术的研究与应用，使蔬菜生产发生了巨大的变化。通过建造塑料大棚，使塑料大棚内形成了农田小气候，在此小环境内不仅能使作物得到光照，还能起到升温、保温、保持水分的作用，蔬菜可免受外界因素影响而正常生长，使人们在春季甚至严寒的冬天可以吃到过去夏季成熟的新鲜蔬菜。

近些年塑料地膜技术的研究与应用，使粮食作物和经济作物的生产也发生了巨大的变化。耕种时覆盖的塑料地膜，使耕地与地膜之间形成了农田小气候，在此小环境内不仅使作物获得较好的光照，又能使地温升高，并起到保持水分的作用，促使种子早日萌发出土，迅速生长，提早成熟，还能提高产品质量。花生、玉米、水稻、西瓜和香瓜等的生产都应用过塑料地膜，特别是地膜覆盖的花生，不仅产量高，而且籽粒饱满、质量好，有些地区已普遍采用。

产品产地或产品原料产地的大气、土壤质量及水质量是否符合绿色食品生态环境标准，已成为评价该产品能否成为绿色食品的重要条件之一。

（2）动植物品种。动植物品种非常重要，它不仅决定动植物产品的产量，更决定了动植物产品的质量。因此，要把种畜、种子和种苗标准化作为重要工作来抓，有计划地培育优良种畜、种子和种苗。

近些年我国在动植物品种研究上取得了更多可喜的成就。例如，把牛的基因移入猪体内，培育出理想的瘦肉型猪源；大豆与水稻细胞融合后形成了高蛋白水稻；通过研究生产出低芥酸或无芥酸的菜籽油等，从而使猪肉、水稻和菜籽油的质量大大提高。

（3）植物栽培技术。农作物在栽培过程中，如播种、施肥、灌溉等环境都存在着很多技术问题。只有掌握了各种作物的生长发育规律，按照作物特点播种或插秧，依作物需要施底肥和追肥，及时灌溉，才能高产高质。如瓜果等作物施了过量氮肥而缺乏磷肥和钾肥，会使茎叶徒长而所结果实少且质量不好；花生地上开花地下结果，必须在开花授粉后及时封垅等。

还有些农作物的栽培，需要掌握一些特殊技术。如苹果树的剪枝技术，棉花、烟草和番茄的打尖和抹杈技术。这些作物只有科学剪枝、打尖和抹杈，才能产量高、质量好。

（4）动物饲养管理。动物的成长和发育也有自己的规律，不同动物的成长和发育又各具特点。为此，由于动物不同以及饲养动物的目的不同，在饲养过程中必须有针对性地进行科学管理。对种畜、奶畜和肉畜的饲养管理就不能一样。如对猪的饲养，为了提高其瘦肉率，有些饲养者采取“前促后控”的措施进行管理，就取得了良好效果，达到了饲养的目的。

（二）流通过程中对商品质量的影响

视频：流通过程中对商品质量的影响

流通过程是指商品离开生产过程进入消费过程前的整个区间。商品在流通过程中，都要经过时间和空间的转移，商品的贮存和运输是不可避免的。流通过程对商品质量的影响，主要体现在运输、储存、销售等方面。

商品运输是商品流通的必要条件，没有运输，商品不会自己到达消费者手中。运输对商品质量的影响，与运程的远近、运输时间长短、运输路线、运输方式、运输工具的条件等有关。

商品储存是商品流通的一个重要环节。没有商品储存，就难以保证商品流通的正常运转。商品在储存期间的质量变化，与储存场所、时间长短、储存措施与技术、商品存放数量等有关。

商品在销售过程中，必然离不开商品陈列、包装、搬运、装配、维修等工作。每个环节都涉及维护和损害商品质量的问题。例如，商品的暴露陈列、试用和挑选、陈列组合不当，拆零与分装捆扎不讲究，装配及维修水平低，陈列时间长，陈列环境及卫生条件差等，会使商品在外力、温湿度、光、热、微生物、环境污染等影响下引起商品质量变化。

（三）使用过程中对商品质量的影响

商品的使用对商品质量有直接影响。消费者必须要有一定的使用、维护和保养商品的知识，才能保证商品质量的体现。商品使用对商品的质量影响主要与商品使用与保养条件、商品安装及商品使用的方法等有关。很多情况下，不是商品本身有质量问题，而是使用不当、维护保养不当等引起的。例如，药品、农药、化肥、塑料制品的合理使用；机械商品、电器用品的安装；液化气灶具的操作规程；设备的安装环境；毛、丝类针纺织品的洗涤与保管等。如果方法不当，环境条件不利，违反了规定要求，不仅损坏了商品，降低了使用价值，而且有些能直接危及人身安全。所以要对有些商品认真编制使用（食用）和养护说明书，采取多种形式向消费者宣传，传授使用（食用）和养护知识，设立必要的咨询中心、维修网点等，这些都是使用过程中保护商品质量的重要途径和措施。

任务3
商品质量管理

一、商品质量管理的发展

随着科学技术和生产力的不断发展，顾客对商品质量提出越来越高的要求。在国际贸易竞争日趋激烈的今天，各国都极为重视商品质量，把商品质量视为关系到企业生存的重要因素。因此，商品质量管理和质量保证在世界范围内得到迅速发展，控制质量的方法也不断改进和完善。

（一）检验质量管理阶段

20世纪初，美国出现了以泰罗为代表的“科学管理运动”。“科学管理”提出了在人员中进行科学分工的要求，并将计划职能与执行职能分开，中间再加一个检验环节，以便监督、检查对计划、设计、产品标准等项目的贯彻执行。这就是说，计划设计、生产操作、检查监督各有专人负责，从而产生了一支专职检查队伍，构成了一个专职的检查部门，这样质量检验机构就被独立出来了。

用检验的方法控制质量，就是通过制定产品质量标准、执行标准和检查标准执行情况来控制产品的质量，检验合格的产品可以出厂，不合格的产品不能出厂。所以用检验的方法控制产品的质量，其实质是在产品生产中实施标准化管理，由工程技术人员制定产品标准和相应的工艺标准，由工人执行标准，由专职的检验人员检查标准的执行情况，进行产品质量把关。这种控制质量的方法，适应了机械化大生产和卖方市场的需要。由检验进行产品质量把关一直延续到当代的质量管理，成为现代质量管理的一个重要组成部分。但是这种控制质量的方法有其明显的局限性。

随着生产规模的不断扩大和生产效率的不断提高，质量检验的这些缺点也越来越显得突出。随着数理统计原理在质量检验中的应用，检验质量管理阶段进入了统计质量管理阶段。

（二）统计质量管理阶段

20世纪30年代前后，由美国贝尔电话研究所工程师、统计学家休哈特（W. A. Shewhart）提出了“统计过程控制（SPC）”概念，创作了质量控制图，统计质量管理方法开始推广。其基本思路是根据过去某种情况来预测它将来的变化，从而进行管理，使其处于统计管理状态。这种方法用于质量管理，主要是按照商品标准，运用数理统计原理从设计到制造的生产工序间进行质量控制，预防产生不合格产品；管理对象包括产品质量和工序质量；管理领域从生产制造过程扩大到设计过程。统计质量管理是一种预防性事先监控型管理，依靠生产过程中的质量控制，把质量问题消灭在生产过程中，而且能定量分析研究和预测产品质量的变化。

这个阶段的质量管理已从单纯地依靠检验把关，逐步转为检验把关和工序质量控制预防两者并重。与质量检验相比，它更加适合企业的需要，提高了管理水平，推动了生产的发展。但由于这个阶段过分地强调了数理统计的理论，没有注意数理统计方法的通俗化和普及化工作，使人感到深奥不好学，或误认为质量控制就是质量管理工程师的事，与自己全无关，从而限制了这些方法的进一步推广，影响了其作用的进一步发挥。

问题与思考：

有人说："检验质量管理和统计质量管理是事后检验，这两种商品质量管理已经落后过时，企业不需要再采用了。"这句话对吗？

（三）全面质量管理阶段

人们运用数理统计方法对产品进行质量控制，使废品、次品得到了有效的预防性控制，生产管理有序。然而，随着现代科学技术的发展，对产品质量提出了更高的要求，这样原来的统计质量控制已经不适应需要。同时，大型、复杂的产品不断涌现，对产品质量提出了安全性、可靠性、可维修性、经济性等要求，产品质量有了更深刻的含义。系统工程广泛应用于管理领域后，质量活动也开始向生产过程前后延伸，使人们从产品质量形成的规律中，逐步认识到人——这一不可缺少的因素在质量管理中的重要作用，从而进入了全面、全过程、全员参与的质量管理阶段。1961 年，美国通用电气公司质量经理菲根堡姆出版了《全面质量管理》一书，强调执行质量职能是公司全体人员的责任，应使全体人员都具有质量的概念和承担质量的责任，并明确指出："全面质量管理是为了能够在最经济的水平上，并考虑到充分满足用户要求的条件下进行市场研究、设计、生产和服务，把企业各部门的研制质量、维持质量和提高质量的活动构成为一体的有效体系。"

全面质量管理有三个核心的特征，即全员参加的质量管理、全过程的质量管理和全面的质量管理。全员参加的质量管理，即要求全部员工，无论高层管理者还是普通办公职员或一线工人，都要参与质量改进活动。全过程的质量管理，即必须在市场调研、产品的选型、研究试验、设计、原料采购、制造、检验、储运、销售、安装、使用和维修等各个环节中都把好质量关。其中，产品的设计过程是全面质量管理的起点，原料采购、生产、检验过程是实现产品质量的重要过程，而产品的质量最终是在市场销售、售后服务的过程中得到评判与认可。全面的质量管理，即是用全面的方法管理全面的质量。全面的方法包括科学的管理方法、数理统计的方法、现代电子技术、通信技术。全面的质量包括产品质量、工作质量、工程质量和服务质量。

全面质量管理还强调以下观点：

（1）用户第一的观点，并将用户的概念扩充到企业内部，即下道工序就是上道工序的用户，不将问题留给用户；

（2）预防的观点，即在设计和加工过程中以预防为主为核心，变管结果为管不良因素，消除质量隐患；

（3）定量分析的观点，只有定量化才能获得质量控制的最佳效果；

（4）以工作质量为重点的观点，因为产品质量和服务均取决于工作质量。

（四）质量管理发展的新阶段

在20世纪90年代，以GE为代表的世界级优秀企业，开始了质量管理新阶段的探索，其重大贡献就是六西格玛思想和方法的提出和运用。随着GE、摩托罗拉等企业应用六西格玛的巨大成功，精益质量管理成为质量管理发展新趋势。精益质量管理就是在对关键质量数据的定量化分析基础上，综合运用多种知识和方法，对关键质量指标持续系统改进，追求达到卓越标准，实现显著提高企业质量绩效及经营绩效目的的一种智力管理理念和管理体系。

精益质量管理是综合了精益思想、全面质量管理、ISO9000质量管理体系及六西格玛管理等优秀管理理念而形成的，其内涵包括以下几个方面：

1. 流程标准化

标准化的工作流程是企业实施精益质量管理的基础，一切工作都应按照流程标准来完成，不清晰的流程更容易导致问题的出现，只有在任何情况下都坚持流程的标准化操作，才能更好地提高企业的效率，增强质量管理能力。

2. 生产系统化

精益质量管理很重视生产系统的管理，从产品的生产过程中发现并解决影响产品质量的问题。精益质量管理利用精益生产中的6S管理、目视化等工具保证了生产系统有条不紊地运作，并通过利用各种方法对产品质量信息的分析，找到并解决影响产品质量的各种因素。

3. 产品质量零缺陷化

精益质量管理借鉴了精益生产中对产品质量零缺陷的要求，这就要求全体员工始终将“零缺陷”作为工作的标准，对任何一道工序都精益求精，在第一次操作的时候就将事情做好，不放过任何一点小问题，保证产品品质的零缺陷。

4. 质量改进持续化

持续的质量改进是2000版ISO9000标准给出的八项质量管理基本原则之一，也是精益思想、全面质量管理及六西格玛重点关注的管理原则。精益质量管理中的质量改进持续化强调以客户的需求为中心、全员参与，并结合全面质量管理的理念，对生产过程中的质量进行持续改进。

精益质量管理借鉴了精益生产和ISO质量管理体系的理念，形成了“三不”和持续改进的原则。一是不制造不合格品。每一位员工的标准化意识和每一道工序的标准化操作是保证不制造不合格的关键，这是“三不”理念中的重点，只要每位员工都不制造不合格品，就能保证“不流出不合格品”和“不接受不合格品”的执行。二是不输送不合格品。操作者或者质检人员发现不合格品后，立即暂停本道工序的生产，以防不合格品被输送到下道工序。为了保证及时发现不合格品，员工的自检和质检人员的全检或抽检非常重要。操作者应熟练掌握产品的各项属性及其检验方法，对自己生产的产品进行自检；质检员依具体情况而定，对每进工序的产品分别进行全检或抽检，保证不合格品不被输送到下道工序。三是不接受不合格品。操作人员在发现前道工序输送来的产品不合格时，应立即通知前道工序及质检人员，请前道工序立即停工分析产生问题的原因，在彻底解决问题后再开工。四是质量持续改进。精益求精是精益思想的精髓所在，在产品的质量方面，通过不断地对产品质量信息的整理和分析，找到和消除影响产品质量的各种因素，从而使产品质量得到持续地改进。

二、商品质量管理的方法

（一）PDCA 循环管理法

美国质量管理专家戴明博士阐述质量管理方法时提出“计划（Plan）—执行（Do）—检查（Check）—处理（Action）”管理循环法，称为“PDCA 循环”（见图 3－1）。PDCA 循环作为质量管理的科学方法，适用于企业各个环节、各个方面的质量管理工作。PDCA 循环可分为四个阶段，其基本工作内容如下：

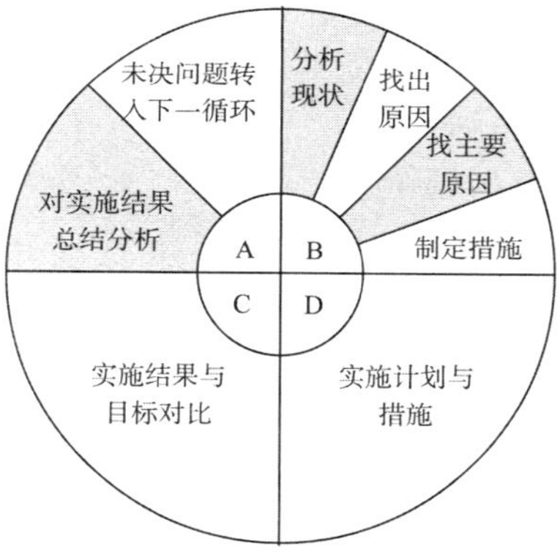

图 3－1　PDCA 循环

（1）计划阶段（P）。其任务是制定计划。根据存在的问题或用户对产品质量的要求，找出问题存在的原因和影响产品质量的主要因素，以此为依据制定措施计划，确定质量方针、质量目标，制定出具体的活动计划和措施，并明确管理项目。

（2）执行阶段（D）。其任务是按照阶段的计划和标准规定具体实施计划。

（3）检查阶段（C）。其任务是检查计划的实现，调查实施计划的结果，将工作结果与计划对比，得出经验，找出问题。

（4）处理阶段（A）。其任务是把实施的结果进行处理总结。把检查阶段实施成功的经验加以肯定，纳入标准或规程，形成制度，以便今后照办。对失败的教训也要总结，以后不再那样做。遗留问题则转入下一个 PDCA 循环。

PDCA 循环中的 A 阶段是一个关键阶段，它具有承上启下的作用，通过即时的

“action”，即分析总结，制定规程，既可解决本循环中存在的问题，又可防止类似问题在下个循环中发生，具有积极的扬弃功能。

PDCA循环的特点是不断循环，周而复始，每循环一周质量就提高一步。每次循环都有新的目标和内容，产品质量水平不断有新的提高。

（二）“六西格玛”管理方法

1. “六西格玛”管理方法概述

早在1961年就提出“零缺陷”概念的美国质量管理专家菲利普·克劳斯比说：“当大家都认定在操作过程中无法避免错误的时候，下一步就是制定一个容许错误的数字。当良品率预定为85%，那便是表示容许15%的错误存在。采行这种‘良品率管理’的人会告诉你那不是真的，但事实上的确如此。”

为了提高质量，工厂的管理者们发明了“六西格玛”管理方法。“西格玛”是统计学里的一个单位，表示与平均值的标准偏差。它可以用来衡量一个流程的完美程度，显示每100万次操作中发生多少次失误。“西格玛”的数值越高，失误率就越低。具体来说，相关数据可以表示如下：

1 西格玛＝690000次失误/百万次操作

2 西格玛＝308000次失误/百万次操作

3 西格玛＝66800次失误/百万次操作

4 西格玛＝6210次失误/百万次操作

5 西格玛＝230次失误/百万次操作

6 西格玛＝3.4次失误/百万次操作

7 西格玛＝0次失误/百万次操作

“六西格玛”是一项以数据为基础，追求几乎完美无瑕的质量管理办法。

2. 六西格玛质量管理的目标和理念

六西格玛质量管理的目标是：几乎无缺陷的生产过程，完美的产品和令客户满意的服务。

六西格玛质量管理法是一种新的管理流程，达到六西格玛质量管理的目标需要新的理念。传统的企业质量管理的理念是检测产品和修理不合格产品，从而提高产品质量。六西格玛的理念是，残次废品一旦生产出来，无论怎样修理，也难以使产品完美。运用传统质量管理法的企业产品质量大多处于4个或3个西格玛水平，由于质量问题导致的成本占销售额的15%—25%。而运用六西格玛质量管理法后，由于质量问题引起的成本小于销售额的1%。

六西格玛质量管理法超越了全面质量管理法，在实际运作中这两种方法也有很大的差别。第一，全面质量管理法侧重单个的运作流程，关注改善单个流程的运作。而六西格玛质量管理法强调将所有的运作都置于同一个过程中，改进整个运作流程。第二，全面质量管理侧重于企业内部生产部门的质量改善和提高，强调从原材料进厂到产品出厂之间的质量管理，即门到门的管理。而六西格玛质量管理强调的是双赢的管理，将企业内部的管理向外延伸，即：一是向生产原材料的企业延伸，帮助这些企业运用六西格玛方法改善其质量，既保证进厂原材料的质量，又增强原材料生产企业的产品在其市场上的竞争力；二是向客户延伸，为客户服务，提高向客户提供产品的使用效率，降低客户成本，帮助客户增强其在市场上的竞争力。

3. 六西格玛质量管理法的流程

六西格玛质量管理法的流程包括五个步骤：

（1）定义。质量管理项目负责人确认谁是顾客，顾客对产品的要求是什么，顾客对产品的期望是什么，明确顾客所认可的质量标准。质量管理项目负责人在界定企业面临的问题时，需要确立质量管理项目的范围、起点和终点。用流程图描述生产过程，根据流程图分析问题。定义阶段项目负责人必须了解和明确自己的任务和所要解决的问题。

（2）度量。质量管理项目负责人用适当的量化指标或数据测量来描述企业核心业务流程，确定业务运作的有效性。制定流程数据收集计划，通过数据确定缺陷的类型，比较调查结果，发现业务中的不足之处。度量阶段的关键是寻找和确定表述业务流程的定量标准。

（3）分析。质量管理项目负责人分析流程图中各数据的关系，寻求造成产品质量缺陷的根本原因，确定目前的质量水平与六西格玛质量管理目标的差距。质量管理项目负责人必须能够以量化的数据来描述业务流程，定量地分析影响产品质量的诸多因素，并从中找出关键因素。这样才能够真正了解质量问题的本质，从中找出主要的矛盾。

（4）改进。质量管理项目负责人针对主要的矛盾，由专业人士设计创新性方案，以解决主要矛盾。质量管理项目负责人协同专业人士根据创新性方案来改进业务流程，在改进业务流程过程中将创新方案细化为可操作的具体计划。质量管理项目负责人可以通过应用新技术和对人员培训等措施落实具体的计划。

（5）控制。质量管理项目负责人控制和保持改进质量的成果。质量管理项目负责人本身是专业人士或依赖专业人士控制质量，只有专业人士能够有效地控制质量。在这一阶段，质量管理项目负责人要监视改进质量计划的执行，通过业务流程的改变和组织结构的变化，使改进质量的成果制度化，持续地改善质量。

知识拓展

追求“7西格玛”的大国工匠——乔素凯

在大亚湾核电站的最深处有一个蔚蓝水池，美丽的水面下是令人闻之色变的核燃料。100多组核燃料组件，每隔18个月就需换料大修，1/3的核燃料要被置换，同时要对有缺陷的核燃料组件进行修复，稍有不慎就会失败。修复全部在水下进行，400多道工序，其中有200多道是不允许失败的关键点操作。

戴着防辐射的碘面罩，修复的工具是一根4米的长杆，就是用这样的工具来完成水下一系列的操作。乔素凯能做到用这样的工具来完成精确值为3.7毫米的操作，据说这相当于用抓大象的工具去抓蚂蚁。

“人可以不够机灵，但一定要积极，不能放弃，做得不理想不要一蹶不振，而是总结经验从头再来。”这就是小山村走出的“大国工匠”乔素凯（见图3－2）坚持的准则。26年，他以“追求极致，精益求精”的精神带领团队为国内20台核电机组完成了100多次核燃料装卸任务，创造了连续56000步操作零失误的记录。

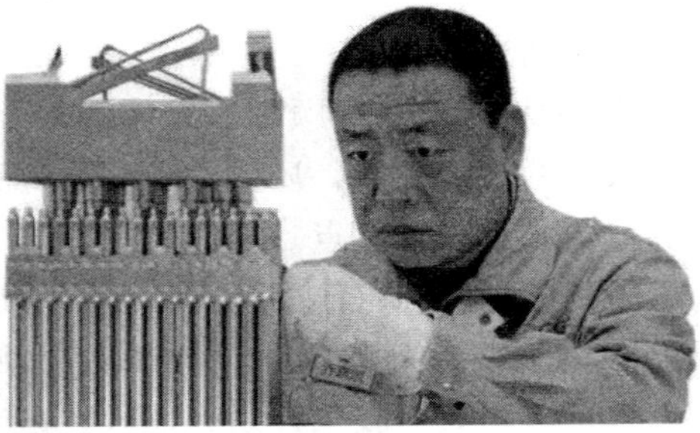

图3－2 “大国工匠”乔素凯

在由中华全国总工会和中央广播电视总台联合举办的“大国工匠2018年度人物”评选中，乔素凯以核燃料组件精密修复操作师的身份，登上了央视“大国工匠2018年度人物”颁奖典礼的舞台。

（资料来源：摘自《山西日报》。）

素养视点

结合乔素凯的事迹深刻认识工匠及工匠精神的重要理论与实践意义，谈一谈我们当代大学生如何继承、弘扬这种工匠精神？

（三）“精益生产”管理方法

精益生产是起源于日本丰田汽车公司的一种生产管理方式。“精益”的“精”意指精干，“益”的含义是“效益”。“精益”就是要以最小的投入，取得最大的产出，并用最快的速度设计生产出来，以最低的成本、合理的价格在市场上销售，以明显的竞争优势，全面、灵活、优质、丰富的花色品种为用户提供满意的服务，把成果最终落实到经济效益上。精益生产的核心内容是准时制生产方式（JIT），该种方式通过看板管理，成功地制止了过量生产，实现了“在必要的时刻生产必要数量的必要产品”，从而彻底消除产品制造过程中的浪费以及由之衍生出来的种种间接浪费，实现生产过程的合理性、高效性和灵活性。JIT方式是一个完整的技术综合体，包括经营理念、生产组织、物流控制、质量管理、成本控制、库存管理、现场管理等在内的较为完整的生产管理技术与方法体系，如图3－3所示。

精益生产方式可以用一句话概括：精益生产方式即消除无效劳动和浪费的思想和技术。精益生产方式综合了单件生产与大量生产的优点，既避免了前者的高成本，又避免了后者的僵化。它具有以下特点：

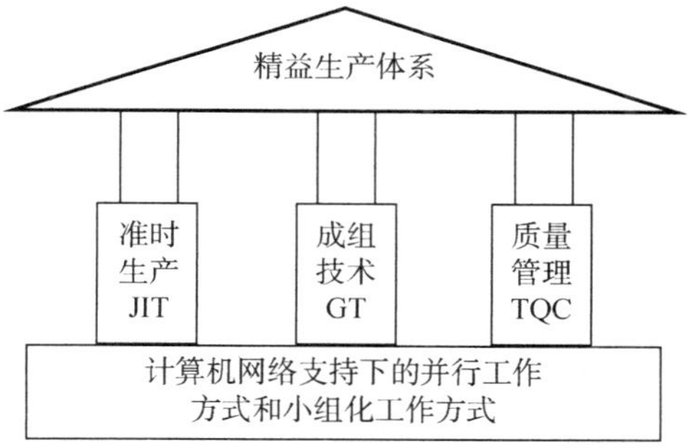

图 3-3 精益生产体系

(1) 与顾客以及零售商、批发商建立一种长期的关系，使来自顾客和零售商或批发商的订货与工厂的生产系统直接挂钩，销售成为企业生产活动的起点，产品开发与产品生产均以销售为起点，按订货合同组织多品种小批量生产。用户需要什么则生产什么，需要多少生产多少，以尽可能少的投入获得尽可能多的产出。产品开发确保高质量、低成本，缩短产品开发周期，极大减少流通环节的库存，以迅速、周到的服务最大限度地满足顾客的需求。

(2) 将生产中的一切库存视为浪费，强调对零库存的要求，按照所需的量生产所需的零件和产品，从而大大降低了在制品和成品库存，减少流动资金积压，降低成本。杜绝一切超前、超量生产。

(3) 以"人"为中心，充分调动人的潜能和积极性，以最佳工作环境、最佳条件和最佳工作态度从事最佳工作，从而全面追求尽善尽美。普遍推行多机器操作、多工序管理，并把工人组成作业小组，不仅完成生产任务，而且参与企业管理，从事各种革新活动，提高劳动生产率。追求无废品、零库存、零故障等，降低产品成本，保证产品多样化。从管理理念上讲，精益生产总把现有的生产方式、管理方式看作改善的对象，不断地追求进一步降低成本、降低费用、缺陷为零、产品多样化等目标。

(四) 6S 的管理方法

6S 管理是指从整理 (Seiri)、整顿 (Seiton)、清扫 (Seiso)、清洁 (Seiketsu)、素养 (Shitsuke)、安全 (Safety) 六个方面，对生产现场中人员、机器、材料等生产要素进行有效管理。因前五个方面日文的罗马拼写和第六个方面的英文字母均是以"S"开头，所以简称为"6S"管理。它是我国企业在原来日本的"5S"基础上增加了安全 (Safety) 要素形成的。

"6S"管理的具体内涵如下：

(1) 整理：将工作现场的所有物品区分为有用品和无用品，除了有用的留下来，其他的都清理掉。其目的在于：腾出空间，空间活用，防止误用，保持清爽的工作环境。

(2) 整顿：把留下来的必要用的物品依规定位置摆放，并放置整齐加以标识。其目的在于：工作场所一目了然，消除寻找物品的时间，整整齐齐的工作环境，消除过多的积压物品。

(3) 清扫：将工作场所内看得见与看不见的地方清扫干净，保持工作场所干净、亮丽，创造良好的工作环境。其目的在于：稳定品质，减少工业伤害。

（4）清洁：将整理、整顿、清扫进行到底，并且制度化，经常保持环境处在整洁美观的状态。其目的在于：创造明朗现场，维持上述3S推行成果。

（5）素养：每位成员养成良好的习惯，并遵守规则做事，培养积极主动的精神（也称习惯性）。其目的在于：促进良好行为习惯的形成，培养遵守规则的员工，发扬团队精神。

（6）安全：重视成员安全教育，每时每刻都有安全第一观念，防患于未然。其目的在于：建立及维护安全生产的环境，确保所有的工作建立在安全的前提下。

“6S”之间彼此关联，整理、整顿、清扫是具体内容；清洁是指将上面的3S实施的做法制度化、规范化，并贯彻执行及维持结果；素养是指培养每位员工养成良好的习惯，并遵守规则做事，开展6S容易，但长时间的维持必须靠素养的提升；安全是基础，要尊重生命，杜绝违章。所以生产现场开展“6S”管理，能对企业管理水平和产品质量起到极大的促进作用。

视频：6S管理法

三、质量管理的常用指标

质量管理对于任何一家企业都是重要的，用相应指标可以很清晰地表现出企业产品质量情况。质量管理的常用指标主要有：

（一）废品率

废品率是指废品占生产总量的比例，由废品总数量除以产品总生产数量所得。其计算公式为：

废品率（%）=（废品总数量/产品总生产数量）×100%

或：=（废品的材料金额/总生产成本）×100%

（二）返工率

返工率是指花费在返工活动中时间的比例，由返工工时除以生产劳动工时或返工（返修）品的总数量除以总的生产数量得到。其计算公式为：

返工率（%）=（返工工时/总生产劳动工时）×100%

或：=返工（或返修）品的总数量/总的生产数量）×100%

（三）产品入库检验合格率

产品入库检验合格率是指产品入库时的合格比例，由产品入库检验合格数量除以入库检验总数量所得。其计算公式为：

产品入库检验合格率（%）=（产品入库检验合格数量/入库检验总数量）×100%

（四）顾客退货率（产品不良率）

顾客退货率是指每百万件产品中客户退货/拒收的数量或不合格产品数量占部分发运数量或全部生产总数的比值。其计算公式为：

顾客退货率（%）=退回件数/发货件数产品总数量×1000000×100%

产品不良率＝不合格总数/产品总数量×1000000×100%

（五）质量事故

质量事故是指每年由于产品不合格引起的生产停顿次数。其计算公式为：

质量事故＝每年公司定义的质量事故造成的工厂生产停顿次数

（六）零件加工不良率

零件加工不良率是指零件不合格总数占生产数的比例，由零件不合格总数出除以零件生产投入数量所得。其计算公式为：

零件加工不良率（%）＝（零件不合格数量/零件生产投入数量）×1000000×100%

（七）顾客验货一次通过率

顾客验货一次通过率是指顾客验货合格数量占交付产品的比例，由顾客验货合格接收的数量除以交付产品的总数量所得。其计算公式为：

顾客验货一次通过率（%）＝（一次通过顾客验货合格接收的数量/交付产品的总数量）×100%

（八）进料检验合格率

进料检验合格率是指进料检验合格数量占进料总量的比例，由进料检验合格数量除以进料检验数量所得。其计算公式为：

进料检验合格率（%）＝（进料检验合格数量/进料检验总数量）×100%

（九）质量成本

质量成本是指一定时期内的故障（损失）成本。其计算公式为：

质量成本＝内部故障（损失）成本＋外部故障（损失）成本

内部故障（损失）成本是指产品在交付前不能满足质量要求所造成的损失，包括报废损失费和返工或返修损失费。报废损失费指因产成品、半成品、在制品达不到质量要求且无法修复或在经济上不值得修复造成报废所损失的费用。返工或返修损失费指为修复不合格品使之达到质量要求或预期使用要求所支付的费用。

外部故障（损失）成本是指产品在交付后不能满足质量要求所造成的损失，包括顾客退货损失费、产品责任费、投诉费。顾客退货损失费指顾客退货的废品损失费用。产品责任费指因产品质量故障而造成的有关赔偿损失费用。投诉费指对顾客投诉有质量问题的产品的修理或更换等所支出的费用。

（十）批量不合格率

批量不合格率是指在一定期间内，在所有的检验批中，若因检验判定不合格而整个检验批需要返工（或返修或报废）的批数占总的检验批的批数的比例。其计算公式为：

批量不合格率（%）＝不合格批数/总的检验批数×100%

任务4
应用与实践

一、质量管理岗位认知

产品质量是一个企业在社会立足、发展的关键，可以说是企业的生命。企业的每一个岗位都肩负着质量管理的责任，尤其是质量管理岗位更要了解质量的重要性，了解质量管理的内容和职责。企业规模不一样，其所设置的质量管理部门和岗位多少也不同，但企业管理部门的内容是相同，主要是对企业质量目标与计划、产品质量设计、进料检验、制程检验、成品检验等进行管理。质量管理部门岗位多达27个，下面我们仅以其中6个岗位为例，介绍岗位职责。

（一）质量工程师岗位职责

质量工程师主要负责产品质量的先期策划和产品质量的控制与改进工作。

1. 质量先期策划

（1）参与产品研发，检验所有必要研发流程是否都有效执行；

（2）组织新产品先期质量规划，制定各研发阶段项目的质量要求；

（3）收集整理客户需求，参与产品设计和评审、验证及确认工作；

（4）负责解决新产品的质量问题；

（5）使用APQP、FMEA等工具，编制质量先期控制计划。

2. 质量控制

（1）抽查原材料、半成品、成品检验的各项记录，发现问题并及时处理；

（2）根据日常质量检验数据，定期对产品的品质情况和稳定性进行分析和研究；

（3）对检验方法和检验标准进行比较、分析和验证，对已经过时或存在问题的检验方法及检验标准向质量控制主管提请更换。

3. 推进企业的质量改进工作

（1）积极处理客户反馈的问题，依据反馈的问题和意见提出改进产品质量的建议和措施；

（2）编制企业综合的质量改进计划，制定明确的质量改进目标；

（3）监督并协助各部门的质量改进工作。

4. 文件管理与维护

（1）设计并维护相关质量体系文件，确保其有效运行；

（2）依据控制计划对现场质量工程师和质量策划专员进行技能培训。

（二）进料检验主管岗位职责

进料检验主管主要负责所有进料的检验管理工作，包括原材料、外协品和外购零部件的质量检验管理。

1. 质量管理的制度建设

（1）负责组织制定所辖范围内的物料检验标准和相关管理制度；

（2）负责监督并指导各部门落实企业的相关质量政策和质量制度。

2. 全面负责进料检验工作的实施

（1）组织进厂物料的检验工作；

（2）指导进料检验人员做好检验资料的统计与存档工作；

（3）指导和监督进料检验人员做好检验仪器的使用及保养管理工作；

（4）处理进料的质量异常问题。

3. 供应商管理

（1）向供应商反馈质量检验信息，提出改善物料质量的建议；

（2）协助采购部完成不合格材料的退货工作；

（3）协助采购部做好供应商的相关评审工作。

4. 下属员工管理

（1）负责指导、监督进料检验专员的日常工作；

（2）负责对进料检验专员的工作绩效进行考评；

（3）负责对进料检验专员进行岗位技能培训。

（三）制程检验主管岗位职责

制程检验主管的主要职责是在质量管理部经理的领导下，严格贯彻工艺设计意图并执行技术标准，负责制造过程中在制品的质量检验相关工作。

1. 质量管理的制度建设

（1）负责组织制定所辖制程的检验标准和相关管理制度；

（2）负责监督并指导各部门落实企业的各项质量政策和质量制度。

2. 全面负责制程检验工作的实施

（1）负责组织制程检验人员和巡检人员执行检验工作；

（2）负责制程检验记录文件的审核工作。

3. 推进制程质量改进工作

（1）分析生产部门的制造过程，提出质量改进建议；

（2）协助生产部门做好制程的质量改进工作。

4. 质量事故的调查处理

（1）负责对制程质量事故的应急处理工作；

（2）负责对制程质量事故的调查工作。

5. 下属员工管理

（1）负责指导、监督制程检验专员和巡检人员的日常工作；

（2）负责对制程检验专员和巡检人员的工作绩效进行考评；

（3）负责制程检验专员和巡检人员的岗位技能培训工作。

（四）成品检验主管岗位职责

成品检验主管在质量管理部经理的领导下，参与制定企业质量管理的相关制度、成品检验标准，组织实施成品检验并进行成品质量分析，提出成品质量改进方案，提高企业产成品质量。

1. 质量管理制度建设

（1）协助质量管理部经理制定质量准则并监督实施；

（2）制定所辖范围内产品成品的检验标准和相关管理制度；

（3）建立新产品质量成本分析制度，及时制定新产品质量鉴定分析报告。

2. 全面负责产品成品的质量检验工作

（1）组织、指导成品检验专员做好成品一般检验和抽样检验工作；

（2）根据检验结果和客户要求，组织相关人员出具检验报告；

（3）指导成品检验人员做好检验资料的统计与存档工作；

（4）指导和监督成品检验人员做好检验仪器的使用及保养管理工作。

3. 组织对产品质量的分析与改进工作

（1）定期组织对产品质量的分析工作；

（2）提出质量改进方案，协助相应部门完成质量改进工作。

4. 下属员工管理

（1）负责指导、监督成品检验专员和出货检验专员的日常工作；

（2）负责对成品检验专员和出货检验专员的工作绩效进行考评；

（3）负责成品检验专员和出货检验专员的岗位技能培训工作。

（五）质量控制主管岗位职责

质量控制主管在质量管理部经理的领导下，具体负责企业全面质量控制工作。

1. 质量管理制度建设

（1）根据企业总的质量目标和质量方针制定质量控制办法；

（2）根据企业的实际情况建立与采购部、生产部、销售部等质量相关部门的沟通协作机制。

2. 全面负责产品质量的监测和分析

（1）针对产品特点，制定批量生产质量保证计划；

（2）制定产品质量信息流程反馈、统计工作办法；

（3）跟踪确认工艺状态对产品质量的影响，论证其合理性；

（4）识别质量问题，及时向有关部门反馈；

（5）应管理层和客户的要求组织编制质量评估报告。

3. 负责组织对产品的质量改进

（1）组织编制企业综合的质量改进计划，制定明确的质量改进目标；

（2）监督和指导各部门的质量改进工作。

4. 下属员工管理

（1）指导和监督下属的日常工作；

（2）对下属员工的工作绩效进行考评；

（3）负责对直接下属的岗位技能培训工作。

（六）质量改进主管岗位职责

质量改进主管的主要职责是通过对质量数据的分析，确定企业质量改进的方向，并负责组织、协调、推进企业内部质量改进活动，确保持续改进活动能得到有效地开展。

1. 质量管理的制度建设

（1）协助质量管理部经理制定企业的质量改进制度；

（2）会同其他质量主管建立质量改进的各种流程及规范。

2. 统筹质量信息收集与分析

（1）负责质量统计分析，并根据分析结果制定出相应的改进措施；

（2）组织质量改进策划工作和改进效果跟踪验证；

（3）负责内部运作流程、售后反馈及其他相关信息的收集与反馈。

3. 全面负责企业质量改进工作

（1）根据企业产品质量状况选择质量改进项目；

（2）组织下属制定质量改进方案；

（3）组织和监督各相关部门进行质量改进工作。

4. 下属员工管理

（1）指导和监督质量改进专员的日常工作；

（2）对质量改进专员的工作绩效进行考评；

（3）负责对质量改进专员进行岗位技能培训。

二、质量管理作业

质量管理涉及方方面面，以下就进料检验管理和制程质量控制为例进行介绍。

（一）进料检验管理

进料检验管理是指对采购的原材料、半成品等物料进行检验，然后安排在库存区按类进行堆放、储存等工作的过程。

1. 进料检验程序

进料检验工作主要包括检验前的准备、物料验收过程，再到物料检验合格后的入库摆放归位以及不合格品的处理等工作。具体工作内容如下：

（1）检验准备。仓管员接到入库检验通知后，分门别类归档存放，对库位、道路等进行检查，做好检验准备工作；物料在待验入库前应在外包装上贴好标签，详细填批量、品名、规格、数量及入库日期；仓管人员还需准备好检验所需的各类文档、仪器等。

（2）实施检验。材料进入待检区后，质检人员对物料进行检验，核对物料名称、规格和数量等，将到货日期、实收数量填入采购单；物料检验结束后，将合格物料入库，不合格的物料根据不合格品的处理办法进行处理；自制件检验不合格的产品，能够返修的返修，不能返修的退回进行报废处置；外购件检验不合格的产品，应直接退回供应商，要求其限期办理退换货；生产急需物料，可以在不影响最终产品质量的前提下，由上级审批后进行特采处理。

（3）物料入库。物料检验合格后，进入指定的物料暂存区对物料进行确认和核对；仓管员依照定置管理要求，安排物料进入储存区，并按照相关要求进行归位和码放。

2. 特殊情况的处理

在物料采购完成交货时，物料的检验入库的过程中，会出现一些特殊的情况，具体如下：

（1）超交处理：交货数量超过“订购量”的部分应予退回；属买卖惯例，以重量或长度计算的材料，其超交量在采购量的3%以下时，由物料管理部门于收料时，在备注栏注明超交数量，经生产部门经理同意后，按实接收，并通知采购人员。

（2）缺交处理：交货数量未达订购数量时，以补足为原则，但经采购部门经理同意时，可免补交并按实接收；短交如需补足时，物料管理部门应通知采购部门联络供应商处理。

（3）急用品收料：紧急材料交货时，若物料管理部门尚未收到“请购单”，收料人员应先洽询采购部门和用料部门，经过批准后，可以先行做标记使用，并保留相关样品检验；如果检验发现不合格，则应将原料和用其生产的产品一起召回处理。

（二）制程质量控制

制程质量控制，是从物料投入生产到产品最终包装入库整个生产过程的质量控制工作，通过制程质量控制可以使产品质量达到规定的标准。制程质量控制是产品质量控制的核心。制程质量控制的主要工作包括以下内容：

1. 制程检验

制造过程是产品质量的直接形成过程，因此这一过程的控制是质量管理工作的重点。为了保证产品的质量，就必须对产品制造过程中的各道工序道道检验，严格把关。制程检验主要包括首件检验、巡回检验、末件检验。

（1）首件检验：生产过程中，在生产开始时和工序要素变化后，对变化后制造出的首件产品质量进行检验。

首件检验一般采用“三检制”的办法，即操作工人实行自检，班组长或质量员进行复检，检验员进行专检。首件检验后是否合格，最后应得到专职检验人员的认可，检验员对检验合格的首件产品，应打上规定的标记，并保持到本班或一批产品加工完了为止。对大批大量生产的产品而言，“首件”并不限于一件，而是要检验一定数量的样品。通过首件检验，可以发现诸如工夹具严重磨损或安装定位错误、测量仪器精度变差、看错图纸、投料或配方错误等系统性原因存在，从而采取纠正或改进措施，以防止批次性不合格品发生。

通常在下列情况下应该进行首件检验：一批产品开始投产时；设备重新调整或工艺有重大变化时；轮班或操作工人变化时；毛坯种类或材料发生变化时。

首件检验的主要项目如下：图号与工作单是否符合；材料、毛坯或半成品和工作任务单是否相符；材料、毛坯的表面处理、安装定位是否相符；配方配料是否符合规定要求；首件产品加工出来后的实际质量特征是否符合图纸或技术文件所规定的要求。

（2）巡回检验：检验人员按一定的时间间隔和路线，依次到生产场地，用抽检或全检的方式，对产品质量进行检验。

（3）末件检验：一批产品加工完毕后，全面检查最后一个加工产品，如果发现缺陷，需在下批投产前把模具或装置修理好，以免下批产品质量受到影响。

2. 工序的质量控制

工序质量控制，是把生产工序的产品质量控制在规定的波动范围内，使工序处于受控状态的工作。工序质量控制可以保证生产过程处于稳定状态，预防不合格品的发生。工序质量控制最主要的手段是控制点、控制图，见表3－2。

表3－2　工序质量控制手段的对比表

项目方法	简介	实施步骤	关键点	控制对象
控制点法	对生产过程中的关键部位、薄弱环节的质量特性进行重点控制的方法	①找出影响控制点质量特性的主要因素；②对主要因素规定明确的控制范围和质量要求；③编制控制点的管理办法；④随时对质量控制点的管理工作进行检查	①对产品质量有直接影响的关键项目和关键部位；②对下道工序有重大影响的项目产生不良品较多的项目	选择影响产品质量的关键特性和工序的重要工艺
控制图法	用生产过程中产品质量波动状态的图形进行控制的方法	①通过控制点的分析找出影响质量的关键特性；②连续采集工序的近期数据；③根据每组样本质量特性的观察值，求平均值；④确定控制图的中心值、上限值、下限值；⑤绘制控制图，把检查的数据标在控制图上，找出异常点，分析原因，进行改善		

3. 不合格品管理

不合格品的管理包括不合格品制程的管理和不合格产品的处理。

（1）不合格品制程管理。生产过程中出现小缺陷的不合格品时，应立即查明原因，然后进行改善，如果生产失控，则应在采取措施之前，暂停生产，以免产生更多的不合格品。

（2）不合格品的处理过程。生产过程中出现不合格品时，应及时对其进行标识，并及时隔离，采取合适的处理方法对其进行处理，具体处理过程可以参照表3－2所示的方法。

表3－3　不合格品的处理方法

标识	隔离	处理方法
不合格品应该有不合格品标志；质量状态不明的产品应贴上待检验标志，如果检验为不合格产品则进行不合格标识	生产现场专配不合格品箱或袋，规划出不合格品的暂放区；不合格品的摆放区要有标注和画线，给予区分；本部门的不合格品只能存放在本部门的区域；任何部门或个人都不得擅自处理运用不合格品	不合格品没有使用价值时，当废品处理；通过重新修理还能利用的产品进行返修处理，并重新进行检验；检验为不合格品，但是质量缺陷并不严重时，可以作为替代品回用

三、质量改进体验

质量改进是对现有的质量水平在控制的基础上加以提高，使质量达到一个新水平、新高度。根据质量改进的方法和步骤，任意选择以下命题，制定质量改进方案，并实施质量改进。

质量改进实训

1. 实训目的：训练学生调研、分析问题的能力，从而树立商品质量管理的重要性。
2. 实训内容：制定质量改进方案，并实施质量改进。
3. 实训时间：2 课时。
4. 实训流程：分析问题—制定质量改进方案—实施质量改进。
5. 注意事项：①注意质量改进方案的可执行性；②3—5 人一组，分工协作，发挥团队作用；③备选题目：个人学习质量改进/班级管理质量改进/农产品生产（如土豆、苹果等）质量改进。
6. 实训作业：提交制定质量改进方案。

附：质量改进的步骤

（一）明确问题

组织需要改进的问题会很多，经常提到的不外乎是质量、成本、交货期、安全、激励、环境六方面。选题时通常也围绕这六方面来选，如降低不合格率、降低成本、保证交货期等。

活动内容：①明确要解决的问题为什么比其他问题重要；②问题的背景是什么，到目前为止的情况是怎样的；③将不尽如人意的结果用具体的语言表现出来，有什么损失，并具体说明希望改进到什么程度；④选定题目和目标值，如果有必要，将子题目也决定下来；⑤正式选定任务负责人，若是小组就确定组长和组员；⑥对改进活动的费用做出预算，拟定改进活动的时间表。

（二）掌握现状

质量改进课题确定后，就要了解把握当前问题的现状。

活动内容：①抓住问题的特征，需要调查的若干要点，如时间、地点、问题的种类、问题的特征等；②如要解决质量问题，就要从人、机、料、法、环、测量等各个不同角度进行调查；③去现场收集数据中没有包含的信息。

（三）分析问题原因

分析问题原因是一个设立假说、验证假说的过程。

活动内容：①设立假说（选择可能的原因）：搜集关于可能原因的全部信息；运用“掌握现状”阶段掌握的信息，消去已确认为无关的因素，重新整理剩下的因素。②验证假说（从已设定因素中找出主要原因）：搜集新的数据或证据，制定计划来确认原因对问题的影响；综合全部调查到的信息，决定主要影响原因；如条件允许，可以将问题再现一次。

（四）拟定对策并实施

活动内容：①将现象的排除（应急对策）与原因的排除（永久对策）严格区分开来；②先准备好若干对策方案，调查各自利弊，选择参加者都能接受的方案；③事实对策。

（五）确认效果

对质量改进的效果要正确确认，错误的确认会让人误认为问题已得到解决，从而导致问题的再次发生。反之，也可能导致对质量改进的成果视而不见，从而挫伤了持续改进的积极性。

活动内容：①使用同一种图表将采取对策前后的质量特性值、成本、交货期等指标进行比较；②如果改进的目的是降低不合格品率或降低成本，则要将特性值换算成金额，并与目标值进行比较；③如果有其他效果，不管大小都要列举出来。

（六）防止再发生和标准化

对质量改进有效的措施，要进行标准化，纳入质量文件，以防止同样的问题发生。

活动内容：①为改进工作，应再次确认5W1H，即Why、What、Who、When、Where、How，并将其标准化，制定为工作标准；②进行有关标准的准备及宣传；③实施教育培训；④建立保证严格遵守标准的质量责任制。

（七）总结

对改进效果不显著的措施及改进实施过程中出现的问题，要予以总结，为开展新一轮的质量改进活动提供依据。

活动内容：①总结本次质量改进活动过程中，哪些问题得到顺利解决，哪些尚未解决；②找出遗留问题；考虑为解决这些问题下一步该怎么做。

四、质量晨会

（一）什么是质量晨会

质量晨会，是实现组织愿景的有效手段，是企业文化打造的实际细化，它的意义在于：

（1）统一团队的价值观。通过对组织中某些现象的评价，让员工清楚：组织的原则是什么，底线是什么，提倡什么，反对什么。对提倡的行为要予以表彰鼓励，对反对的行为坚决予以惩处，以此将价值观根植于每个员工的心目中。

（2）保障战略目标的实现。企业的战略目标只有从内容上层层分解到个人，从时间上细化到年、月、日，再一件件落实，才能逐步实现，而晨会正好可以通过检讨员工每天工作的进度，来落实战略的完成情况。

（3）部署重点工作。将当日的工作重点进行部署和强调，确保每个成员知悉，同时便于相互间的配合。

（4）提振员工的信心。一日之计在于晨，良好的精神状态是高效工作的前提，主管要利用好晨会，宣导正能量，增强员工的信心。

（5）培养雷厉风行的作风。每项工作要有安排、有检查、有追踪、有落实，让员工意识到工作必须落地，养成以目标为导向、工作无借口的习惯。

（6）促进成员技能提高。通过内部成员对工作中的经验教训分享，敦促其他成员的借鉴和应用。

（7）解决信息的“肠梗阻”现象。将晨会作为信息交流的平台，及时传达公司的指示和精神以及反馈重要信息。

（8）建立主管的权威。通过员工整齐的队列、正确的站姿要求以及队伍前主管的“位置”和训话来强化在员工心目中的“地位”，天天点评他，在员工的潜意识里就形成了你的“领导地位”。

因此，开好晨会，可以有效提升一个团队的凝聚力、执行力和战斗力，为迅速实现组织的愿景奠定坚实的基础。

（二）开好质量晨会的窍门

（1）晨会的时间：可以安排在班前召开，一般掌握在10—20分钟为宜（与人数多少有关，如果10人以上，可以考虑分组召开）；

（2）晨会的地点：一般选择在就近的工作场所或办公区域，但是要确保开会时周围环境不影响晨会的效果；

（3）先整队，后晨会：所有员工必须按统一要求，做到站姿标准，着装统一，整齐划一，主持人在队列前方进行讲评；

（4）主持人的选定：开始阶段最好以主管本人为主，之后根据部门形势的管控情况，决定是否调整或轮流主持；

（5）主持人站立位置：主管要在队列前方的位置，最好能随着不同的汇报对象，位置也随之变化，但要始终站在汇报者的正前方，两眼目视对方，无论点评还是听取其汇报；

（6）为了节省时间，防止扯皮和跑题，晨会还要遵循：正常内容不汇报，只谈结果，简明扼要，原因不解释、困难不解释；对成员之间可以自行协调解决的，不得提报晨会；晨会非讨论会议，不能反复纠结于某事，凡只牵扯个别人、耗时较长的，一律会后解决等。

视频：质量晨会

质量晨会实训

1. 实训目的：训练学生的问题分析能力，从而树立商品质量管理的重要性。

2. 实训内容：质量晨会。

3. 实训时间：1课时。

4. 实训流程：分组—晨会设计—晨会表演。

晨会表演流程：

（1）经理上场：面对大家说：“我是××公司总经理××，现在是我们公司的晨会表演时间。”

（2）员工上场：××公司晨会开始，请各位员工紧急集合，呈一字队形站好。

（3）整队考勤：立正、向右看齐，向前看，稍息；现在开始考勤点名“××”……点到谁，谁要大声答“到”。

（4）问候与鞠躬：“早上好，大家辛苦了！”经理鞠躬。“好、很好、非常好！”员工鞠躬。

（5）领导讲话：昨天工作总结，今日工作部署。

（6）公司舞蹈：现在呈体操队形站好，我们一起跳公司舞蹈。

（7）整队报数：公司舞蹈结束，呈一字队形站好，整队（立正、向右看齐，向前看，稍息），从右至左报数。

（8）质量口号和加油：我们公司的口号是：“××”；大家齐喊“加油、加油、加油！”

（9）结束呼吁：公司晨会结束，请大家回到各自工作岗位，以旺盛的斗志迎接新的一天。

5. 注意事项：

①根据班级实际人数进行分组（10—12人一组），每组遴选1人作为队长出任本组晨会主持人。②分组后自行命名公司或团队名称，共同商议设计本组质量晨会的内容和形式。③晨会表演时间为每组15分钟。④备选质量口号：弘扬工匠精神，争当质量标兵；工作有程序，检验有标准，人人按规范，质量无隐患；质量意识强，品质有保障；严管控，高质量，零缺陷，创一流；追求品质，只争朝夕，全力以赴，矢志不移。

6. 实训作业：无

思考训练

一、简答题

1. 质量全面管理的内涵是什么？

2. 6S管理的内容以及实施该管理的意义是什么？

项目三自测题

二、实务分析题

1. 联系当地一家生产性企业实地调研，写出一篇有关质量管理方面的调研报告，具体分析一下企业目前存在的质量管理问题，并提出整改意见和建议。

2. 访谈企业质量管理部门的相关人员，了解一些企业质量管理的主要内容。

项目四

商品分类与编码

文本：项目四
教学实施手册

PPT：项目四
课件

学 习 指 南

<table>
<tr><td>单元名称</td><td>商品分类与编码</td><td>对应岗证</td><td>超市管理岗位</td></tr>
<tr><td>学习目标</td><td colspan="3">1. 知识目标
（1）了解商品分类概念、原则和方法；
（2）掌握商品分类标志的选用标准；
（3）了解商品目录和商品分类体系。
2. 能力目标
（1）能够识读商品编码；
（2）能科学制定商品目录和商品的组合，实施商品管理；
（3）能够根据要求进行商品归类；
（4）会申请商品条码。
3. 素养目标
（1）激发科学兴趣，培养科学精神；
（2）爱国守法，明礼诚信。</td></tr>
<tr><td>学习重点</td><td colspan="3">1. 商品分类的原则和方法；
2. 商品条码的种类；
3. 商品条码的申请；
4. 超市商品分类管理。</td></tr>
<tr><td>实训建议</td><td colspan="3">超市参观实训</td></tr>
<tr><td>问题思考</td><td colspan="3">1. 为什么要对商品进行分类？
2. 商品条码对于商品管理的作用有哪些？</td></tr>
</table>

导入案例

商品条码是商品的“身份证”

条码是迄今为止最经济实用的一种自动识别和数据采集技术，具有操作简单、信息采集速度快、采集信息量大、可靠性高、投入成本低等优点。条码是世界通用的商务语言，全球已有150多个国家（地区）、几百万家企业在使用，得到全世界采购商和消费者的普遍认可，其应用覆盖了生产、加工、仓储、物流、销售等整个供应链。在国际贸易中，商品如果没有条码，一般进不了正规的商场与超市。如果商品在国内商场或超市出售，也必须要有条码。

商品条码作为商品的唯一身份标志，相当于商品在市场流通中的“身份证”和“通行证”，是实现商业现代化的基础，是商品进入超级市场、POS扫描商店的入场券。现在，商品条码已经成为商铺入驻网上商城的必要条件。

（资料来源：中国物品编码中心网站）

问题与思考：

为什么说商品条码是商品的“身份证”？商品条码对商品管理有什么作用？

任务1
商品分类

随着社会分工的不断发展，商品生产和交换的范围和领域不断扩大，商品的数量和种类也在不断增加。为了合理地组织商品生产和流通，就需要对商品进行科学的分类，以提高社会生产的效率。

一、商品分类的概念

商品分类是指为了满足生产、流通和消费的需要，按照一定的分类标志，科学地、系统地将商品分成若干不同类别的过程。

商品分类的结果，一般可划分为大类、中类（品类）、小类（品种）和细目等类目层次。

（1）大类。大类体现商品生产和流通领域的行业分工，如五金类、化工类、食品类、水产类等。

（2）中类（商品品类）。中类体现具有若干共同性质或特征商品的总称，如食品类商品又可分为蔬菜和水果、肉和肉制品、乳和乳制品、蛋和蛋制品等。

（3）小类（商品品种）。小类是对中类商品的进一步划分，体现具体的商品名称，如酒类商品分为白酒、啤酒、葡萄酒、果酒等。

（4）商品细目。细目是对商品品种的详尽区分，包括商品的规格、花色、等级等，更具体地体现商品的特征，如38°500ML“度之度”张弓酒。

商品分类是将千万种商品在商品生产与交换中实现科学化、系统化管理的重要手段。商品分类必然对发展生产、促进流通、满足消费以及提高现代化管理水平和企业效益起到积极作用。

知识拓展

什么是“门类”？

在国民经济行业分类中，在大类上面还有门类的设置，门类是按国民经济行业共性对商品总的分门别类，属最高类别。如2019年3月29日起实施的GB/T 4754—2017《国民经济行业分类》国家标准，共设置了20个门类、97个大类、473个中类、1380个小类。

20个门类分别是：A农、林、牧、渔业；B采矿业；C制造业；D电力、热力、燃气及水生产和供应业；E建筑业；F批发和零售业；G交通运输、仓储和邮政业；H住宿和餐饮业；I信息传输、软件和信息技术服务业；J金融业；K房地产业；L租赁和商务服务业；M科学研究和技术服务业；N水利、环境和公共设施管理业；O居民服务、修理和其他服务业；P教育；Q卫生和社会工作；R文化、体育和娱乐业；S公共管理、社会保障和社会组织；T国际组织。

二、商品分类的原则与方法

（一）商品分类的原则

为了实现商品的科学分类，使商品分类能够满足特定的需要，分类时必须遵循以下原则：

1. 科学性原则

科学性原则是指商品在分类中所选择的标志必须能反映商品的本质特征并具有明显的区别功能和稳定性，以满足分类的客观要求，发挥分类的作用。科学性是分类的基本前提。

2. 系统性原则

商品分类的系统性是指以选定的商品属性或特征为依据，将商品总体按一定的排列顺序予以系统化，并形成一个合理的科学分类系统。商品总体分成若干门类后，门类分为若干大类，大类分为若干中类，中类分为若干小类，直至分为品种、规格、花色等。系统性是商品分类的关键。

3. 实用性原则

商品分类首先应满足国家总政策、总规划的要求，同时应充分满足生产、流通及消费的需要。因此，商品分类应尽最大努力结合各部门、各系统、各行业、各企业及消费者的实际，满足各方面的需要。实用性是检验商品分类的实践标准。

4. 可扩性原则

可扩性原则又称后备性原则，即进行商品分类要事先设置足够的收容类目，以保证新产品出现时不至于打乱已建立的原有的分类体系和结构，同时为下级部门便于在本分类体系的基础上进行开拓细分创造条件。

问题与思考：

试举例说明，商品分类为什么要遵循可扩性原则？

5. 兼容性原则

商品分类要与国家政策和相关标准协调一致，又可与原有的商品分类保持连续性和可转换性，以便进行历史资料对比。

6. 唯一性原则

商品分类体系中的每一个分类层次只能对应一个分类标志，以免产生子项互不相容的逻辑混乱。

（二）商品分类的方法

商品分类的基本方法主要有线分类法和面分类法。

1. 线分类法

线分类法又称层级分类法，是指将分类对象按所选定的若干分类标志，逐次地分成相应的若干层级类目，并排列成一个有层次逐级展开的分类体系。分类体系的一般表现形式是按大类、中类、小类等级别不同的类目逐级展开，体系中各层级所选用的标志不同，同位类构成并列关系，上下位类构成隶属关系。由一个类目直接划分出来的下一级各类目之间存在着并列关系，不重复，不交叉，如国家标准 GB/T 7635.1—2002《全国工农业产品（商品、物资）》“家具分类”（见表 4 - 1）。

表 4－1　线分类法与面分类法实例

线分类法（家具）		面分类法（服装）	
大类	家具	第一面（面料）	纯棉、纯毛、化纤、混纺……
中类	木制家具、金属家具、塑料家具、竹藤家具	第二面（式样）	男式、女式
小类	床、椅、凳、桌、箱、架	第三面（款式）	西服、衬衫、套装、休闲服……

线分类法应遵循的基本原则有以下四点：

（1）在线分类法中，由某一上位类类目划分出的下位类类目的总范围应与上位类类目范围相同（都属于家具）；

（2）当一个上位类类目划分成若干个下位类类目时，应选择一个划分标志（按照制作原料）；

（3）同位类类目之间不交叉、不重复，并只对应于一个上位类（木椅、木凳、木桌、木箱、木架）；

（4）分类要依次进行，不应有空层或加层。

线分类法的优点是：层次性好，能较好地反映类目之间的逻辑关系；使用方便，既适合于手工处理信息的传统习惯，又便于计算机处理信息。它的缺点是：分类结构弹性差（分类结构一经确定，不易改动）；效率较低（当分类层次较多时，代码位数较长，影响数据处理的速度）。

2. 面分类法

面分类法又称平行分类法。它是将拟分类的商品集合总体，根据其本身的属性或特征，分成相互之间没有隶属关系的面，每个面都包含一组类目。将每个面中的一种类目与另一个面中的一种类目组合在一起，即组成一个复合类目。

服装的分类就是按面分类法组配的（见表 4－1）。把服装用的面料、式样、款式分为三个互相之间没有隶属关系的“面”，每个“面”又分成若干个类目。使用时，将有关类目组配起来，如纯毛男式西装、纯棉女式连衣裙等。

面分类法应遵循的基本原则有以下四点：

（1）根据需要，应将分类对象的本质属性作为分类对象的标志；

（2）不同面的类目之间不能相互交叉，也不能重复出现；

（3）每个面有严格的固定位置；

（4）面的选择以及位置的确定应根据实际需要而定。

面分类法的优点是：具有较大的弹性，可以较大量地扩充新类目，不必预先确定好最后的分组，适用于计算机管理。它的缺点是：组配结构太复杂，不便于手工处理，其容量也不能充分利用，如“男式连衣裙”就无实际意义。

目前，在实际运用中，一般把面分类法作为线分类法的补充。我国在编制《全国工农业产品（商品、物资）分类与代码》国家标准时，采用的是线分类法和面分类法相结合，以线分类法为主的综合分类法。

三、商品分类标志的选择

（一）选择商品分类标志的原则

在进行商品分类时，分类标志的选择非常重要。由于可供选择的分类标志很多，为了使商品分类能满足分类的目的和要求，并将分类对象明确区分开来，在选择分类标志时就要坚持如下基本原则。

1. 目的性

标志的选择应根据分类的目的要求在一定范围内进行，使选用的标志能满足分类的目的和要求，这是商品分类的关键。

2. 区分性

在选择商品特征时，应选择能突出商品的最本质、最基本的特征，以从本质上把不同类别的商品明确区分开来。

3. 适应性

能划分规定范围内所有的商品，并为不断补充新商品留有余地，以保证商品分类的相对稳定性和连贯性。

4. 唯一性

在同一类别范围内只能采用一种分类标志，不能同时采用两种或多种分类标志，分类后的每个商品品种只能出现在一个类别里。

5. 简便性

必须使商品分类在实际运用中有易行性，便于掌握，从而利于商品流通，便于采用数字编码和运用计算机进行处理。

（二）常用的商品分类标志

商品分类标志是编制商品分类体系和商品目录的重要依据。可供选择的商品分类标志很多，在商品分类实践中常用的分类标志有以下几种。

1. 以商品的用途作为分类标志

以商品的用途作为分类标志在实际中应用最普遍。商品用途是体现商品使用价值的重要标志，也是探讨商品质量和商品品种的重要依据。以商品用途作为分类依据，适合对商品类别、品种的进一步划分。如商品按用途分为生活资料商品和生产资料商品，生活资料分为食品、纺织品、日用品、家用电器等；日用商品按用途分为鞋类、玩具类、洗涤用品、化妆品类等；化妆品类按用途分为面部化妆品、发用化妆品、身体化妆品等；面部化妆品按用途分为彩妆类、洗面类、护肤类等。如此可以继续细分下去。

按商品用途分类的优点是，便于比较相同用途的各种商品的质量水平和产销情况、性能特点、效用，能促使生产者提高质量、增加品种，并且能方便消费者对比选购，有利于生产、销售和消费的有机衔接，但对储运部门和有多用途的商品不适用。

2. 以商品的原材料作为分类标志

商品的原材料是决定商品质量和引起商品质量变化的重要因素。以商品的原材料作为分类标志在实际中也应用广泛。例如，皮鞋按原材料分为牛皮鞋、猪皮鞋、羊皮鞋、人造革皮鞋等；服装面料按原材料分为棉织品、毛织品、麻织品、丝织品、人造棉织品、涤纶织品、锦纶织品等。此分类方法从原料的特点上来表示各类商品的区别。

以原料为标志分类的优点很多。它分类清楚，还能从本质上反映出各类商品的性能、特点，为确定销售、运输、储存条件提供了依据，有利于保证商品流通中的质量。但对那些用多种原材料组成的商品如汽车、电视机、洗衣机、电冰箱等不宜用原材料作为分类标志。

3. 以商品的生产加工方法作为分类标志

很多商品即使采用相同的原材料制造，由于生产方法和加工工艺不同，所形成商品的质量水平、性能、特征等都有明显差异，因此，对相同原材料可选用多种加工方法生产的商品，适宜以生产加工作为分类标志。例如，酒类按生产加工方法分为蒸馏酒、发酵酒、配制酒等；茶叶按生产加工方法分为发酵茶、半发酵茶、不发酵茶等。

这种分类标志的优点是，因为生产方法、工艺不同，突出了商品的个性，有利于销售和工艺的革新。但对于那些生产方法有差别，但商品性能、特征没实质性区别的商品不宜采用。如平板玻璃可用浮法或垂直引上法。

4. 以商品的化学成分作为分类标志

商品由于化学成分不同，在特征上存在着显著的差异，在用途和效用上也有很大的区别，并要求有不同的保管方法。因此采用此种方法进行分类，便于研究和了解商品的特征、用途和效用，许多商品都采用此种方法分类。如纺织品按成分分为纤维素类织品、蛋白质类织品等，化肥分为氮肥、磷肥、钾肥等。

这种分类标志的优点是，能反映商品的本质特性，对于深入研究商品的特性、保管和使用方法以及开发新品种、满足不同消费者的需要等具有重要意义。但对化学成分复杂的商品（如水果、蔬菜、粮食等）或化学成分区分不明显的商品（收音机）则不适用。

5. 以其他特征作为分类标志

除上述分类标志外，商品的形状、结构、尺寸、颜色、重量、产地、产季等均可作为商品分类的标志。这些分类标志更容易为消费者接受，其特点是概念清楚、形象直观、特征具体、通俗易记、便于区别。

四、商品目录和商品分类体系

（一）商品目录

商品目录是指国家或部门根据商品分类的要求，对所经营管理的商品编制的总明细分类集。商品目录是以商品分类为依据，因此也称商品分类目录或商品分类集。

商品目录是实现商品管理科学化、现代化的前提，是国家或部门（行业、地方）指导商品生产、经营、管理、流通以及统计核算的重要依据。如《淘汰落后生产能力、工艺和产品的目录》《统计用产品分类目录》《中华人民共和国海关统计商品目录》等商品目录，就可以供人们或相关单位进行查询，进而根据商品目录的指引实施分类管理以及制定相关经营决策等。

（二）商品分类体系

商品分类体系是指根据特定的分类目的，通过商品分类、赋予商品代码和编制商品目录等工作后，所形成的相互联系、相互制约的商品品种的集合，也可以说成是详细的商品目录。建立科学实用的商品分类体系，是进行商品分类的最终目的。在商品生产、流通、贸易统计和信息交流中，都是依据具体的商品分类体系来进行的。不同的目的和要求，将会形成不同的商品分类体系。下面以注册商标时用到的尼斯分类为例进行介绍。

尼斯分类的全称是《商标注册用商品和服务国际分类》，根据1957年6月15日由尼斯外交会议达成的一项协定（尼斯协定）制定的。尼斯协定的每个成员国有义务在商标注册中使用尼斯分类，并须在与商标注册有关的官方文件和出版物中标明注册商标所及的商品或服务所在的国际分类的类别号。我国于1994年加入尼斯协定。

尼斯分类分为两部分：第一部分为按字母顺序排列的商品和服务分类表；第二部分为按类别顺序排列的商品和服务分类表。这样做的目的是方便对商品和服务项目的查找。我国翻译的中文版本也分成两部分，按类别顺序排列的商品和服务分类表与尼斯分类的原版是一样的，但按字母排列的商品和服务分类表则是按我国的拼音字母排列的。尼斯分类的内容由一般说明、类别标题、注释以及具体的商品和服务项目等组成。一般说明确立了商品和服务分类的一般原则，对于按照具体的商品分类表无法确定类别的商品或服务项目，这是可以参考的标准；类别标题是对整个类别的概况与浓缩；注释以“尤其包括”和“尤其不包括”的形式对各类商品或服务进行界定，这是在分析和确定商品类别时使用得最多的标准，也是形式审查员和商标代理人员最应该熟悉和掌握的。

尼斯分类以及《类似商品和服务区分表》对商品进行分类时，一般遵照下列原则：

（1）商品为制成品，原则上按功能或用途进行分类。例如，手套类商品，应依据具体产品的功能、用途进行分类。“手套（服装）”属于服装，应申报在第25类；“防事故用手套”属于救护器具，应申报在第9类；“医用手套”属于医疗用辅助器具，应申报在第10类；“绝缘手套”属于绝缘用品，应申报在第17类；“家务手套”属于家务用具，应申报在第21类；“竞技手套”属于体育和运动用品，应申报在第28类。“一次性手套”为不规范名称，因为该商品的功能用途并不明确，例如“医用一次性手套”应申报在第10类，“家务用一次性手套”应申报在第21类。

（2）商品为多功能的组合制成品，应依据主要功能或用途进行分类。例如，“带有图书的电子发声装置”，主要功能是电子发声装置，应申报在第9类；“带电子发声装置的图书”，主要功能是图书，应申报在第16类。

（3）商品为原料、未加工品或半成品，原则上按其组成的原材料进行分类。例如，根据类别标题，“金属建筑材料”属于第6类，那么“建筑用金属衬板”应申报在第6类。同理，“金属制人工鱼礁”是由金属材料制成，应申报在第6类。

（4）商品按其组成的原材料分类时，如果是由几种不同原材料制成，原则上按其主要原材料进行分类。例如，“牛奶饮料（以牛奶为主）”应按牛奶申报在第29类；“加奶咖啡饮料”的本质仍是咖啡饮料，应申报在第30类。

（5）商品是构成其他产品的一部分，且该商品在正常情况下不能用于其他用途，则该商品原则上与其所构成的产品分在同一类。例如，“电话机听筒”是构成“电话机”的一部分，应申报在第9类。

（6）用于盛放商品的专用容器，原则上与该商品分在同一类。此处的“用于”，是指专门用于，即该专门容器为盛放该商品进行了专门的设计，具有特殊的形状和样式。例如，“专用化妆包”为盛放化妆用具进行了专门的设计，应申报在第21类；“非专用化妆包”应申报在第18类。

尼斯联盟成员国采用《商标注册用商品和服务国际分类》（即尼斯分类）。现行尼斯分类将商品和服务分成45个大类，其中商品为1—34类，服务为35—45类。尼斯分类每年修订一次，《类似商品和服务区分表》随之予以调整。申请人应当依照提交申请时施行的《类似商品和服务区分表》进行申报，既可以申报标准名称，也可以申报未列入《类似商品和服务区分表》中的商品和服务项目名称。

我国的《类似商品和服务区分表》，是对尼斯分类的补充。商标主管部门为了商标检索、审查、管理工作的需要，总结多年来的实践工作经验，并广泛征求各部门的意见，把某些存在特定联系、容易造成误认的商品或服务组合到一起，编制而成。《类似商品和服务区分表》可以作为商标审查人员、商标代理人和商标注册申请人判断类似商品或者服务的参考，也可以作为行政机关和司法机关在处理商标案件时判断类似商品或者服务的参考。

问题与思考：

如果甲注册商标时，只注册一个或少量类别，乙是不是可以在不同类别申请相同的商标？当这种情况发生时，对甲会造成什么影响？如果要规避这种影响，甲该怎么办？

五、网店商品的特殊分类

“网店”是网上商店的简称。网上商店又称“虚拟商店”“网上商场”“电子空间商店”或“电子商场”，是电子零售商业的典型组织形式，是建立在互联网上的商场。网店商品不受传统商店场地的限制，它是以信息内容（文字、图片）形式存在的虚拟商品。

对于网店商品的分类管理不同于线下的实物商品。网店商品的分类管理是在专用的软件和计算机环境下完成的。网店商品分类管理是在后台动态设置商品分类，支持无限级商品分类与支持商品交叉分类。

（一）无限级商品分类

系统采用树状结构来排列商品分类，支持无限级的扩展，商品的类别可以动态增加，商品类别的名称可以随时修改调整。为了保证删除的正确性，系统针对商品类别的删除，进行了慎重控制，一般是不可以随便删除的。如果某一商品类别下有商品，则该商品类别是不可以删除的。即客户在日后的经营中可以动态自定义增加、修改、删除需要的商品分类，动态进行业务品类的经营支持。

系统支持批量转移商品分类到指定的栏目，例如商品库中有数码与手机两种分类，可以将手机分类移动到数码分类栏目下。

（二）商品交叉分类

一件商品有可能同时属于系统中两种或者两种以上多个不同的商品分类，这就是业务中的商品交叉分类。系统支持商品交叉分类，可以将商品设置到不同的分类中。例如：药店的商品分类一般可以分成西药、中成药、美容护肤等；而同时按照另外一种分类“品牌”来分，又可以分成诺华制药、阿斯利康、同仁、辉瑞制药、薇姿等。这样就会存在一个商品对应多个商品类别的情况，比方薇姿油脂调护修护晚霜这个商品，既可以属于“美容护肤”栏目，也属于“薇姿”栏目，这就是业务中的商品交叉分类。

另外，对于网店商品的分类还可以分为网店商品的归类管理和网店促销需要的分类管理。

网店商品的归类管理是指网店店主在商品发布时，选择相应的商品类别归属，从而便于网络关键词的搜索。网店设置的商品类别不具有唯一性，因而造成网店商品可以归属于两种甚至两种以上的类别，所以网店商品的归类管理一定要准确、科学。

网店促销需要的商品分类管理，是指网店根据经营的需要，把网店商品分为热销（热卖）商品、打折（优惠）商品、新品上市等不同的类别。网店促销商品分类管理，一定要根据市场的热点和顾客的需要进行科学设置。

问题与思考：

为什么网店商品是一种特殊的商品分类，它不遵循商品分类的原则？

任务2
商品编码

商品编码又称商品代码，或商品代号、货号，是在商品分类的基础上，赋予某种或某类商品以某种代表符号或代码的过程。商品分类和编码是分别进行的，商品分类在先，编码在后。商品科学分类为编码的合理性创造了前提条件，但是编码是否科学会直接影响商品分类体系的实用价值。

目前，商品编码主要有数字型代码、字母型代码、混合型代码和条码四种。本节以商品条码为例进行介绍。

一、商品条码概述

条形码技术是随着计算机与信息技术的发展和应用而诞生的，是在计算机的应用和实践中产生并发展起来的。它是集编码、印刷、识别、数据采集和处理于一身的新型技术，现已被广泛应用于商业、邮政、图书管理、仓储、工业生产过程控制、交通等领域，具有输入速度快、准确度高、成本低、可靠性强等优点。

商品条码就是采用这种技术，用一组粗细不同，黑白（或彩色）相间的条、空及对应字符按规则组合起来，用以表示一定商品信息的图形。商品条码读取信息有很多优点，如：操作简单易行，准确度高（错误率仅为三百万分之一）；输入速度快，是键盘输入速度的20倍；灵活实用，可自动扫描识别，也可手工键盘输入。商品条码实现了高效的销售管理，降低了商品流通成本，进而增加了企业效益。商品条码还可以有效防止假冒，保护消费者的利益。

商品条码的诞生极大地方便了商品流通，现代社会已离不开商品条码。对企业来说，拥有商品条码的好处如下：

（1）帮助企业的商品顺利进驻商场、超市、便利店以及大型电商平台。商品条码是实现商业现代化、商品数字化、智慧供应链的基础，是商品进入商场、超市、便利店以及大型电商平台的入场券及必要条件。

（2）帮助企业的商品快速销往市场。商品条码不仅是商品的“身份证”，还是全球流通的“通行证”。它能使商品在世界各地被扫描识读，能使全球的商品和商品信息快速、高效、安全地传递。

（3）帮助企业实现商品数字化并建立全球通用的数字商品解决方案。通过国家商品信息服务平台、条码微站、条码商桥等服务，企业可以实现商品编码信息的在线生成、管理、通报和全网分享。

目前条码技术发展很快，在传统的一维码基础上，国外对于二维码的研究从20世纪80年代末就开始了。二维码作为一种全新的信息存储、传递和识别技术，自诞生之日起就得到了世界上许多国家的关注。

二、一维码

常用的一维码的码制包括：UPC条码、EAN条码、ISBN条码、39条码、128条码、25条码及Codabar条码（库德巴码）等。不同的码制有它们各自的应用领域：UPC条码主要用于北美地区；EAN条码是国际通用符号体系，是一种定长、无含义的条码，主要用于商品标志；ISBN条码主要用于图书管理；39条码和128条码为目前国内企业内部自定义码制，可以根据需要确定条码的长度和信息，它编码的信息可以是数字，也可以包含字母，主要应用于工业生产线领域；25 条码主要应用于包装、运输以及国际航空系统的机票顺序编号等；Codabar 条码主要应用于血库、图书馆、包裹等的跟踪管理等。以下主要介绍 UPC 条码、EAN 条码、ISBN 条码。

（一）UPC 条码

UPC 条码是 1973 年美国统一代码委员会（UCC）在美国和加拿大地区推广使用的商品条码。目前世界各国出口到美国和加拿大的商品必须印有 UPC 条码。这种条码常用的有 UPC－A 和 UPC－E 两种。

1. UPC－A 条码

它也称标准的（或完整）UPC 条码，用于商品销售和商品储运两种包装，由 12 位字符代码组成。

UPC－A 条码符号由左侧空白区、起始符、左侧数据符、中间分隔符、右侧数据符、校验符、终止符、右侧空白区 8 个部分、共 13 个模块组成（见图 4－1），但其在各部分的分布与 EAN－13 商品条码不同。UPC－A 条码的代码结构如表 4－2 所示。

图 4－1 UPC－A 条码示例

表 4－2 UPC－A 条码的代码结构

X_{12}	$X_{11}X_{10}X_9X_8X_7$	$X_6X_5X_4X_3X_2$	X_1
系统符	厂商识别代码	商品项目代码	校验码

其中 X_{12} 称为系统码，在左侧的安全空间，用数字 0－9 标志，数字不同含义也不同，具体见表 4－3。

表 4－3 UPC－A 商品条码的系统字符的应用规定

系统字符	应用范围	系统字符	应用范围
0，6，7	规则包装的商品	4	零售商自用的店内码
2	不规则重量的商品	5	商家的优惠券
3	药品及医疗用品	1，8，9	备用码

2. UPC－E 条码

它也称为缩减版的 UPC 条码，用于商品销售包装，由 8 位字符代码组成。只有当商品很小，无法印刷 UPC－A 条码时，才允许使用 UPC－E 条码，如香烟、胶卷、化妆品等商品。UPC－E 条码的条码结构见表 4－4。

表 4－4　　UPC－E 码的代码结构

X_8	$X_7X_6X_5X_4X_3X_2$	X_1
系统符	压缩后的企业代码和商品项目代码	校验码

（二）EAN 条码

EAN 条码是欧洲物品编码协会在吸取 UPC 经验的基础上开发出的与 UPC 兼容的欧洲物品编码系统。为了在世界范围内推行条码系统，协调条码在各国的应用，1981 年欧洲物品编码协会更名为国际物品编码协会。2002 年 11 月 26 日，UCC 和加拿大电子商务委员会（ECCC）正式加入国际 EAN，虽然 UCC 是作为一个成员组织加入的，但其将继续保持和 EAN 的平等合作地位，在全球标准管理事务中享有协同管理权。随着全球经济一体化对物流供应链管理要求的不断提高，国际物品编码协会也在不断地完善 EAN · UCC 系统，并相应地调整自身的组织架构。2005 年 2 月，该协会正式向全球发布了更名信息，将组织名称由 EAN International 正式变更为 GS1。

目前，EAN 会员已遍及六大洲的 100 多个国家和地区，是国际上应用广泛的商品代码。1991 年 4 月，中国物品编码中心代表我国加入国际物品编码协会 EAN，并根据物品编码协会的商品条码通用规则，制定了我国的国家标准《通用商品条码》。

零售商品代码的条码表示采用 ISO/IEC 中定义的 EAN/UPC 条码码制，共有 EAN－13、EAN－8、UPC－A、UPC－E 四种结构（UPC－A、UPC－E 见上面介绍）。

1. EAN－13 条码

它也称为 EAN 标准版条码，既可用于销售包装，又可用于储运包装。这种条码由 13 位数字的字符代码构成。

EAN－13 条码符号由左侧空白区、起始符、左侧数据符、中间分隔符、右侧数据符、校验符、终止符、右侧空白区 8 个部分、共 13 个模块组成（见图 4－2）。

图 4－2　EAN－13 条码的符号结构

EAN－13 条码通常有四种代码结构，见表 4－5。

表4-5 EAN-13条码结构

结构类型	厂商识别代码	商品项目代码	校验码
结构一	$X_{13}X_{12}X_{11}X_{10}X_9X_8X_7$	$X_6X_5X_4X_3X_2$	X_1
结构二	$X_{13}X_{12}X_{11}X_{10}X_9X_8X_7X_6$	$X_5X_4X_3X_2$	X_1
结构三	$X_{13}X_{12}X_{11}X_{10}X_9X_8X_7X_6X_5$	$X_4X_3X_2$	X_1
结构四	$X_{13}X_{12}X_{11}X_{10}X_9X_8X_7X_6X_5X_4$	X_3X_2	X_1

（1）厂商识别代码由7—10位数字组成，由该国或地区物品编码机构分配。我国的厂商识别代码是由中国物品编码中心负责分配和管理的。厂商识别代码的前三位代码为前缀码，由国际物品编码协会总部进行分配和管理。目前分配给我国的前缀码为690-699。

（2）商品项目代码由2—5位数字组成，一般由厂商编制，也可由中国物品编码中心负责编制。

（3）校验码为1位数字，是根据前12位数按GB 12904—2008商品条码规定的方法计算得出的。它用于电脑自动校验整个代码录入是否正确。

部分国家/地区/应用领域分配的前缀码见表4-6。

表4-6 部分国家/地区/应用领域分配的前缀码

前缀码	国家/地区/应用领域	前缀码	国家/地区/应用领域	前缀码	国家/地区/应用领域	前缀码	国家/地区/应用领域
000—019 030—039 060—139	美国	520	希腊	627	科威特	800—839	意大利
020—029 040—049 200—059	店内码	528	黎巴嫩	628	沙特阿拉伯	840—849	西班牙
050—059	优惠券	529	塞浦路斯	629	阿拉伯联合酋长国	850	古巴
300—379	法国	530	阿尔巴尼亚	640—649	芬兰	858	斯洛伐克
380	保加利亚	531	马其顿	690—699	中国	859	捷克
383	斯洛文尼亚	535	马耳他	700—709	挪威	860	南斯拉夫
385	克罗地亚	539	爱尔兰	729	以色列	865	蒙古国
387	波黑	540—549	比利时和卢森堡	730—739	瑞典	867	朝鲜
400—440	德国	560	葡萄牙	740	危地马拉	869	土耳其

续表

前缀码	国家/地区/应用领域	前缀码	国家/地区/应用领域	前缀码	国家/地区/应用领域	前缀码	国家/地区/应用领域
450—459 490—499	日本	569	冰岛	741	萨尔瓦多	870—879	荷兰
460—469	俄罗斯	570—579	丹麦	742	洪都拉斯	880	韩国
470	吉尔吉斯斯坦	590	波兰	743	尼加拉瓜	884	柬埔寨
471	中国台湾	594	罗马尼亚	744	哥斯达黎加	885	泰国
474	爱沙尼亚	599	匈牙利	745	巴拿马	888	新加坡
475	拉脱维亚	600、601	南非	746	多米尼加	890	印度
476	阿塞拜疆	603	加纳	750	墨西哥	893	越南
477	立陶宛	608	巴林	754—755	加拿大	899	印度尼西亚
478	乌兹别克斯坦	609	毛里求斯	759	委内瑞拉	900—919	奥地利
479	斯里兰卡	611	摩洛哥	760—769	瑞士	930—939	澳大利亚
480	菲律宾	613	阿尔及利亚	770	哥伦比亚	940—949	新西兰
481	白俄罗斯	616	肯尼亚	773	乌拉圭	955	马来西亚
482	乌克兰	618	象牙海岸	775	秘鲁	958	中国澳门
484	摩尔多瓦	619	突尼斯	777	玻利维亚	977	连续出版物
485	亚美尼亚	621	叙利亚	779	阿根廷	978、979	图书
486	格鲁吉亚	622	埃及	780	智利	980	应收票据
487	哈萨克斯坦	624	利比亚	784	巴拉圭	981、982	普通流通券
489	中国香港	625	约旦	786	厄瓜多尔	990—999	优惠券
500—509	英国	626	伊朗	789—790	巴西		

2. EAN－8 条码

它也称 EAN 缩减版条码，只用于商品的销售包装，由 8 位数字的字符代码组成。它主要应用于商品包装上没有足够的面积印刷标准版条码，可将商品编成 8 位数字代码。由于缩减版条码不能直接表示生产厂家，所以只有在不得已时才使用。其符号结构与 EAN－13 条码的符号结构基本类似，在此不再详述。

EAN－8 条码没有企业代码，只有 4 位商品代码，由国家物品编码管理机构分配，在使用上有严格控制。

缩短版商品条码的代码（EAN－8 码）只有一种结构，见表 4－7。

表4-7 EAN-8码代码结构

$X_8X_7X_6$	$X_5X_4X_3X_2$	X_1
前缀码	商品项目代码	校验码

知识拓展

什么是“箱码”？

箱码，顾名思义，是印在包装箱上的条码。箱码作为国际物品统一标志系统，可在全球范围内通用和识别，在物品的配送、订货、收货中实现跟踪、追溯与统计，保证数据的准确性和及时性。

按照GS1标准的规则，EAN/UPC条码、ITF-14条码、GS1-128条码（见图4-3）都可以印在包装箱上用于物流、仓储使用，但由于ITF-14条码对印刷精度要求不高，更适合直接印在瓦楞纸包装箱上，所以目前应用较多的箱码通常是指ITF-14条码。

6 901234 567892 EAN-13条码

00614141999996 ITF-14条码

(01)234567890123 GS1-128条码

图4-3 箱码

箱码的编码方法是：①箱内是相同产品：两种编码方式，首选是取内装消费单元条码的前12位在前加1、2……8中的任一位，并在最后生成一位校验码，构成14位代码，用ITF-14条码表示。另一种是重新编制一个和内装产品不同的EAN-13条码，前面补0，组成14位代码，用ITF-14条码表示。②箱内只有一个商品：外箱条码与内装商品的EAN-13条形码保持一致。③内装不同商品：编制一个和内装产品不同的EAN-13条码，并在其前面加0，组成14位代码，用ITF-14条码表示。

（三）ISBN条码

国际标准书号（International Standard Book Number，ISBN），是国际通用的图书或独立的出版物（除定期出版的期刊）代码。国际标准书号的使用范围是教科书、印刷品、缩微制品、教育电视或电影、混合媒体出版物、微机软件、地图集和地图、盲文出版物、电子出版物。

我国是世界上最早使用图书统一编号的国家之一。1982 年，我国正式加入国际 ISBN 组织，并成为国际 ISBN 中心顾问组成员，在 ISBN 系统中争取到一位数字组号“7”。

国际标准书号号码由 13 位数字组成，并以四个连接号或四个空格加以分割，每组数字都有固定的含义（见图 4－4）。第一组：978 或 979。第二组：国家、语言或区位代码。第三组：出版社代码。由各国家或地区的国际标准书号分配中心，分给各个出版社。第四组：书序码。该出版物代码，由出版社具体给出。第五组：校验码。只有一位，从 0 到 9。

ISBN 978-7-104-03955-6

9 787104 039556 >

图 4－4 ISBN 条码示例

部分国家和地区 ISBN 国际标准书号代码见表 4－8。

表 4－8 部分国家和地区 ISBN 国际标准书号代码

国家	代码	语种	国家	代码	语种
美国	978—0 978—1	英语	法国	978—2 979—10	法语、科西嘉语
英国和爱尔兰	978—0 978—1	英语、威尔士语、盖尔语	德国	978—3	德语
澳大利亚	978—0 978—1	英语	奥地利	978—3	德语
加拿大	978—0 978—1 978—2	英语、法语	日本	978—4	日语
新西兰	978—0 978—1	英语	苏联	978—5	俄语
南非	978—0 978—1	英语、祖鲁语、南非荷兰语	伊朗	978—600 978—964	波斯语
中国	978—7	中文	西班牙	978—84	西班牙语、加泰罗尼亚语
印度	978—81 978—93	印地语、英语	巴西	978—85	葡萄牙语
挪威	978—82	挪威语	丹麦	978—87	丹麦语

续表

国家	代码	语种	国家	代码	语种
泰国	978—611 978—616 978—974	泰语	意大利	978—88	意大利语
中国台湾	978—957 978—986	中文	菲律宾	978—971	菲律宾语、英语
古巴	978—959	西班牙语	埃及	978—977	阿拉伯语
中国香港	978—962	中文、英语	新加坡	978—981 978—9971	英语、中文、 马来语、泰米尔语
以色列	978—965	希伯来语、阿拉伯语	乌兹别克斯坦	978—9943	乌兹别克语、俄语
马来西亚	978—967	马来语、英语、中文	朝鲜	978—9946	朝鲜语
巴基斯坦	978—969	英语	蒙古国	978—99929 978—99962	喀尔喀蒙古语
中国澳门	978—99937 978—99965	中文、葡萄牙语	阿根廷	978—950 978—987	西班牙语
韩国	978—89	韩语	芬兰	978—951 978—952	芬兰语、瑞典语
荷兰	978—90 978—94	荷兰语	印度尼西亚	978—602 978—979	印度尼西亚语、英语
瑞典	978—91	瑞典语	沙特阿拉伯	978—603 978—9960	阿拉伯语
越南	978—604	越南语	土耳其	978—605/978/ 975—978—9944	土耳其语、库尔德语

三、二维码

（一）二维码的特点

由于条码应用领域的不断拓展，对一定面积上的密度和信息量提出了更高的要求。一维条码仅仅是对物品的标志，若想知道更多的信息，必须依赖数据库。在没有数据库和不便联网的地方，一维条码的使用受到较大的限制，有时甚至变得毫无意义。另外，要用一维条码表示汉字或图像信息几乎是不可能的。为了更好地满足需求，一种新的条码编码形式——二维条码（简称二维码）就应运而生了。

二维码是一种比一维码更高级的条码格式，它是用某种特定的几何图形按一定规律在平面（二维方向）分布的黑白相间的图形记录数据符号信息的，它的特点如下：

（1）高密度编码，信息容量大，可容纳多达1850个大写字母或2710个数字或1108个字节，或500多个汉字，比普通条码信息容量约高几十倍。

（2）编码范围广。该条码可以把图片、声音、文字、签字、指纹等可以数字化的信息进行编码，用条码表示出来；可以表示多种语言文字；可表示图像数据。

（3）容错能力强，具有纠错功能。这使二维条码因穿孔、污损等引起局部损坏时，照样可以正确得到识读，损毁面积达50%仍可恢复信息。

（4）译码可靠性高。它比普通条码的译码错误率百万分之二要低得多，误码率不超过千万分之一。

（5）可引入加密措施。保密性、防伪性好。

（6）成本低，易制作，持久耐用。

（7）条码符号形状、尺寸大小比例可变。

（8）二维条码可以使用激光或CCD阅读器识读。

在现代商业活动中，二维码可实现的应用范围十分广泛，如产品防伪、溯源、广告推送、网站链接、数据下载、商品交易、定位、导航、电子凭证、车辆管理、信息传递、名片交流、Wi－Fi共享等。如今智能手机“扫一扫”功能的应用使二维码更加普遍。

（二）商品二维码

商品二维码是用于标志商品及商品特征属性、商品相关网址等信息的二维码。其核心功能是实现商品的唯一标志，兼容现有零售商品一维条码承载的信息。其数据结构方案灵活，兼顾多种市场需求。商品二维码主要有以下优势：

1. 全球唯一性

商品二维码由中国物品编码中心统一分配和管理，在它的三种编码数据结构中，商品条码（GTIN）都是必选数据项，是GS1全球统一编码标志的不同表现形式。企业一旦采用，即可保证每种商品在全球拥有一个合法的、公认的且全球唯一的二维条码。

2. 国际通用性

商品二维码采用全球统一的编码结构、数据载体和数据交换标准，其码制是具有GS1模式的国家标准和国际标准二维码码制，延承了商品条码的特点和优势，具有国际通用性。

3. 扩展性好

目前市场上有各种类型的二维码，但由于封闭系统应用互设壁垒，导致一些二维条码无法识别。商品二维码具有使扫码设备自适应识别移动应用端的功能，通过一码扩展多个网址，避免了一物多码，解决了平台壁垒，极大扩展了商品信息。

4. 安全性高

商品二维码拥有更高的信息安全度，所承载的网址必须遵循 HTTPS 网络协议，不能随意篡改，极大程度上降低了扫描二维条码访问到钓鱼网站或病毒网站的风险，提高了网络安全性，保护了消费者的信息财产安全。

5. 兼容性强

商品二维码默认承载了零售商品条码的所有编码信息，不仅可以无缝兼容传统零售下的现有 POS 系统、ERP 系统以及销售管理系统等，还可以与线上各类电商平台进行对接，实现跨平台、跨系统的全网应用。

任务 3
商品分类管理

对商品进行分类，是企业科学化、规范化管理的需要。它有利于将商品分门别类地采购、配送、销售、库存、核算，以提高管理效率和经济效益。

一、做好商品分类

对品种繁多的商品进行分类，是商业店铺科学化、规范化管理的需要，它有助于将商品分门别类地进行采购、配送、销售、库存、核算，并提高管理效率和经济效益。店铺可以在商品分类的基础上，根据目标顾客的需要，选择并形成有特色的商品组合，体现自身的个性化经营。

一般来讲，超市的商品可以划分为大分类、中分类、小分类和单品四个层次。

1. 大分类

大分类是超市最粗线条的分类，通常按商品的特性来划分，如水产品、畜产品、果蔬、日配加工食品、一般食品、日用杂品、家用电器等。大分类的划分最好不要超过 10 种，这样比较容易管理。

2. 中分类

中分类是大分类中细分出来的类别，分类标准有三种：

（1）按照商品功能与用途划分。如在日配品这个大分类下，就可以分出牛奶、豆制品、冷冻食品等中分类。

（2）按照制造方法划分。如在畜产品这个大分类下，可以细分熟肉制品的中分类，包括香肠、火腿、熏肉、腊肉等，它们的功能和用途不尽相同，但在制造方法上很近似。

（3）按照商品的产地来划分。如家用电器这个大分类下，可以分成进口家电与国产家电的中分类。

3. 小分类

小分类是中分类中进一步细分出来的类别，主要分类的标准有：

（1）按照功能用途划分。如在畜产品大分类中，猪肉中分类下，可进一步细分出排骨、里脊肉、肉馅、棒骨等小分类。

（2）按照规格包装划分。如在一般食品大分类中，饮料中分类下，可以进一步细分出瓶装饮料、听装饮料、盒装饮料等小分类。

（3）按照商品的成分划分。如在日用百货大分类中，水杯中分类下，可以进一步细分出不锈钢水杯、瓷水杯、木水杯、玻璃水杯等小分类。

（4）按照商品口味划分。如在糖果饼干大分类中，饼干中分类下，可以进一步细分出咸味饼干、甜味饼干、果味饼干等小分类。

4. 单品

单品是商品分类中不能进一步细分的、完整独立的商品品项。如广州宝洁有限公司生产的“400 毫升飘柔洗发水”“200 毫升沙宣洗发水”“750 毫升潘婷洗发水”就是三个不同的单品。

二、确定商品目录

商业店铺根据其销售目标，把经营的商品品种，用一定的书面形式，并经过一定的程序固定下来，作为其制定商品购销计划及组织购销活动的主要依据。一般超市的商品目录包括经营商品目录和必备商品目录。

（一）经营商品目录

经营商品目录是店铺经营范围和方向的具体落实。经营者在制定经营商品目录时应考虑到诸多因素，包括商品货源和市场变化、顾客购买习惯和要求、店铺的经营能力和商品的关联性、本店铺的经营特点和邻近的竞争的经营特点等。在明确这些因素的基础上，为便于有计划地组织购销活动，经营者应逐一对商品进行分析排列，逐步确定应该经营什么品种、经营到何种程度，并应具体列明常年和季节商品的详细品种、规格、质量，并规定花色及品种数量。

（二）必备商品目录

必备商品目录是指为了满足顾客的基本需要而必须长期备有的商品的品种目录，它是店铺经营的全部商品的主体部分，也是店铺维持正常经营所必需的最低商品品种的定额。

凡属顾客日常生活中所必需的基本商品都要列入必备商品目录，这是因为制定必备商品目录，是为了保证顾客能够买到基本需求的商品。

必备商品的销售比较快，经营者必须保证货源充足。为此要经常检查商品结构和商品库存情况，以便及时补充货源。

必备商品目录一般比经营商品目录详细得多。它包括商品种类、商品品名、商品规格、商品价格等。必备商品目录一旦制定，一般不会发生大的调整和变化。

问题与思考：

必备商品目录对于商店（超市）有什么意义？如何制定必备商品目录？

经营商品目录和必备商品目录的关系极为密切，也就是说，经营商品目录包含着必备商品目录，必备商品目录是经营商品目录的一个组成部分。经营商品目录包括企业经营的全部商品品种数，必备商品目录是商业企业必须备有的品种。店铺企业最低的品种定额即为必备品种的定额。商品目录一旦确定，就要认真执行，经常检查，并应与市场情况保持一致，不一致时应及时加以调整。

三、制定商品的组合

要提高店铺的经营业绩，需要在商品组合上下功夫。良好的商品组合能够更好地满足顾客需求，提高店铺的整体竞争力。

（一）商品结构的广度、深度和高度

商品组合要把握好商品结构的广度、深度和高度。

广度也可称密度，是指各个商品系列之间，在最终用途、消费条件、使用环境或其他方面存在的相关程度。如女装店，除了服装以外，其他像皮包、配件、围巾等相关性商品种类，也应摆在相应位置，才能实现综合性的商品配置。

深度是指店铺所经营的商品系列的数目。

高度是指在各个商品系列中，不同规格产品的项目数。

店铺若想利用商品组合的三维概念，在固定面积的卖场中做最合理、最先进的商品安排，那么在进行商品配置时，应首先规划出商品构成系列，即先定出商品的广度，再按照种类决定商品安排的深度，最后决定高度。

（二）影响商品组合的条件

店铺对商品组合的广度、深度和高度的决策有多种选择，应根据店铺的具体情况而定：

（1）店铺本身所拥有的条件，如面积、空间、交通、所在商圈等。一个店铺所拥有的条件总是有限的，而且店铺总有自己的特色和薄弱环节，商品组合要根据店铺的条件量力而行。

（2）市场需求情况，如流行趋势、季节变化、经济背景、消费习惯等。店铺只能拓宽或加强具有良好发展前景的产品系列。

（3）竞争条件。如果新增加的商品系列将遇到强大的竞争对手，利润的不确定性很大，那么与其加宽商品系列，不如加深原有的商品系列更为有利。

四、商品管理方法

商品管理是指一个零售商从分析顾客的需求入手，对商品组合、定价方法、促销活动以及资金使用、库存商品和其他经营性指标作出全面的分析和计划，通过高效的运营系统，保证在最佳的时间、将最合适的数量、按正确的价格向顾客提供商品，同时达到既定的经济效益指标。其管理方法也有多种，下面从单品管理和商品群管理、库存商品的 ABC 管理来做介绍。

（一）单品管理和商品群管理

超市企业商品管理的思路应该是，先以单品管理为基础，然后从单品中强化 20% 主力商品的管理，从 20% 主力商品中强化商品群管理战略，最后统一实施整体组合的品类管理。

1. 单品管理

单品管理是指以每一个商品品项为单位进行的管理，强调每一个单品的成本管理、销售业绩管理。单品管理是连锁超市公司商品现代化管理的核心，在超市公司商品管理中发挥着重要作用，体现在以下几个方面：

（1）单品是超市公司商品经营的基本单位，各商品群是由一个个单品组合而成的，离开单品的商品群管理是不存在的，单品管理是商品群管理的基础。

（2）单品管理保证了超市每一种商品采购、销售、库存各环节有机结合，为商品的物流、现金流、信息流的有序运动创造了良好的条件。

（3）单品管理增强了超市公司对于品牌供应商的控制力，从而保证稳定、丰厚的利润来源。

2. 商品群管理

商品群是商品经营分类上的一个概念，它是卖场中按一定关系集合多个商品品项而形成的经营单位或经营区域。

超市卖场经营众多商品，可以从不同角度加以组合，形成不同类别的商品群。其中比较常用的方法是根据各种商品群在卖场销售业绩中所起的作用不同分为：主力商品群、辅助性商品群、附属性商品群和刺激性商品群。

（1）主力商品群是超市经营的重点商品，它在商品结构中仅有 20% 的比例，却创造了整个卖场 80% 的销售业绩，是超市的畅销商品，季节性和差异性明显。强化管理和保证这 20% 的商品发挥主力商品应有的作用，是超市公司商品管理的重中之重。

（2）辅助性商品群是主力商品群的补充，多为常备日用品，常与主力商品群有较强的关联性，季节性与差异性相对不明显。

（3）附属性商品群是辅助性商品群的补充，购买频率和销售比重偏低，与主力商品群关系不紧密，通常是顾客在卖场临时做出的购买决定。

（4）刺激性商品群是一些品目不多，但对推动卖场整体销售效果意义重要的商品群，主要是有可能成为主力商品的新开发商品，通常以主题促销方式陈列在卖场进口端头货架。超级市场对于不同商品群应该采取不同的管理方式，以保证实现整体的利润最大化。

（二）ABC库存分类管理

1. ABC库存分类管理法的内涵

ABC库存分类管理法又称为“重点管理法”。其基本点是：将企业的全部存货分为A、B、C三类（见表4－9），属于A类的是少数价值高的、最重要的商品，这些存货品种少，单位价值却较大。实务中，这类存货的品种数大约只占全部存货总品种数的10%，而从一定期间出库的金额看，这类存货出库的金额大约要占到全部存货出库总金额的70%。属于C类的是为数众多、价值低的商品，其特点是，从品种数量来看，这类存货的品种数大约要占到全部存货总品种数的70%，而从一定期间出库的金额看，大约只占全部存货出库总金额的10%。B类存货则介于这两者之间，从品种数和出库金额看，大约都只占全部存货总数的20%。

表4－9 ABC库存分类的标准

物资类别	占物资品种数的百分比（%）	占物资金额数的百分比（%）
A	5—10	70—80
B	20—30	15—20
C	50—70	5—10

2. ABC分类控制方法

上述A、B、C三类存货中，由于各类存货的重要程度不同，一般可以采用下列控制方法：

（1）对A类存货作为重点加强管理与控制。要计算每个项目的经济订货量和订货点，尽可能适当增加订购次数，以减少存货积压，也就是减少其昂贵的存储费用和大量的资金占用；同时，还可以为该类存货分别设置永续盘存卡片，以加强日常控制。

（2）对B类存货按照通常的方法进行管理和控制。要事先为每个项目计算经济订货量和订货点，同时也可以分别设置永续盘存卡片来反映库存动态，但要求不必像A类那样严格，只要定期进行概括性的检查就可以了，以节省存储和管理成本。

（3）对C类存货采用最简便的方法加以管理和控制。由于它们为数众多，单价又很低，存货成本也较低，因此，可以适当增加每次订货数量，减少全年的订货次数。对这类物资日常的控制方法，一般可以采用一些较为简化的方法进行管理，常用的是“双箱法”。所谓“双箱法”，就是将某项库存物资分装两个货箱，第一箱的库存量是达到订货点的耗用量，当第一箱用完时，就意味着必须马上提出订货申请，以补充生产中已经领用和即将领用的部分。

知识拓展

CVA 分析法

有些公司发现，ABC 分类法并不令人满意，因为 C 类物资往往得不到应有的重视。例如，把鞋带列入 C 类物资，但是如果鞋带短缺将会严重影响到鞋的销售；一家汽车制造厂商会把螺丝列入 C 类物资，但缺少一个螺丝往往会导致整个生产链的停工。因此，有些企业采用关键因素分析法，人们在思考新的库存分析方法用以解决上述问题，CVA 库存分析法（Critical Value Analysis）由此诞生。

CVA 分类法比起 ABC 库存分类管理法具有更强的目的性。在使用中，人们往往倾向于把库存品制定高的优先级，以显示这类物品的重要性，结果高优先级的库存品太多，最终哪种库存品都没有得到应有的重视，甚至使库存管理缺乏主次。CVA 库存分类管理法的使用建立在企业对客户进行详细分类管理的基础上，其基本思想是将库存品按照关键性分成 3—5 类，对不同类型的库存品采取不同的管理方式。即：

最高优先级，指企业经营活动中的关键性物品，或 A 类重点客户需要的物品。这类物品在库存管理中不允许缺货。

较高优先级，指企业经营活动中的基础性物品，或 B 类客户需要的物品。这类物品在库存管理中允许偶尔缺货。

中等优先级，指企业经营活动中比较重要的物品，或 C 类客户需要的物品。这类物品在库存管理中允许在企业确定的服务水平范围之内缺货。

较低优先级，指企业经营活动中需要，但可替代性高，在库存管理中允许缺货。

在实际应用中，将 CVA 管理法与 ABC 管理法结合使用，可以达到分清主次、抓住关键环节的目的。

（资料来源：九州物流网）

任务 4
应用与实践

一、商品归类

商品归类是指海关根据既定的国际贸易商品目录，将各类进出口货物分门别类，归入目录中的合适位置，从而确定对不同商品各自征收何种税率，以此对进出口货物贸易进行监管的活动。

商品归类的主要依据有《商品名称及编码协调制度》（简称《协调制度》或HS）、《中华人民共和国海关法》《中华人民共和国进出口关税条例》《中华人民共和国进出口税则》《中华人民共和国海关进出口货物征税管理办法》《进出口税则商品及品名注释》《中华人民共和国进出口税则本国子目注释》等。

HS采用六位数编码，把全部国际贸易商品分为22类、98章，章以下再分为目和子目。商品编码第1、2位数码代表“章”，第3、4位数码代表“目”，第5、6位数码代表“子目”。六位码以上的编码及对应商品由各国自定。我国目前使用的HS编码为10位，第7、8位为本国子目，第9、10位为附加码，主要为贸易管制、关税减免等设置。

以头孢拉定片的商品编码3004201200为例，其具体构成如下（见表4－10）：

表4－10 商品编码构成

品名	税目	子目	本国子目	附加子目
头孢拉定片	3004	20	12	00

HS六大规则的描述较难理解，可以简单概括为：“有品名的列品名，没有品名归用途，没有用途归成分，没有成分归类别。”在对一具体商品进行归类时，首先要清楚商品的属性，包括品名、用途、成分等要素，根据归类原则分析可归于哪一大类，依据章—类—品目—子目—条文、注释来最终确定。

（一）品名归类

品名归类相较于其他商品归类方法较为简单，可以直接对应海关编码，但要非常注意类注、章注或子目注释的说明。如果进出口商品名称与海关商品编码手册完全相同，那么可直接适用品名归类。例如：冷冻去骨牛腱，HS编码为0202300090。

（二）用途归类

如申报商品不似第一类商品直接可以用品名匹配到，那么我们就以此商品的用途来将其归类。例如：500升冷藏设备，其最显著的用途特征就是冷藏，应归在机械设备下冷藏装置，HS编码为8418692090。

（三）成分归类

如商品由某种单一材质或为绝对比例材质加工制成，即可按照此成分对应的HS归类。还有一类为多种成分加工制成的商品。实操中涉及多种成分的进出口商品类别繁多，如食品、金属制品、纺织品等，在做此类分类时，我们要把握三个原则：

1. 不许含有原则

这是指条文或注释里规定此类商品中不允许含有的成分。例如：合成夹心糖果归类为

1704900000，在其注释里说明了不含可可，也就是说如果此糖果内含有哪怕是 1% 的可可，都不可归类在此类目下。

2. 百分比界定原则

这是指商品混合成分中的某种成分不得高于或低于条文或注释里规定的百分比。例如，环氧树脂，对其中的溴占比作了明确规定：溴重量百分比在 18% 以下的初级环氧树脂，HS 编码为 3907300090；而溴重量百分比在 18% 以上的环氧树脂，HS 编码为 3907300001。它们虽然同级子目相同，但最后一个子目不同，进口暂定优惠税率也不尽相同了。

3. 重量最大原则

这是指商品混合成分中按照重量最大的成分归类。例如，混合谷物细粉，其中小麦粉占 70%，南瓜粉占 20%，黑麦粉占 10%，其中小麦粉重量占比最大，那么应将其归于 1101 项下，HS 编码为 1101000001。注意，在这种根据成分给商品分类的时候，如果重量相等或者有两个甚至多个编码都合适时，优先选择编码靠后的。

除了多种成分制成的商品分类之外，我们也会经常遇到各种完成品设备和零部件的归类。那么就要看在进出口报关时，商品是否已经具备完整品或制成品的基本特征，已经具备的，那么须视同完成品来申报归类。如果是零部件，看其是否具备独立功能，如此零部件在完成品中不可分割，按照机器零件归类；如亦可用于其他完成品设备，则按照完成品设备来申报归类。例如，汽车发动机专用散热风扇配件，此配件专用在此汽车发动机上，在完成品中不可分割，应归于 8409919990。

（四）其他类别模糊归类方法

在以上归类方法都找不到的情况下，就要遵循品名—用途—成分—类别的原则，找出与之最为接近的归类纳入。

素养视点

有些企业利用商品归类“就低不就高”的原则来逃避或少交海关税款。有人说这是合理避税，也有人说这是偷税漏税，试评判这种行为。

二、商品条码的申请

我国按照国际物品编码协会制定的国际通用规范和 2005 年 5 月 16 日国家质量监督检验检疫总局局务会议审议通过的《商品条码管理办法》，推广应用商品条码。每个省为了推广应用商品条码也制定了相关规定，如河南省 2015 年 5 月 7 日河南省人民政府令第 170 号公布《河南省商品条码管理办法》，就规定食品（含保健食品、食品添加剂）、卷烟、药品、医疗器械、儿童玩具、家用电器、日用化学品七大类商品，生产者应当在其产品或者产品包装上使用商品条码。

（一）企业申请商品条码资格

根据《商品条码管理办法》第六条规定：依法取得营业执照和相关合法经营资质证明的生产者、销售者和服务提供者，可以申请注册厂商识别代码。

（二）条码注册方式

线上办理：登录中国物品编码中心官网，点击“我要申请商品条码”，手机号绑定成功后，按流程操作即可。

线下办理：企业注册所在地编码分支机构（可查看分支机构地址及电话）窗口办理。

（三）提交材料

（1）填写系统成员注册申请表，加盖企业公章；
（2）企业营业执照或相关合法经营资质证明及复印件；
（3）线下汇款提供汇款凭证复印件。

（四）审批时效

自编码中心收到企业的商品条码申请材料及汇款后，3个工作日内完成。

（五）注册成功

企业申请获得厂商识别代码后，中国物品编码中心会给企业发放中国商品条码系统成员证书、条码卡、发票、《中国商品条码系统成员用户手册》等材料，请联系企业注册地所在地编码分支机构领取。领取证书时，请核对企业信息是否正确，查看证书有效期，切记有效期满前办理续展手续。

（六）条码续展

根据《商品条码管理办法》第二十八条规定：厂商识别代码的有效期为2年。如果需要继续使用，系统成员应在厂商识别代码有效期满前3个月内办理续展手续。逾期未办理续展手续的，注销其厂商识别代码和成员资格。

（七）商品二维码的办理流程

商品二维码的办理很简单，如果企业已经是中国商品条码系统成员，登录中国商品信息服务平台（http：//www. gds. org. cn），直接激活商品二维码、生成商品二维码即可；如果不是中国商品条码系统成员，先注册成为系统成员，再登录中国商品信息服务平台，即可激活商品二维码、生成商品二维码。

三、超市参观实习活动

利用周末时间，学生自行到学校周围超市进行参观。参观过程中，学生要结合本章学习内容，观察超市商品分类分区情况，了解超市理货员、收银员、店长等岗位的工作职责。参观后要求画出超市分类、分区图，并以课堂发言形式谈一谈超市各个工作岗位的工作职责和该超市有无存在管理问题。

超市参观实训

1. 实训目的：进一步认识商品分类的意义和超市商品管理的重要性，培养学生分析问题和语言表达的能力，增强学生的职业意识和塑造敬业爱岗精神。

2. 实训内容：观察超市商品分类分区情况，了解超市理货员、收银员、店长等岗位的工作职责。

3. 环境要求：超市营业面积不少于500平方米，员工不少于10人。

4. 实训流程：实习准备—参观—作业与汇报。

5. 注意事项：①注意整个参观过程中的安全事宜；②遵守超市的经营管理纪律。

6. 实训作业：短视频或PPT。

思考训练

项目四自测题

一、简答题

1. 谈一谈如何制定必备商品目录？
2. 如何对库存商品进行ABC管理控制？

二、实务分析题

1. 试列举一种产品，对其进行商品归类。
2. 参观一家超市进行实地调研，绘出该超市的商品分类图。

项目五

商品包装与商标

文本：项目五
教学实施手册

PPT：项目五
课件

学习指南

<table>
<tr><td>单元名称</td><td>商品包装与商标</td><td>对应岗证</td><td>包装设计岗位</td></tr>
<tr><td>学习目标</td><td colspan="3">1. 知识目标
（1）了解商品包装的概念、功能及分类；
（2）了解商品包装设计的要求和需要考虑的因素；
（3）掌握商品包装策略。
2. 能力目标
（1）会正确识读各种商品包装标志和标签；
（2）能进行商标的设计；
（3）能进行商标申请工作。
3. 素养目标
（1）反对奢侈浪费，倡导绿色低碳的生活方式；
（2）牢记科技报国初心，涵养科技创新活力。</td></tr>
<tr><td>学习重点</td><td colspan="3">1. 商品包装设计的要求和需要考虑的因素；
2. 商品包装策略；
3. 商标的设计与申请。</td></tr>
<tr><td>实训建议</td><td colspan="3">商标设计/商标申请/标志识别游戏</td></tr>
<tr><td>问题思考</td><td colspan="3">1. 商品包装是如何产生的？它的作用有哪些？
2. 商品包装设计对商品营销的意义是什么？
3. 商标对于企业的意义是什么？</td></tr>
</table>

导入案例

"美丽垃圾"

某女士曾收到一个礼物，一个半支钢笔大小的水晶饰品，竟用长 50 厘米、宽 20 厘米、高 10 厘米的皮箱子包装。她说："包装得那么豪华，有必要吗？皮箱子留着占地方，扔了又可惜！"

市民高先生也表示，他曾收到一个白酒礼盒，里面盛放着两瓶计 1 千克的白酒。装酒的木匣子长 60 厘米、宽 40 厘米、高 10 厘米，总重量竟有 3 千克！

留之无用、弃之可惜，有如鸡肋的"美丽垃圾"——商品包装废弃物，不但给消费者造成了困扰，还浪费了大量的社会资源，造成了环境污染。据相关统计显示，目前，我国每年仅衬衫包装盒用纸量就达 24 万吨，相当于砍掉 168 万棵碗口粗的大树。此外，包装材料中相当一部分是难以降解的塑料，更会对环境造成破坏。尽管如此，包装豪华商品的消费群体还是有增无减。

问题与思考：

"美丽垃圾"产生的原因有哪些？如何才能控制"美丽垃圾"的产生？

任务 1
商品包装

商品包装是在人类社会的长期经济生活中逐步形成和发展起来的。随着我国国民经济的不断发展，商品包装在生产、流通和人民生活中的地位和作用日益增长，在现代生产中绝大多数产品只有经过包装后，才算完成它的生产过程，才能进入流通领域和消费领域。

一、商品包装的概念

我国国家标准 GB/T 4122.1—2008《包装术语第 1 部分：基础》中，对现代商品包装作了明确定义："为了在流通过程中保护产品，方便储存，促进销售，按一定技术方法而采用的容器、材料及辅助物等的总称。"商品包装也指"为了达到上述目的采用的容器、材料和辅助物的过程中施加一定技术方法等的操作活动"。

可以从两个方面理解商品包装的含义：一方面是指盛装商品的容器，通常称作包装物，如箱、袋、筐、桶、瓶等；另一方面是指包扎商品的过程，如装箱、打包等。商品包装具有从属性和商品性等两种特性。包装是其内装物的附属品。商品包装是附属于内装商品的特殊商品，具有价值和使用价值，同时又是实现内装商品价值和使用价值的重要手段。

二、商品包装的功能

视频：商品包装

视频：从“买椟还珠”看商品包装

商品包装在商品从生产领域转入流通和消费领域的整个过程中起着非常重要的作用，其主要功能有保护功能、容纳功能、便利功能、促销功能、升值功能。

（一）保护功能

保护商品使用价值是包装的最重要功能。商品在运输、储存和销售过程中，会受到各种因素的影响，可能发生物理、机械、化学、生物等变化，造成商品损失、损耗。例如，运输、装卸过程中的颠簸、冲击、震动、碰撞、跌落以及储存过程中的堆码承重，可能造成包装破损和商品变形、损伤、失散等；流通和储存过程中外界温度、湿度、光线、气体等条件的变化，可能造成商品干裂、脱水、潮解、溶化、腐烂、氧化、变色、老化、锈蚀等质量变化；微生物、害虫侵入会导致商品的霉烂、变质、虫蛀等。因此，必须依据商品的特性、运输和储运条件，选择适当的包装材料、包装容器和包装方法，采用一定的包装技术处理，对商品进行科学的防护包装，以防止商品受损，达到保护商品的目的，使商品完好无损地到达消费者手中，最大限度地减小商品劣变损耗。

（二）容纳功能

许多商品本身没有一定的集合形态，如液体、气体和粉状商品。这类商品只有依靠包装的容纳才具有特定的商品形态，没有包装就无法运输和销售。包装的容纳不仅有利于商品的流通和销售，还能提高商品的价值。对于一般结构的商品，包装的容纳增加了商品的保护层，有利于商品质量的稳定；对于食品、药品、化妆品、消毒品、卫生用品等，包装的容纳功能还能保证商品卫生；对于复杂结构的商品，包装的容纳结合合理的压缩，可充分利用包装容积，节约包装费用，节省储运空间。

成组化功能是容纳的延伸，它是指包装能把许多个体或个别的包装物统一组合起来，化零为整，化分散为集中，这种成组的容纳可大大方便运输，同时可以减少流通费用。

（三）便利功能

商品包装的便利功能，是指包装为商品从生产领域向流通领域和消费领域转移以及在消费者使用过程中提供的一切方便。包装的便利功能包括的范围较广，涉及几个领域。诸如在生产领域有方便操作、方便自动化生产等；在物流领域有方便运输、方便装卸、方便储运、方便设计、方便开箱等；在消费领域有方便陈列、方便销售、方便计价、方便计数、方便利用自用售货机等；在环保领域有方便回收、方便处理、方便操作等。

包装的便利功能的延伸又发展成复用功能和改用功能。复用功能是指商品包装用完以后，销售包装仍可重复使用。改用功能是指包装商品用完以后，销售包装可做其他用途。

（四）促销功能

商品包装特别是销售包装，是无声的推销员，在商品和消费者之间起媒介作用。商品包装可以美化商品和宣传商品，使商品具有吸引消费者的魅力，引起消费者对商品的购买欲，从而促进销售。包装的促销功能是因为包装具有传达信息、表现商品和美化商品的功能。传达信息功能是通过包装上的文字说明，向消费者介绍商品的名称、品牌、产地、特性、规格、用途、使用方法、价格、注意事项等，起到广告、宣传和指导消费的作用。包装的表现商品功能主要是依靠包装上的图案、照片及开窗包装所显露的商品实物，把商品的外貌表达给消费者，使消费者在感性认识的基础上对商品建立起信心。包装的装潢、造型等艺术装饰性内容对商品起到加强、突出、美化的作用。随着市场经济的发展，包装的促销功能越来越被人们所重视，得到了不断的开发和运用。同样的商品，好的包装可以卖上好的价格，这一点在国际市场尤为显著。

（五）升值功能

商品包装的升值功能是指商品包装能够有效提高商品价值，促进商品使用价值实现的功能。商品包装本身也是具有价值和使用价值的特别商品。

三、商品包装的分类

商品包装因商品流通的不同需要和商品本身的不同需要而有不同的种类。为了分析研究不同种类商品包装使用价值的特点，商品包装常按包装在流通中的作用、包装的销售市场、包装材料、包装内容物来分类。

（一）按包装在流通中的作用分类

以包装在商品流通过程中的作用分类，商品包装分为销售包装和运输包装。

1. 销售包装

它指以一个商品作为一个销售单元的包装形式，或若干个单位商品组成一个小的整体的包装，亦称为小包装或个包装。销售包装的技术要求是美观、安全、卫生、新颖、易于携带，其印刷、装潢要求较高。销售包装一般随商品销售给顾客，起着直接保护商品、宣传商品和促进商品销售的作用，还可方便商品陈列展销和方便顾客识别选购。

2. 运输包装

它指用于安全运输、保护商品的较大单元的包装形式，又称为外包装或大包装，如纸箱、木箱、集合包装、托盘包装等。运输包装一般体积较大，外形尺寸标准化程度高，坚固耐用，表面印有明显的识别标志，其主要功能是保护商品，方便运输、装卸和储存。

视频：销售包装与运输包装

问题与思考：

销售包装应该侧重于商品包装的哪些功能？运输包装又应该侧重于商品包装的哪些功能？

（二）按包装的销售市场分类

按销售市场的不同将商品包装分为内销商品包装和出口商品包装。内销商品包装是指用于国内市场的商品包装。出口商品包装是指用于出口商品的包装。内销商品包装和出口商品包装所起的作用基本是相同的，但因国内外物流环境和销售市场不相同，它们之间会存在差异。内销商品包装必须与国内物流环境和国内销售市场相适应，要符合我国的国情。出口商品包装则必须与国外销售市场相适应，满足出口国的不同要求。

（三）按包装材料分类

以包装材料作为分类标志，是研究商品包装材料的主要分类方法。一般商品包装可分为纸制包装、木制包装、金属包装、塑料包装、玻璃与陶瓷包装、纤维织品包装、复合材料包装和其他材料包装等。复合材料包装是指以两种或两种以上材料黏合制成的包装，亦称复合包装，主要有纸与塑料、塑料与铝箔和纸、塑料与铝箔、塑料与木材、塑料与玻璃等材料制成的包装。

（四）按包装内容物分类

以包装的内容物作为分类标志，商品包装可分为食品包装、土特产包装、纺织品包装、医药品包装、化工商品包装、化学危险品包装、机电商品包装等。

任务2
商品包装设计

在现代市场营销活动中，商品包装被冠以“无声推销员”的美誉，是宣传商品、宣传企业形象的工具，是商品特征的放大镜、免费的广告。因此，良好的商品包装从商品的生产、销售到人们的生活始终起着重要作用。

一、包装设计要求

（一）总体要求

1. 适应各种流通条件的需要

要确保商品在流通过程中的安全，商品包装应具有一定的强度，坚实、牢固、耐用。对于不同的运输方式和运输工具，还应有选择地利用相应的包装容器和技术处理。总之，整个包装应适应流通领域中的储存运输条件和强度要求。

2. 适应商品特性

商品包装必须根据商品的特性，分别采用相应的材料与技术，使包装完全符合商品理化性质的要求。

3. 适应标准化的要求

商品包装必须推行标准化，即对商品包装的包装容（重）量、包装材料、结构造型、规格尺寸、印刷标志、名词术语、封装方法等加以统一规定，逐步使之系列化和通用化，以便包装容器的生产，提高包装生产效率，简化包装容器的规格，节约原材料，降低成本，易于识别和计量，有利于保证包装质量和商品安全。

4. 适量、适度

对销售包装而言，包装容器大小与内装商品相宜，包装费用应与内装商品相吻合。预留空间过大、包装费用占商品总价值的比例过高，都会损害消费者利益。

5. 绿色、环保

商品包装的绿色、环保要求要从两个方面认识：首先，材料、容器、技术本身应是对商品、消费者而言，是安全的和卫生的。其次，包装的技法、材料容器等对环境而言，是安全的和绿色的。在选材料和制作上，遵循可持续发展原则，节能、低耗、高功能、防污染，可以持续性回收利用，或废弃之后能安全降解。

（二）物流包装要求

1. 保护性

包装的首要功能是保护内装商品，使其质量不受损伤。合理的包装应使内装物能够承受在装卸、运输、储存、堆码等过程中的各种冲击、振动、颠簸、压缩、摩擦等外力的作用，使内装物能够避免受到水汽、光线以及空气中各种有害气体的作用，使内装物能够避免受到鼠、虫及其他有害生物的破坏，能够有效防止异物混入、污物污染、内装物丢失、散失等。

2. 方便性

对包装的规格尺寸、重量、形态、标志等的设计，应综合考虑到商品的储存、装卸搬运、运输、出入库、保管、验收等作业的要求，使包装能够起到方便流通、方便消费、提高效率的作用。特别是在运输过程中，如果包装尺寸与运输车辆、船、飞机等运输工具的箱、仓容积相吻合，就可以提高运输工具的装载率，从而提高运输效率。

3. 标准化

包装标准化是指对商品包装的类型、规格、容量、使用的包装材料、包装容器的结构造型、印刷标志及商品的盛放、衬垫、封装方式、名词术语、检验要求等加以统一规定，并贯彻实施相关的政策和技术措施。包装标准包括包装基础标准和方法标准、工农业产品包装标准、包装工业的产品标准三类。

4. 经济性

选择包装技法时，要辩证地来看待经济性问题。包装与物流的其他各项活动之间存在“效益背反”，即是指对于同一资源如成本的两个方面处于相互矛盾的关系之中，想要较多地达到其中一个方面的目的，必然使另一方面的目的受到部分损失。

5. 绿色化

包装的寿命很短，多数达到目的地后便废弃了。但随着物流量的增大，随着人们对“资源有限”认识的加深，因商品包装而引起的资源消耗、垃圾公害、环境污染、甚至可能给消费带来一定的有害物等问题被提上议事日程，包装材料的回收利用和再生利用受到了重视。

问题与思考：

结合生活中的物流和快递，谈一谈如何才能做到包装的绿色化？

（三）销售包装要求

美国杜邦公司的一项调查表明：63% 的消费者是根据商品的包装来选购商品的。这一发现就是著名的“杜邦定律”。另据英国市场调查公司报道，一般去超级市场购物的妇女，由于受精美包装的吸引，所购物品通常超出进门时打算购物数量的 45%。由此可见，销售包装对于吸引顾客消费的重要性。

销售包装又称内包装，它是直接接触商品并随商品进入零售网点和消费者直接见面的包装，这类包装除必须具有保护商品的功能外，更应具有促销的功能。因此，对销售包装的造型结构、装潢画面和文字说明等方面，都有较高的要求。为了使销售包装适应国内外市场的需要，在设计和制作销售包装时，应体现便于陈列展销、便于识别商品、便于携带和使用、要有艺术吸引力等的要求。另外，在包装设计时也应注意以下几点：

（一）色彩的运用搭配

进行包装设计时，色彩的搭配运用是整个设计不可缺少的重要部分。色彩有很多种，在进行设计的时候采用哪种色彩就是一个问题，最好的方法就是对产品的特性优势进行分析，根据产品特性、消费群体定位以及企业的文化内涵，有针对性地定制设计。同时，不同产品的色彩运用带来的视觉冲击不同，带来的效果也不同，因此在运用色彩时要慎重。

（二）图案的设计

在对产品进行包装设计时，设计不单是把图形和色彩等多种因素相叠加结合，而是要在各个因素结合的基础上将企业的文化或者产品的优势特色体现出来。出色的图案运用可以很好地引导消费者的视觉美观感，提高企业的形象和品牌的知名度。同时，要对消费者的需求和市场定位进行全面地分析调研之后，有针对性地进行包装设计。

（三）内涵的体现

在进行包装设计时，一定要体现出包装设计的内涵。包装设计不仅是吸引消费者、激发消费者的购买欲，也是企业文化内涵的一种体现。而企业文化是企业想传递给消费者的精华，也是提升品牌形象的关键。产品的包装设计架起了消费者和企业之间沟通的桥梁，让消费者产生共鸣。

知识拓展

跨境电商的包装

近年来跨境电商越来越火爆，跨境电商的包装应注意哪些事项呢？

1. 单件包装。如果有多件物品，要把每件物品分开放置，为每件物品准备充足的缓冲材料。不能塞一堆废报纸或者塑料袋，而应该使用气泡膜或者充气袋等专业的包装材料，使买家获得良好的购物体验。需要注意的是，颗粒缓冲材料可能会在运输过程中移动，所以采用颗粒材料时，一定要压紧压实。

2. 打包。打包时最好使用一个新的坚固的箱子，并使用缓冲材料把空隙填满，但不要让箱子鼓起来。如果是旧箱子要把以前的标签移除，而且旧箱子的承重力是要打一定折扣的，你需要确保它足够坚固。

3. 封装。最后用宽大的胶带（封箱带）来封装，不要用玻璃胶。用封箱带把包装拉紧。封箱带用十字交叉的方法拉紧，如果是胶带至少6厘米宽。

4. 跨国运输中避免使用太大或表面有印刷物的箱子。若箱子过大，产品在运输过程中可能移动，而箱子太花哨，则显得不太专业。

5. 避免使用坏的或容易变形、不牢固的箱子，你的产品可能会因此在运输中受到损伤。

6. 避免使用劣质的填充物，不要将碎纸机里的废纸或其他劣质的材料用来填充箱子里的间隙。如果填充物质量不好，它们很可能无法起到缓冲的功效。

7. 避免在箱子和物品间留下任何空隙。如果有空隙，产品会在其间晃动，使空隙越来越大，缓冲材料将失去功效，产品可能会因此破损。

8. 避免使用任何形状奇怪的包装。例如使用圆筒状的包装盒子或袋子，可能会在运输中滚落卡车或集装箱。形状样式奇特的盒子和袋子，可能会在运输中给你的产品带来麻烦。

9. 避免使用信封寄送有价值或易碎的产品。实践证明，使用信封寄送产品，它可能被卡在信件分拣机里，而且产品不会受到任何有效的保护。

10. 地址应当书写详细准确：不要使用铅笔、水笔来书写地址，它们可能在运输过程中变得模糊不清。

（资料来源：搜狐网）

二、包装设计需要考虑的因素

（一）大小

确定包装的大小主要考虑使用方便、运输费用、储存或陈列的要求以及消费者的购买力等因素，同时还要考虑市场上已有包装的影响。过大或过小的包装，都会影响销售的成果。比如，洗衣粉的包装习惯上有小号、中号及大号之分，而世界各国的香皂则大小都差不多。

（二）形状

包装的形状除应符合运输与储藏的要求外，还应力求具有视觉美感而足以引起消费者的注意和兴趣。比如长方形的包装不但可以节省空间，而且便于运输和储藏；化妆品的包装形状总是标新立异、与众不同，是为了吸引妇女的视线，给消费者留下深刻的印象。

（三）构造

商品包装的构造具有多种功能，其中之一是便于使用，因此，合理的包装构造对于促进商品销售是至关重要的。一个显著的实例是：美国某啤酒公司面临竞争的威胁，产品销路日趋萎缩，其研究发展部门研制了一种不用任何器具就可以开启的啤酒包装罐——易拉罐，并取得此项发明的专利，采用易拉罐包装以后该公司啤酒的销售直线上升。

（四）材料

选择最适当的包装材料，力求给产品以充分的保护，既能发挥促进销售的功能，又能节省包装成本。就保护产品的角度看，包装材料应具有防潮、隔热、避免震损、遮光等功能，但同时必须兼顾使用上的方便，运输、储存的要求以及控制成本的考虑；就促进销售的角度看，包装材料除了应有的保护产品和充分显示产品的功能外，为达到吸引顾客购买的目的，还应考虑以下一些因素：

（1）包装的开启方法，是否能利于每次使用；
（2）包装是否为再使用而设计；
（3）包装容器内的实物产品是否可存放于原包装内直至用完为止；
（4）包装在运输途中是否会发生损坏，以致陈列在零售店影响顾客的购买兴趣；
（5）包装是否适宜零售商店储藏与陈列。

（五）营销

包装的作用已超过它作为容器与保护品的作用，它能向消费者传递销售的信息，并能使消费者对商品产生良好的印象。所以包装设计要考虑营销需要，在设计上一要与产品的品质相统一，二要与顾客的购买行为相一致。

1. 包装设计要与产品的品质相统一

包装固然可以表现其内部的产品，给予消费者一种直接的印象，但不能因此忽略表现产品的其他品质，或者影响消费者对配方、调味等的选择。对于某些本身不容易带给消费者美好印象的产品，必须精心设计其包装，使其能给消费者带来好印象。例如，大米本身不容易给人带来好印象，但一家公司出售的快煮米的包装盒上印有用闪光的紫铜锅盛装的一锅煮好的米饭，旁边放着一只鲜美的烤火鸡，这对于家庭主妇显然具有吸引力。

2. 包装设计要与顾客的购买行为相一致

包装设计者先要弄清哪些人是产品的顾客，然后针对顾客的特点和喜好进行设计，才能使包装发挥最大的效果。消费者由于年龄、性别、收入、教育程度以及种族、宗教信仰的不同，其兴趣、欲望与对事物的观念均有很大的差异，他们希望从产品中获得不同的利益，甚至完全不同的产品。因此，对市场与消费者进行细分，再针对每一层次、每一类型消费者的需要与兴趣来设计包装，将收到扩大销售的效果。

（六）法规

目前我国与包装有关的法律法规正在陆续发布和施行，对规范商品包装的生产、流通、销售和保护消费者的利益起着重要的法律依据的作用。所以包装设计也必须考虑法律法规的要求。

如为解决食品、化妆品过度包装问题，市场监管总局（标准委）会同工业和信息化部等部门，组织相关标准化技术委员会和技术机构，制定发布了新的《限制商品过度包装要求：食品和化妆品》国家标准（GB 23350—2021）。新标准规定了包装空隙率、包装层数和包装成本要求以及相应的计算、检测和判定方法。该标准一是规范了 31 类食品、16 类化妆品的包装要求；二是极大地简化了商品过度包装的判定方法，消费者只需要查看商品本身的重量或体积，并测量最外层包装的体积，通过计算就可以初步判定商品是否存在过度包装问题；三是严格限定了包装层数要求，食品中的粮食及其加工品不应超过三层包装，其他食品和化妆品不应超过四层包装。

2020 年 9 月 1 日实施的《中华人民共和国固体废物污染环境防治法》，其中第六十八条第二款规定：生产经营者应当遵守限制商品过度包装的强制性标准，避免过度包装。县级及以上地方人民政府市场监督管理部门和有关部门应当按照各自职责，加强对过度包装的监督管理。该法首次明确了限制商品过度包装的义务性规定，大大强化了标准的实施。未来几年内，中国将进一步健全包装法规标准体系，包装产业将全面纳入法治化建设轨道，各项有关包装法规、制度和相关标准将不断完善。

素养视点

结合本章导入案例，进一步剖析过度包装产生的原因，如何树立文明消费意识？

视频：说一说过度包装

三、常见的商品包装策略

常见的商品包装策略主要有以下几种：

（一）强调商品特长的包装策略

这种包装策略主要是通过包装物来突出商品的用途、性质、质量，给顾客一种便利、省时之感，明显地给顾客带来附加价值或剩余利用价值，深受消费者青睐。

1. 一次用量包装

它是指根据消费者的使用习惯而设计包装，内装物仅供一次使用。如市场上出售的方便面、袋泡茶以及按一次用量包装的咖啡等。

2. 透明包装与“开窗”包装

透明包装有全透明包装和部分透明包装，是通过透明的包装材料，部分或全部展示内装商品的实物形态，能够使购买者直接看到商品的形象、颜色和质量，既能体现商品的自然美，又便于顾客识别选购。如巧克力商品采用硬质的透明塑料盒包装，盒内各式巧克力一目了然，让消费者不禁解囊，销量直线上升。

“开窗”包装则是在外包装的某一部位开一窗口，用玻璃纸或透明薄膜封闭，使商品的最佳部位显示出来（见图5－1）。这种方法在食品、纺织品、轻工产品与小五金包装中运用较多。如服装包装盒，通常采用“开窗”包装形式，其“开窗”的位置最好在领部；食品看局部就知全貌，“开窗”可小些。

图5－1 “开窗”包装

（二）类似包装策略

企业生产的各类商品，在包装外形上采用相同的图案、近似的色彩、同一特征，使顾客认识到这是同一企业的商品。这种包装策略称为类似包装策略。这种包装策略既有利于推销、增强企业的声望，又能节省包装的设计制作费用，还有利于消除和减少消费者对新产品的不信任感，为迅速打开销路创造条件。如海尔、娃哈哈的系列商品，均采用类似包装、图案、商标与色彩，使顾客一见如故，商品很畅销。不过采用这种策略的，必须是用途和性质相近的商品，否则会抵消包装便于识别商品的作用。

（三）套标包装策略

这种包装策略主要是利用同种商品的包装图案、形状、色彩相同或相似，采用将商标分割成几部分，分别分布在一组商品上，将这组商品拼凑起来，就是一个完整的商标图案或名称。许多烟厂设计的各种影印、套凸版等精美的套标包装，如原杭州烟厂的“西湖”、武汉烟厂的“楚天游”、湖南生产的“张家界”等，这些套标备受收藏者的青睐。

（四）包装物附带文件的包装策略

这种包装策略就是在商品包装里面附有一份文件，或是贺婚卡、生日卡，或是盛会祝词等，为一些不善言辞的社交者提供了方便。如日本发明的酒类附带文件的包装，即在酒瓶的瓶盖处放一份小小的文件，根据文件内容的不同分别在酒瓶的瓶盖表面打上记号，消费者购买时根据不同的需要进行选择。

（五）附有赠品的包装策略

附赠品包装有两种形式：一种是包装品本身是一个附赠品，赠送对象一般是售货员，以其促进售货员多卖该企业的商品；另一种是包装里面附有赠品，以激发消费者的购买欲望。它是现代市场营销的重要包装策略之一。它借包装中附赠的图片、照片或其他小玩意来吸引消费者，特别是对中等收入以下的妇女和儿童最有影响力，极易引起他们的重复购买。例如江苏无锡产的“芭蕾”珍珠霜，一举打入香港市场，成为香港化妆品市场的热门货，就是由于盒内放着一枚嵌有珍珠的别针和赠品。此外，附赠品包装还可用做介绍新产品，进行市场调查。

（六）更新包装策略

随着科学技术的日益发展，新工艺、新技术和新的包装材料必然要取代旧的包装工艺和材料，为企业新产品开拓市场创造条件；同时，人们消费习惯的改变，推动着包装的不断更新。例如，由于现代人们生活节奏的加快，要求减少家务劳动时间和劳动量，家务劳动逐步社会化，因此，出现各种方便食品、罐头食品，产生了各种新型的包装，如可蒸煮的食品袋、可烘烤的食品盒、饮料复合纸罐、方便罐等应运而生。另外，销售方式的变化，也导致包装的更新。例如随着超级市场的出现，顾客挑选商品时全靠包装“自我介绍”，因此包装要突出商品形象，商标和文字说明要十分醒目。

更新包装的目的，一是通过改进包装给处于劣势的商品带来生机；二是通过改进、更新包装使处于热销的商品锦上添花。但是，一般情况下，当一种商品处于热销期时是不太会想去改进更新包装，而当商品进入滞销期才开始意识到此问题，这是不可取的。要使商品一直保持畅销的势头，除了改进商品本身外，不断地改进包装是一种很好的办法。更新包装的方式通常有以下几种：

（1）剧变式。给原来的包装一个剧烈的变化，改变其原来的面貌，以一个全新的势态展现在消费者面前。

（2）改良式。保持原来合理的部分，通过改变“欠缺”带来新意，让消费者仍觉得“虽生犹熟”，避免给人陌路相逢的感觉。

（3）渐变式。经常对原来的设计做些小改进，在消费者不易察觉的情况下，调整结构、文字排列等，乍一看还是原来的风格，但以更加协调、新颖的面貌出现在消费者面前。

改进包装就是要把差的改好，好的改得更加新颖，让消费者觉得这个企业的产品在不断翻新，在不断地更新换代，感到企业有活力，从而增强对企业和产品的信任和信心，进而促进销售、繁荣市场。

问题与思考：

结合生活中的商品实例谈一谈，为什么有些企业、甚至是知名企业都愿意采用更新包装策略？

知识拓展

华为 LOGO 的三次变更

第一代：最开始的时候，华为的 LOGO 可以说是一朵由 15 片花瓣组成的太阳花，然后在这朵花下面，有“华为技术”这 4 个字（见图 5－2）。对于这个 LOGO，其背后是有一定特殊含义的，这上面的每一片花瓣，其实都象征着一个人，也就是华为最开始的 15 个创始人。

第二代：为了让公司更具有国际范，华为放弃了已经使用了 18 年之久的旧 LOGO，启用新 LOGO，是“重新思考公司的品牌核心价值”之后所做出的决定，是“公司核心理念的延时”。相比于第一代而言，第二版 LOGO 发生了很大的变化，不仅花瓣变少了，太阳花看起来也很饱满了，而且之前的“华为技术”变成了“HUAWEI”（见图 5－2）。

图 5－2　华为 LOGO

第三代：第三代 LOGO 是在 2018 年 3 月 27 日更换上的。新 LOGO 重新设计了“HUAWEI”文字，移除“花瓣”图形中的渐变色，增加新的红色配色方案（见图 5－2），官方解释寓意华为积极进取、不断创新、和谐商业环境、开发合作的理念，使华为在发展上更加稳健。

（资料来源：搜狐网）

素养视点

结合更新包装和“华为LOGO的三次变更”，谈一谈“创新是一个民族进步的灵魂，是一个国家兴旺发达的不竭源泉，也是中华民族最鲜明的民族禀赋”和“唯有不断革新，才能不断进步”的含义。

（七）企业协作的包装策略

该策略是指普通企业由于企业声望小，产品知名度不高，特别是新产品问世，一时难以打开市场，可以与企业信誉好、实力雄厚的大企业联合经营，在商品包装上重点突出联合企业的名称。包装上仿效名牌产品的包装装潢，这是适应消费者的购买经验以保持商品主顾的一种做法。如日本电子产品在初进美国市场时滞销，后采用西尔斯的商标，并以此策略占领了美国市场。

（八）再使用包装策略

再使用包装可分为复用包装和多用途包装。复用包装可以回收再使用，如运输包装的集装箱、周转箱、汽水瓶、啤酒瓶和煤气瓶等。复用包装可以大幅度降低包装费用，节省开支，加速和促进商品的周转，减少环境污染，因此普遍受到人们的欢迎。多用途包装在商品使用后，其包装品还可以作其他用途。如瓷制的花瓶状酒瓶，酒饮完后还可以作花瓶。再如用手枪、熊猫、小猴等造型的塑料容器来包装糖果，糖果吃完后，其包装还可以作玩具，因此备受小朋友的欢迎。大量事实证明，只要设计新颖、吸引力强，具有明显使用价值或欣赏价值的再使用包装，顾客通常是非常愿意购买的。

（九）与广告相连锁的包装策略

广告是沟通商品与消费者的重要媒介。在当今社会，广告更是无处不有，发挥着巨大的作用。充分利用广告艺术是促进销售的重要一环。但如何将广告与商品包装联系起来，是包装设计者的一项新课题。如台湾某化妆品包装上写着一句广告语：“女人，你追求什么?”，准确地捕捉了女性爱美的心理。国际上规定，制烟商必须在香烟盒上注明“吸烟对您身体有害”的字样。美国皇冠牌香烟不但做到了这一点，而且还作了进一步的发展，皇冠牌香烟上写着：“吸烟对您身体有害，皇冠牌香烟也不例外。”这样很容易使人感到好奇，从而激发购买的欲望。由此可看出，商品销售量的大小，取决于商品质量、包装与广告几方面的因素。在最理想的销售方式中，包装与广告的作用是绝不可低估的。

上述各种包装策略，不是单独发挥作用的，而是一个有机的统一体，彼此之间是相互联系、互相制约的。企业在制定包装策略时，只有根据主客观条件，根据各种可能的变化，才能拟定出适应市场竞争的最佳包装方案，并在运行中确立重点、灵活机动，才能取得最大的经济效益，达到企业在市场竞争中取胜的目的。

总而言之，现代市场竞争中的包装，应着重表现商品本体性、趣味性、市场性的意义，追求多元、个性、风格化的特定价值，以适应消费者的需求。包装应成为一种促进消费者购买欲望的动力。法国社会学专家杨·波德里雅尔曾说过："物品想要转化为消费品就必须成为一种记号。"即在今天成熟型消费社会里，消费者所追求的已不再是一个作为物品的商品，只有在重视产品内在质量和开发新产品的同时，重视商品包装，不断探索，才能使自己的产品在激烈的市场竞争中立于不败之地。

任务3 标志与标签

标志与标签包括运输包装标志和销售包装标签，它是消费者便于识别的一种记号标志，用来指导和提醒商品在流通、消费过程中的使用说明、使用禁忌或注意事项。《中华人民共和国产品质量法》第二十七条规定：产品或者其包装上的标志必须真实，并且要符合一定的要求。

一、运输包装标志

运输包装标志是为了便于货物交接、防止错发错运，便于识别，便于运输、仓储和海关等有关部门进行查验等工作，也便于收货人提取货物，是用简单的文字或图形在运输包装外面印刷的特定记号和说明事项，是商品运输、装卸和储存过程中不可缺少的辅助措施。其标志可分为收发货标志、包装储运图示标志和危险货物包装标志。

（一）收发货标志

收发货标志是指在商品外包装上的商品分类图示标志、文字说明、排列格式和其他标志的总称，也叫识别标志。国家标准《运输包装收发货标志》（GB/T 6388—1986）中均有具体规定，主要内容见表5-1：

表5-1 收发货标志

项目	代号	含义
分类标志	FL	用几何图形和简单的文字表明商品类别的特定符号
供货号	GH	供应该批货物的供货清单号码（出口商品用合同号码）
货号	HH	商品顺序编号，以便出入库、收发货登记和核查商品价格
品名规格	PG	商品名称或代号，标明单一商品的规格、型号、尺寸、花色等
数量	SL	包装容器内含有的商品数量
重量	ZL	包装件的重量（kg），包括毛重和净重
生产日期	CQ	产品生产的年、月、日

续表

项目	代号	含义
生产厂家	CC	生产该产品的工厂名称
体积	TJ	包装件的外径尺寸长×宽×高（厘米）
有效期	XQ	商品有效期至××月
收货地点和单位	SH	货物到达站、港和某单位（人）收（可用贴签和涂写）
发货单位	FH	发货单位（人）
运输号码	YH	运输单号码
发运件数	JS	发运的件数

收发货标志中的商品分类图示标志是按照国家统计目录分类，规定用几何图形加简单文字构成的特定符号，如图 5－3 所示。同时按商品类别规定用单色印刷。百货类、医药类、文化用品类用红色印刷；食品类、农副产品类、针纺类用绿色印刷；五金类、交电类、化工类、农药、化肥、机械用黑色印刷。

图 5－3　商品分类图形标志

知识拓展

快递面单

快递面单是指快递行业在运送货物的过程中用以记录发件人、收件人以及产品重量、价格等相关信息的单据。快递行业多用条码快递单，以保证快递行业的连续数据输出，便于管理。快递面单所用纸张一般为多联无碳复写纸等，加工工艺中主要用到连码、跳码可变码的印刷，多为 3 联以上，特别是 EMS 等用的快递单多为 5 联或 6 联。面单可分为普通条码单和背胶条码单，普通条码单需配合快递袋使用，背胶条码单最后一联可撕开贴在货物上，使用十分方便快捷，常规尺寸有 217mm × 127mm，230mm × 140mm，230mm × 127mm，240mm × 150mm 等。

（二）包装储运图示标志

包装储运图示标志是依据商品特性，以文字、图形构成的特殊标志符号，其作用在于警示人们在储运过程中规范操作、避免差错、保护商品。按国家标准《包装储运图示标志》（GB/T 191—2008）规定，包装储运标志有 17 种，如图 5－4 所示。

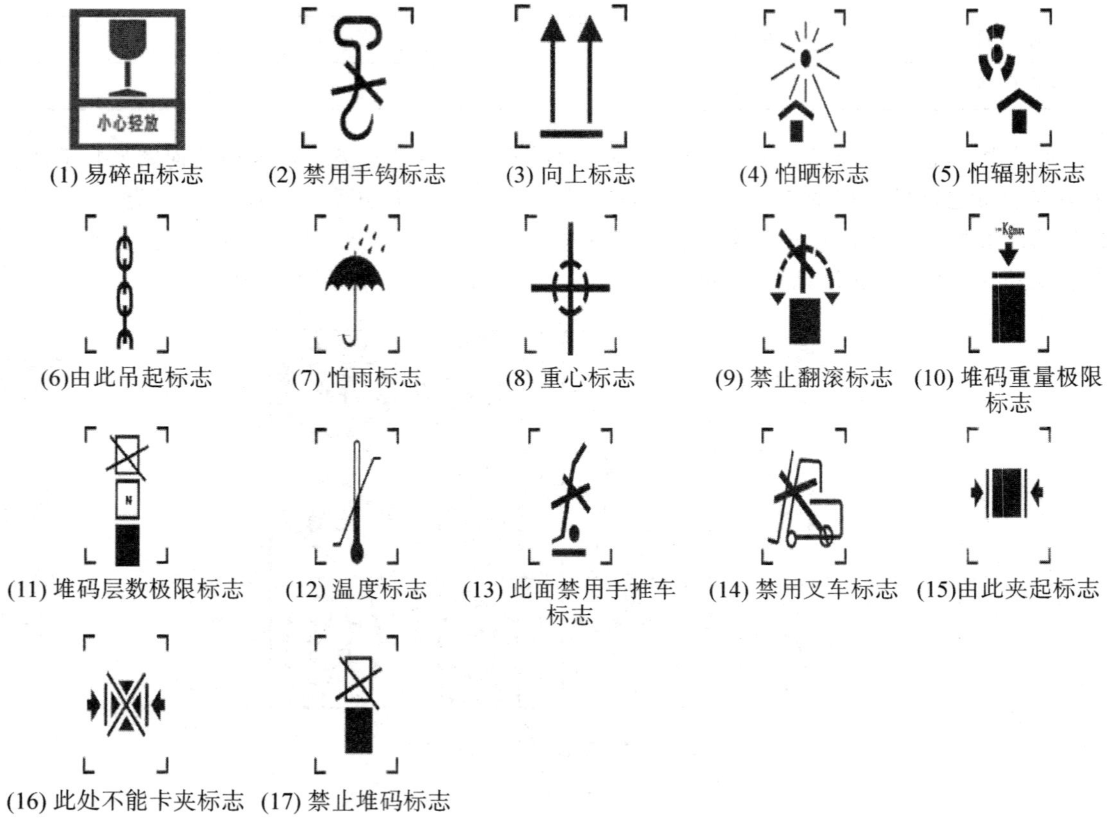

图 5－4　包装储运图示标志

（三）危险货物包装标志

危险货物包装标志是为对易燃、易爆、易腐、有毒、放射性等危险商品起警示作用而在运输包装上加印的特殊标记。危险货物包装标志的图形、尺寸、颜色及使用方法在国家标准《危险货物包装标志》（GB 190—2009）中均有明确规定，如图 5－5 所示。

(1) 标志名称：爆炸品
(符号：黑色，底色：橙红色)

(2) 标志名称：爆炸品
(符号：黑色，底色：橙红色)

(3) 标志名称：爆炸品
(符号：黑色，底色：橙红色)

(4) 标志名称：易燃气体
(符号：黑色或白色，底色：正红色)

(5) 标志名称：不燃气体
(符号：黑色或白色，底色：绿色)

(6) 标志名称：有毒气体
(符号：黑色，底色：白色)

(7) 标志名称：易燃液体
(符号：黑色或白色，底色：正红色)

(8) 标志名称：易燃固体
(符号：黑色，底色：白色红条)

(9) 标志名称：自燃物品
(符号：黑色，底色：上白下红)

(10) 标志名称：遇湿易燃物品
(符号：黑色或白色，底色：蓝色)

(11) 标志名称：氧化剂
(符号：黑色，底色：柠檬黄色)

(12) 标志名称：有机过氧化物
(符号：黑色，底色：柠檬黄色)

(13) 标志名称：剧毒品
(符号：黑色，底色：白色)

(14) 标志名称：有毒品
(符号：黑色，底色：白色)

(15) 标志名称：有害品(远离食品)
(符号：黑色，底色：白色)

(16)标志名称：感染性物品
(符号：黑色，底色：白色)

(17)标志名称：一级放射性物品
(符号：黑色，底色：
白色，附一条红竖条)

(18)标志名称：二级放射性物品
(符号：黑色，底色：
上黄下白，附二条红竖条)

(19)标志名称：三级放射性物品
(符号：黑色，底色：
上黄下白，附三条红竖条)

(20)标志名称：腐蚀品
(符号：上黑下白，底色：上白下黑)

(21)标志名称：杂类
(符号：黑色，底色：白色)

图 5－5　危险货物包装标志

知识拓展

视频：什么是安全标志？

你知道“安全标志”吗？

安全标志牌是以红色、黄色、蓝色、绿色为主要颜色，辅以边框、图形符号或文字构成的标志，用于表达与安全有关的信息。安全标志牌有禁止标志、警告标志、指令标志、提示标志四类。

禁止标志的含义是不准或制止人们的某些行动。禁止标志的几何图形是带斜杠的圆环，其中圆环与斜杠相连，用红色；图形符号用黑色，背景用白色。

警告标志的含义是警告人们可能发生的危险，警告标志的几何图形是黑色的正三角形、黑色符号和黄色背景。

指令标志的含义是必须遵守，指令标志的几何图形是圆形，蓝色背景，白色图形符号。

提示标志的含义是示意目标的方向，提示标志的几何图形是方形，绿、红色背景，白色图形符号及文字。

二、销售包装标签

销售包装标签是指附于商品销售包装容器的一切附签、吊牌、文字、符号、图形及其他说明物。它是销售者传达商品信息、表现商品特色、推销商品的主要手段，是消费者选购商品、正确保存养护商品及科学消费的指南。

《中华人民共和国产品质量法》第二十七条规定：产品或者其包装上的标志必须真实，并符合下列要求：①有产品质量检验合格证明；②有中文标明的产品名称、生产厂厂名和厂址；③根据产品的特点和使用要求，需要标明产品规格、等级、所含主要成分的名称和含量的，用中文相应予以标明；需要事先让消费者知晓的，应当在外包装上标明，或者预先向消费者提供有关资料；④限期使用的产品，应当在显著位置清晰地标明生产日期和安全使用期或者失效日期；⑤使用不当，容易造成产品本身损坏或者可能危及人身、财产安全的产品，应当有警示标志或者中文警示说明。

因此可以说，包装标签主要有以下六类：

（一）一般标志

此类标志一般用文字标志，标志的基本内容包括：商品名称、商标、规格、数量、成分、产地、用途、功效、批号、品级、商品标准代号、条码等。

（二）商品的质量标志

商品的质量标志就是在商品销售包装上的一些反映商品质量的标记。它说明商品达到的质量水平，主要包括：优质产品标志、产品质量认证标志、商品质量等级标志等。

（三）使用方法及注意事项标志

商品的种类用途不同，反映使用注意事项和使用方法的标志也各有不同。如我国服装已采纳国际通用的服装洗涤保养标志等（见图5-6）。

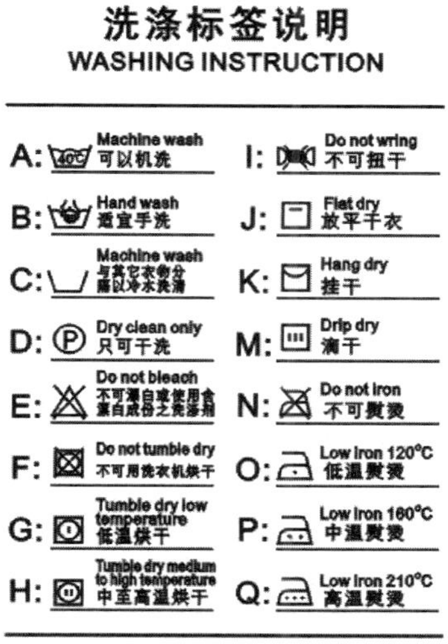

图5-6 洗涤标签说明

（四）产品的性能指示标志

它指用简单的图形、符号表示产品的主要质量性能。如电冰箱用星级符号表示其冷冻室的温度范围。

（五）销售包装的特有标志

它指名牌商品在其商品体特定部位或包装物内的让消费者更加容易识别本品牌商品的标记。它由厂家自行设计制作，如名牌西服、衬衫、名优酒等都有独特的、精致的特有标志。

（六）产品的原材料和成分标志

它指经国家专门机构检验认定后，颁发的证明产品的原材料或成分的标志。如目前已实施的属于此类的标志有纯羊毛标志、真皮标志（见图5-7）等。

图5-7 纯羊毛标志、真皮标志

任务4
应用与实践

一、商标设计

商标的起源可追溯到古代，现在商标则是一种法律用语。商标是为了区分商品，即把不同企业的同一种或类似商品区别开来，它是一种表明生产者、销售者所生产、销售商品的标记。

商标在使用中的标注有两种形式（见图5-8）。一是在商标的右上角加注圆圈里加R。R是英文Register注册的开头字母，意思是该商标已在国家商标局进行注册申请并已经商标局审查通过，成为注册商标。二是在商标的右上角加注TM。TM是英文Trademark的缩写，通常表示该商标正在申请注册过程中，虽然还未通过审查，但同样受到法律保护。

图5-8 带"R"和"TM"的商标

注册商标具有排他性、独占性、唯一性等特点，属于注册商标所有人所独占，受法律保护，任何企业或个人未经注册商标所有权人许可或授权，均不可自行使用，否则将承担侵权责任。

（一）商标设计的原则

（1）设计应在详尽明了设计对象的使用目的、适用范畴及有关法规等有关情况和深刻领会其功能性要求的前提下进行。

（2）设计须充分考虑其实现的可行性，针对其应用型式、材料和制作条件采取相应的设计手段。同时还要顾及应用于其他视觉传播方式（如印刷、广告、映像等）或放大、缩小时的视觉效果。

（3）设计要符合作用对象的直观接受能力、审美意识、社会心理和禁忌。

（4）构思须慎重，力求深刻、巧妙、新颖、独特，表意准确，能经受住时间的考验。

（5）构图要凝练、美观、适形（适应其应用物的形态）。

（6）图形、符号既要简练、概括，又要讲究艺术性。

（7）色彩要单纯、强烈、醒目。

（8）遵循标志艺术规律，创造性地探求恰切的艺术表现形式和手法，锤炼出精湛的艺术语言使设计的标志具有高度整体美感、获得最佳视觉效果，这是标志设计艺术追求的准则。

（二）商标设计思路

一个优秀的企业商标设计必须有好的创意，好的创意必定来自对企业本身的理解和挖掘。因此，只有深入了解企业相关信息，才能找到更好的创意点。

1. 以企业理念为思路

企业理念包含企业的宗旨，企业文化等，比较抽象。将企业独特的经营理念和企业精神、企业文化，采用抽象化的图形或符号具体地表达出来就显得尤为重要。一般可运用象征、联想、借喻的手法进行构思。

2. 以业务和产品为思路

以业务和产品为思路，大多数都是根据其所在的行业属性出发，主要作用是突出企业或品牌的核心业务或产品为重点，强调自家的品牌重要性。

3. 以企业名称为思路

所谓名称标志，是根据企业名称或者是品牌名称中的信息为基础进行设计，也是“文字标志”的意思，这样可以直接传达企业的信息，强化品牌特征。

4. 以图文结合为思路

这种设计形式是将商标图形设计与企业名称的字体设计相结合，两者相辅相成，图形可以加强记忆力，而文字可以更加直接地传达企业品牌信息。

5. 以好名字为思路

商标的设计通常都依从于名称的含义和特征，所以在设计具有识别性的标志之前，先确认文字部分。为商标起一个好的名字，除了要符合商标命名的法定要求外，还应注意遵循下列原则：易认、易读、易懂、易记、易写；把握特征，突出重点；名实一体，避免自相矛盾；要考虑消费对象的心理；名称要有美感，有寓意。

知识拓展

为什么我们说商标时常常说成商标 LOGO

LOGO 是徽标或者商标的外语缩写，是 Logotype 的缩写，起到对徽标拥有

视频：常用LOGO设计手法

公司的识别和推广的作用，通过形象的徽标可以让消费者记住公司主体和品牌文化。商标一般是指一个企业的名字或者产品的名字，而LOGO就是用简单、有意思、形象的图形来表示公司或者产品，或者说是一个产品或公司的标志。也可以说，LOGO是一个美术设计作品，是构成商标要素的一部分，而商标代表品牌，可以是文字图形或者是两者的组合。商标和LOGO代表着不同的权利，获得权利的途径不同。LOGO作为美术作品不用注册登记，创作完成即自动获得著作权，而商标必须经过国家相应机关注册才能取得商标权。

（三）商标设计的方法

商标LOGO设计有很多种方法，下列方法可以为商标设计者参考借鉴：

1. 具象手法

具象的LOGO选择题材的时候，要尽可能地采用人们普遍熟悉的元素来进行创造，以此为基础创造有个性的成分，人们熟悉的元素更能引起共鸣，产生深刻的记忆。

2. 首字母创意法

不管是中文还是外文，都可以取其首字母进行加工创造，表现手法非常简单却很特别，有很强的视觉表现力。所以好的LOGO应该是看似简约时尚的外表下却可以完全传达它品牌背后的信息，通过高端的视觉的表现方式，将企业想表达的内容传递给消费者。

3. 象征手法

一般采用与表达内容有某种联系的事物、图形，元素或者颜色进行创意，以比喻形容的方式表达抽象的内涵，最常见的就是鸽子代表和平、小树苗代表成长，绿色代表健康等。所以这类LOGO设计之前需要对品牌背后的含义进行了解分类，进行归纳总结，然后提取代表性的象征元素进行LOGO设计。

4. 抽象表现法

这种类型的LOGO通常用在那些没有明显特征元素或者象征的事物的企业品牌，也有可能一些企业要求LOGO用来表现企业的气质时通常会用到这类方法。它只适用于多元化的企业，比如企业的业务方向比较广，并不仅是局限在某一类时，我们会用到这种手法。这类的LOGO传达出的是情绪和基调，并非公司类型，因为LOGO有时候并不一定要直接体现公司的业务范畴，越是大型的公司，他们的企业LOGO越抽象。

5. 全名组合法

直接使用品牌名称设计成为企业LOGO。尤其在近几年，这样的LOGO越来越流行，这样可以很直接地强化消费者对品牌的认知，而且这样的LOGO设计一般在注册时不会遇到麻烦，因为很少会出现重复的现象。

6. 经营内容捕捉创意形象

直接从品牌经营内容中取得元素进行构建，LOGO的表现可以直入主题，形象生动。这类LOGO一般适用于专项经营的品牌，元素的选取很方便，难点在于表现形式和手法上比较考验设计师的功力。

7. 地域文化捕捉创意形象

这类LOGO带有明显的地域特点和文化特征，一般从民俗文化和地方特点景色、人物、代表事物进行演变而成。创造出极富个性和人文思想的LOGO，对于品牌调性的提高效果极佳。但这类LOGO的设计很难，因为首先要很深入地了解地方文化和特色，其次就是要艺术地表现出来，需要设计师有极强的艺术品位和表现能力。所以一般高端设计师采用的都是这类手法，但在通常的LOGO设计中，这类手法并不常见。

8. 几何手法

根据平面设计形态构成原理，将标志设计的表现形式打造为几何图形，这类手法适用范围很广，且因为造型简洁，远距离识别度很好。

9. 徽章设计手法

这类LOGO多应用于组织机构，通过象征的图形和名称字体进行结合而成。这类设计给人感觉硬朗有气概，比较适合男性品牌。

10. 渐变色手法

这种手法如今广泛使用于互联网领域，多使用相近的颜色、互补的颜色进行搭配，极具现代感和视觉表现力。

（四）商标设计小练习

商标LOGO设计比赛

1. 实训目的：通过商标LOGO设计小练习，进一步了解商标对于企业的意义。
2. 实训内容：商标LOGO设计。
3. 环境要求：机房或普通教室。
4. 实训流程：选题—商标设计—优秀设计评选。
5. 注意事项：①熟悉计算机绘图的可在机房完成；②普通教室要为学生准备好画笔和纸张等；③选题可以将学校社团组织、农产品等作为设计对象；④对设计的商标LOGO要有寓意说明。
6. 实训作业：商标LOGO作品。

二、商标申请

自然人、法人或者其他组织对其生产、制造、加工、拣选或经销的商品或者提供的服务需要取得商标专用权的，应当依法向国家知识产权局商标局（以下简称“商标局”）提出商标注册申请。

《中华人民共和国商标法》第八条规定：任何能够将自然人、法人或者其他组织的商品与他人的商品区别开的标志，包括文字、图形、字母、数字、三维标志、颜色组合和声音等以及上述要素的组合，均可以作为商标申请注册。

文本：《中华人民共和国商标法》

国内的申请人办理各种商标注册事宜有两种途径：一是直接到商标局办理；二是委托国家认可的商标代理机构代理。外国人或外国企业在中国办理商标注册事宜必须委托商标代理机构代理，但在中国有经常居所或者营业所的外国人或外国企业除外。

（一）商标的申请流程

商标注册的基本流程主要有注册准备、申请注册、形式审查、商标审查、初审公告、注册公告、领取商标注册证七个阶段。

1. 注册准备

（1）商标的查询工作。查询是指商标注册申请人或其代理人在提出注册申请前，对其申请的商标是否与在先权利商标有无相同或近似的查询工作。另外，需要了解《中华人民共和国商标法》，知道哪些标志不得作为商标使用。

《中华人民共和国商标法》规定下列标志不得作为商标使用：同中华人民共和国的国家名称、国旗、国徽、国歌、军旗、军徽、军歌、勋章等相同或者近似的以及同中央国家机关的名称、标志、所在地特定地点的名称或者标志性建筑物的名称、图形相同的；同外国的国家名称、国旗、国徽、军旗等相同或者近似的，但经该国政府同意的除外；同政府间国际组织的名称、旗帜、徽记等相同或者近似的，但经该组织同意或者不易误导公众的除外；与表明实施控制、予以保证的官方标志、检验印记相同或者近似的，但经授权的除外；同“红十字”“红新月”的名称、标志相同或者近似的；带有民族歧视性的；带有欺骗性，容易使公众对商品的质量等特点或者产地产生误认的；有害于社会主义道德风尚或者有其他不良影响的；仅有本商品的通用名称、图形、型号的；仅直接表示商品的质量、主要原料、功能、用途、重量、数量及其他特点的；其他缺乏显著特征的。

《中华人民共和国商标法》还规定：①县级以上行政区划的地名或者公众知晓的外国地名，不得作为商标。但是，地名具有其他含义或者作为集体商标、证明商标组成部分的除外；已经注册的使用地名的商标继续有效。②以三维标志申请注册商标的，仅由商品自身的性质产生的形状、为获得技术效果而需有的商品形状或者使商品具有实质性价值的形状，不得注册。就相同或者类似商品申请注册的商标是复制、模仿或者翻译他人未在中国注册的驰名商标，容易导致混淆的，不予注册并禁止使用。③就不相同或者不相类似商品申请注册的商标是复制、模仿或者翻译他人已经在中国注册的驰名商标，误导公众，致使该驰名商标注册人的利益可能受到损害的，不予注册并禁止使用。

知识拓展

拒绝低俗和山寨商标

有人觉得低俗的名称很容易吸引大众的眼球，但是事实上，这作为商标并不合适。商标代表了企业的形象，代表了品牌的形象，应该向社会传递积极向上的正能量，让消费者对企业和产品产生正向的认知。许多商家为了博眼球，会用一些较为低俗的名字作为商标，比如“叫了个鸡”“用心做鸭”。但是创意和低俗也仅是一线之隔。不要认为低俗的商标在短时间内能博人眼球，但其实最终只会让企业掉进低俗的泥潭难以抽身。随着商标局的审查越来越严格，一旦发现商标有低俗嫌疑，那么就会毫不留情地驳回。

另外，仿冒山寨高名气的商标名称也不可取，比如有公司注册“河里捞”仿冒海底捞火锅，今日头条起诉“今日油条”。一些公司山寨高名气的商标以此来混淆用户，这样做的后果是，不仅商标注册申请被驳回，可能还会被正牌商标公司起诉。

素养视点

结合一些低俗和山寨商标事件，谈一谈如何抵制低俗恶劣文化，争做文明公民。

（2）申请商标资料的准备。①如果您是以自然人名义提出申请，需出示您的身份证及递交个体工商户、个人合伙等经营主体的营业执照复印件。如您是以企业作为申请人来申请注册，需出示企业的营业执照副本及提供经发证机关签章的营业执照复印件。盖有单位公章及个人签字的填写完整的商标注册申请书。②商标图样 10 张（指定颜色的彩色商标，应交着色图样 10 张，黑白墨稿 1 张）。提供的商标图样必须清晰，便于粘贴，用光洁耐用纸张或用照片代替，长和宽不大于 10 厘米、不小于 5 厘米。商标图样方向不清的，应用箭头标明上下方。申请卷烟、雪茄烟商标，图样可以与实际使用的同样大。③准备相应的注册费用：2000 元左右的费用，包括申请费与代理费。

2. 申请注册

（1）只有具有以下条件的个人或团体才可在我国提出商标申请：商标注册申请人必须是：依法成立的企业，事业单位，社会团体，个体工商业者，个人合伙或者与中国签订协议或与中国共同参加国际条约或按对等原则办理的国家的外国人或者外国企业。符合上述条件，需要取得商标专用权时，按照自愿的原则，向商标局提出商标注册申请。

（2）按商品与服务分类提出申请。目前，我国商标法执行的是商品国际分类，它把一万余种的商品和服务项目分为45个类，其中，商品34个类，服务项目11个类。申请商标注册时，应按商品与服务分类表的分类确定使用商标的商品或服务类别。同一申请人在不同类别的商品上使用同一商标的，应当按商品分类在不同类别提出注册申请，这样可以避免商标权适用范围的不正当扩大，也有利于审查人员的核准和商标专用权的保护。

（3）商标申请日的确定。确立申请日十分重要。由于我国商标注册采用申请在先原则，一旦发生商标权的争议，申请日的先后成为确定商标权的法律依据。商标注册的申请日以商标局收到申请书件的日期为准（日期的最小单位为日）。

3. 形式审查

形式审查是商标注册主管机关对商标注册申请的书面文件以及一些形式要件，如申请书、委托书上是否有差错进行审查。对通过形式审查的商标申请，核发商标申请受理通知书。申请人即可在商标上标注“TM”。

4. 商标审查

商标审查是商标注册主管机关对商标注册申请是否合乎《中华人民共和国商标法》的规定所进行的检查、资料检索、分析对比、调查研究并决定给予初步审定或驳回申请等一系列活动。

5. 初审公告

商标的审定是指商标注册申请经审查后，对符合《中华人民共和国商标法》有关规定的，允许其注册的决定，并在《商标公告》中予以公告。初步审定的商标自刊登初步审定公告之日起三个月没有人提出异议的，该商标予以注册，同时刊登注册公告。

6. 注册公告

商标注册是一种商标法律程序，由商标注册申请人提出申请，经商标局审查后予以初步审定公告，三个月内没有人提出异议或提出异议经裁定不成立的，该商标即注册生效，受法律保护，商标注册人享有该商标的专用权。一个商标从申请到核准注册，大约需两年至三年时间。注册商标的有效期为十年，自核准注册之日起计算，注册商标有效期满，需要继续使用的，可以申请商标续展注册。

7. 领取商标注册证

通过代理的，由代理人向商标注册人发送《商标注册证》。

直接办理商标注册的，商标注册人应在接到《领取商标注册证通知书》后三个月内到商标局领证。

（二）商标的申请书

商标注册申请书

申请人名称：
申请人地址：
是否共同申请：□是 □否
邮政编码：
联系人：
电话（含地区号）：
传真（含地区号）：
代理组织名称：
商标种类：□一般 □集体 □证明 □立体 □颜色
商标说明：
类别：
商品/服务项目：
（附页： 页）
申请人章戳（签字）： 代理组织章戳：
代理人签字：

将一张商标图样贴在格内，另附五份商标图样。指定颜色的附着色图样五份和黑白稿一份。图样应不大于10cm×10cm，不小于5cm×5cm。

注：1. 未委托代理的，不需填写代理项目。

2. 申请商标的种类在“商标种类”一栏的方框中选择（一般、集体、证明三项只能选其一，立体和颜色可以多选）。

3. 共同申请注册同一商标的，申请人名称/地址栏填写代表人名称/地址，同时在“是否共同申请”一栏选择“是”，其他共同申请人在申请表附页填写名称（不需要填写地址）。

4. 收费标准：受理商标注册费1000元，10个商品/服务项目以上（不含10个），每超过一个，另加收100元。受理集体商标注册费3000元，受理证明商标注册费3000元。

5. “商标说明”一栏填写内容：商标图样外文的含义、特殊字体的文字表述、立体/颜色商标的说明。

知识拓展

创业别忘了保护商标

在商标领域，“老干妈”作为国民品牌，其商标保护战略还是挺独特的。商标是一个企业商誉的最重要载体。对于“老干妈”辣椒酱这种以普通公众为消费群体的产品来说，商标更是企业核心的资产。可是“老干妈”这个品牌也有一些天生的不足，就是商标文字比较常见。如果其他公司起一个其他类似的亲戚名字比如“老干姑”“老干姨”啥的这还真有点傻傻地分不清啊。正因如此，“老干妈”在核心的第29、30类申请了大量的“防御性”商标，铸成了自己独特的“商标护城河”（见图5－9）。在完成这些防御性商标注册后，其他企业想要“山寨”老干妈的品牌，那是相当有难度。“老干妈”也节省了大量打击抢注商标所需的费用。哪怕这些商标后期可能会面临不使用撤销的风险，但是撤销这些商标需要花费成本、花费时间，这无疑增加了其他竞争对手注册的难度。而且一旦防御性商标被提交撤销，也会给企业及早提出预警，可以及早准备打击竞争对手的商标抢注行为。

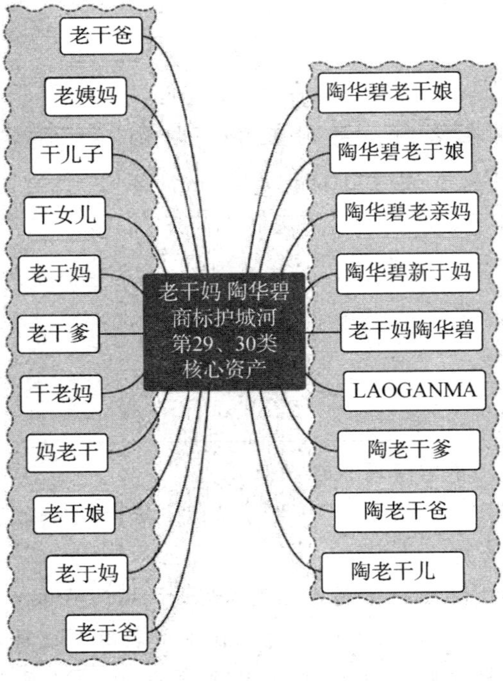

图5－9 “老干妈”申请的“防御性”商标

问题与思考：

“老干妈”为何把各种亲戚名字都注册了？结合本案例谈一谈商标保护的问题。

三、标志识别游戏

把商品分类图示标志、包装储运图示标志、危险货物包装标志、服装洗涤保养标志等制作成图片库，通过班级多媒体屏幕随机放映图片，让抽取的同学说出图片的内容。

标志识别游戏

视频：商品标志识别游戏

1. 实训目的：进一步认识识别各种包装标志、销售标签等，培养学生的记忆、思考、判断能力等。
2. 实训内容：猜图游戏。
3. 环境要求：多媒体教室。
4. 实训流程：准备素材制作成 PPT 或小程序—随机抽取同学—播放画面进行猜图。
5. 注意事项：①制定相关比赛规则；②每班不少于 10 名选手；③选出 5 名评委。
6. 实训作业：无。

思考训练

项目五自测题

一、简答题

1. 常见的商品包装策略有哪些？
2. 商标设计思路有哪些？

二、实务分析题

1. 试着为某一农产品设计一款商标 LOGO。
2. 绘画各种商品包装标志。

项目六

商品养护与储管

文本：项目六
教学实施手册

PPT：项目六
课件

学 习 指 南

单元名称	商品养护与储管	对应岗证	仓管养护岗位
学习目标	1. 知识目标 （1）了解商品质量变化的现象和影响因素； （2）了解商品霉腐的原因和防治方法； （3）了解商品合理储存的原则和方法； （4）掌握仓库管理具体业务。 2. 能力目标 （1）能分析影响商品质量变化的因素； （2）能胜任仓储管理工作。 3. 素养目标 （1）培养敬业精神，增强奉献意识； （2）培养自制能力，抵制诱惑腐蚀。		
学习重点	1. 商品质量变化的现象； 2. 商品合理储存的原则； 3. 仓库管理具体业务。		
实训建议	后熟实验		
问题思考	1. 商品养护的意义是什么？ 2. 商品合理储存能起到什么作用？		

导入案例

“三分维修七分养”

李先生的车才行驶4万多公里，可一到4S店就检测出车内暗藏许多毛病，需要维修更换的项目很多，维修费用竟高达2万元。据了解，李先生自买车起除了5000公里免费保养一次外，其余需要保养的时段和公里数就没有去保养过。

我们知道车辆日常的保养很重要，所谓“三分维修七分养”，如果想要不花大钱，就得注重日常保养。不按时保养，机件超负荷运作容易出问题，造成的隐患就是一颗定时炸弹。没有按规定保养，一些本来是厂家保修范围内的项目也可能得不到厂家的保修。李先生就是由于没有及时更换机油和及时清理，导致机油被氧化，形成黏稠的固体物质，发动机润滑系统出现阻塞，造成异响、动力不足等问题。还有很多类似车主，不按时保养使沉积物被高温烧蚀，而润滑油带走热量的功能已经严重下降，发动机在过高温度情况下工作也严重影响其使用寿命。

（资料来源：《中国质量报》）

问题与思考：

李先生的车维修费用为何会高达2万元？“三分维修七分养”的意义是什么？

任务1　商品养护

由于商品本身的性能特点不同以及受各种外界因素的影响，商品在储存期间有可能发生各种各样的质量上的变化。为保养维护好商品质量，我们必须了解和掌握商品质量变化规律及其影响因素，以确保储存商品的安全。

一、商品的质量变化

由于商品受各种内因和外因的影响，质量变化种类繁多，但主要有物理机械变化、化学变化、生理生化变化等。

（一）商品的物理机械变化

商品的物理性质是物质本身的一种属性，它是指物质不需要发生化学变化就表现出来的性质，如颜色、重量、光泽、气味、状态、密度、熔点、沸点、溶解性、延展性、导电性、透水性、透气性、耐热性等。物理变化只改变物质的外表形态，不改变其本质，没有新物质的生成，不涉及物质分子化学组成的改变。

商品的机械变化是指商品在外力的作用下，发生其形态上的变化。物理机械变化后，结果不是数量损失，就是质量降低，甚至失去使用价值。商品常发生的物理机械变化主要有以下几种：

1. 挥发

挥发是指液体成分在没有达到沸点的情况下成为气体分子溢出液面。大多数溶液存在挥发现象，但是由于溶质的不同而表现出挥发性的不同。挥发的速度受气温的高低、空气流动速度的快慢、液体表面接触空气面积的大小、液面上其他气体的密度等因素的影响。

液态商品的挥发，不仅会使商品数量减少，有的还严重影响商品的质量，特别是有的挥发气体，不仅影响人体健康，甚至还会引起燃烧爆炸。例如各种香精受热易散发香气，质量下降；乙醚、丙酮等挥发出来的蒸汽具有毒性和麻醉性，对人体健康有影响；还有些液体商品挥发出来的气体与空气混合成一定比例时，会成为易燃易爆的气体，若接触火星就会引起燃烧或造成爆炸事故等。常见易挥发的商品如白酒、酒精、花露水、香水、医药中的一些试剂、部分化肥农药、杀虫、油漆等。

防止商品挥发的主要措施是加强包装密封性。此外，要控制仓库温度，高温季节要采取降温措施，使易挥发商品在较低温度条件下储存，以防挥发。

2. 熔化

熔化是指商品受热后发生变软以至变成液体的现象。商品的熔化除受环境温度的影响外，还与商品本身的熔点、商品中杂质种类和杂质含量高低密切相关。熔点越低，越易熔化；反之，越难熔化。

常见易熔化的商品如医药商品中的油膏类、胶囊等；百货商品中的香脂、发蜡、蜡烛等；化工商品中的松香、石蜡、硝酸锌等；文化用品中的复写纸、打字纸等。这类商品熔化，有的会造成商品流失，有的会使商品与包装粘连在一起，有的商品因产生熔解而体积膨胀，使包装胀破，有的还可能玷污其他商品等。

防止商品熔化的主要措施，通常是采用密封和隔热措施，加强库房的温度管理，防止日光照射，尽量减少高温的影响。

3. 溶化

溶化是指固体商品在潮湿空气中能吸收水分，当吸收水分达到一定程度时，就溶化成液体的现象。

具有吸湿性的商品在一定条件下会不断地从空气中吸收水分。如果该商品同时又具有水溶性，则该商品与水分接触时，水分扩散到商品体中，破坏商品分子中原有的紧密联系，均匀地分散到水溶液里，于是商品逐渐被潮解，以至完全溶化为液体。但是有些商品，如硅胶、纸张、棉花等，虽然它们也有较强的吸湿性，但不具有水溶性，吸收水分再多，它们也不会被溶化。还有些商品如硫酸钾、过氯酸钾等虽然具有水溶性，但是由于它们的吸湿性很低，所以也不易溶化。由此可见，易溶性商品必须具有吸湿性和水溶性两种性能的商品，在一定条件下，才会被溶化。

商品溶化主要受商品的组成成分、结构、性质以及大气的相对湿度、气温等因素的影响。比如，空气的相对湿度的大小对商品溶化的影响就很大，易溶性商品虽具有吸湿性和水溶性，但在空气相对湿度很低时，仍然不能从空气中吸收水分而溶化，相反含有结晶水的商品，还可能丧失水分而“风化”。再如，各种商品在不同的温度下，吸湿能力也不同，一般来说，随着环境温度的升高，商品的吸湿点就会不断下降，商品就易于吸湿溶化。

防止商品溶化的主要措施，是控制好库房的温度和湿度，同时还应按商品性能分区、分类存放，在堆码时要注意底层商品的防潮和隔潮。

4. 渗漏

渗漏主要是指液体商品，特别是易挥发的液体商品，由于包装容器密封不良，包装质量不符合内装商品的性质要求，搬运装卸时碰撞震动，而使商品发生跑、冒、滴、漏的现象。

商品渗漏，与包装材料性能、包装容器结构及包装技术优劣有关，还与仓储温度变化有关。例如，某些液体商品包装质量较差，有的容器有砂眼、气泡或焊接不严等；有些包装材料耐腐蚀性差，受潮锈蚀；有的液体商品因气温升高，体积膨胀或汽化，使包装内部压力加大而胀破包装容器；有的液体商品在低温或严寒季节，也会发生体积膨胀造成包装容器破裂；还有些商品如玻璃、陶瓷制品、搪瓷制品、铝制品、皮革制品等，在搬运过程中受到碰撞、挤压和抛掷等外力作用下，会发生破碎、变形、结块、脱落散开等形态上的变化，致使商品的质量降低或完全丧失了它们的使用价值。

防止商品渗漏的主要措施，是选用合适的包装材料和先进的包装技术，同时对商品加强入库验收和在库商品检查及温度、湿度控制和管理。

5. 串味

串味是指吸附性较强的物品吸附其他气体、异味，从而改变本来气味的变化现象。

商品具有吸附性、易串味的原因，主要是由于它的成分中含有胶体物质以及具有疏松、多孔性的组织结构。常见易被串味的物品有大米、面粉、木耳、食糖、饼干、茶叶、卷烟等。常见的引起其他物品串味的物品有汽油、煤油、桐油、腊肉、樟脑丸、肥皂、化妆品以及农药等。

物品串味与其表面状况，异味物质接触面积的大小、接触时间的长短以及环境中异味的浓度有关。

预防物品串味的主要措施是，对易被串味的物品应尽量采取密封包装，在储存和运输过程中不与有强烈气味的物品同车、船混载或同库储藏，同时还要注意运输工具和仓储环境的清洁卫生。

素养视点

由串味和常见易被串味的物品联想，谈一谈习近平总书记提出的“打铁还需自身硬”，“硬”在哪里？我们青年学生如何才能提高抗腐蚀能力？

6. 沉淀

沉淀是指含有胶质和易挥发成分的物品，在低温或高温等因素影响下，部分物质的凝固，进而发生沉淀或膏体分离的现象。常见的物品有墨汁、墨水、牙膏、化妆品等。某些饮料、酒在仓储中，也会析出纤细絮状的物质而出现浑浊沉淀的现象。

商品沉淀主要受商品的组成成分、性质以及外界温度等的影响。因此，预防商品的沉淀，应根据不同物品的特点，防止阳光照射，同时做好冬季保温和夏季降温工作。

7. 玷污

玷污是指商品外表沾有其他脏物或染有其他污秽，而影响商品质量的现象。

商品玷污的主要原因是生产、储运中卫生条件差及包装不严等造成的。对一些外观质量要求较高的商品，如针织品、服装、精密仪表等要特别注意。

知识拓展

新买的衣服，先洗再穿？

新衣服买回来之后一些人都会迫不及待地直接穿上，因为大家都认为衣服是新的，没必要洗。现在大多数人都会把衣服洗一下然后再穿。新买的衣服为什么要洗洗再穿呢？

新衣服尽管新但是它并不干净。经常去买衣服的人都知道，衣服挂在商场里面，是被很多人试穿过的，在试穿的过程中会使新衣服变脏，粘上很多的细菌。在生产企业制作衣服的时候，他们也不会在制作衣服之前对布料进行清洗和消毒，因此新衣服尽管看起来很新，但是如果不进行清洗直接穿，还是会存在很多卫生安全隐患。对于一些贴身的内衣裤，在穿之前更要注意清洗，只有这样才能防止出现皮肤过敏等问题。

新衣服也可能有害物质含量超标。买了新衣服之后，打开包装后经常会闻到一股奇怪的味道，这种奇怪的味道很有可能就是有害物质超标所产生的。在衣服的制造过程中，会经历很多的工序，因此有害物质含量超标是很有可能出现的现象。所以在穿新衣服之前，对衣服进行清洗是很必要的，因为这些有害物质对人体的呼吸道会产生很大的危害，严重影响人体的健康。

（资料来源：搜狐网）

8. 破碎与变形

破碎与变形是常见的机械变化，是指商品在外力作用下所发生的形态上的改变。

商品的破碎主要是脆性较大的商品。所谓脆性，是指材料在外力作用下，如拉伸、冲击等仅产生很小的变形即断裂破坏的性质。如陶瓷、搪瓷制品、玻璃等，因包装原因或在运输过程中受到碰、撞、挤、压、抛掷，而破碎、掉瓷、变形等。商品的变形通常是塑性较大的商品。所谓塑性，是指材料承受外力作用时发生形变，除去外力后，不能自动恢复原来的形状的性质。如钢材、橡胶、塑料等，由于受到强烈的外力撞击或长期重压，商品丧失回弹性能，从而发生形态改变。

商品的破碎与变形主要受商品的组成成分、性质以及外力作用等的影响。因此，对于容易发生破碎和变形的商品，要注意妥善包装，轻拿轻放，在库堆码高度不能超过一定的压力限度。

（二）商品的化学变化

商品的化学性质，是商品在流通和使用过程中在光线、空气、水、热、酸、碱等各种因素作用下，其成分发生化合、分解、置换、复分解、聚合等化学反应的性质。而在变化中生成其他新的物质的变化，我们叫作化学变化，如铁的生锈、铜在潮湿的空气中变成绿色等。

商品的化学变化与物理变化有本质的区别。化学变化，是指不仅改变了商品的外表形态，也改变了商品的本质，并且有新物质生成，且不能恢复原状的变化现象。商品的化学变化过程即商品质变过程，严重时会使商品失去使用价值。商品常发生的化学变化主要有以下几种：

1. 氧化

氧化广义上是指在化学反应中物质得电子的反应，而狭义上是指商品在空气中氧的作用下发生的反应。如棉、麻、丝等纤维织品若长期与日光接触，使商品变色变质；桐油制品中的桐油被氧化而放热，使温度升高，引起自燃等。商品的氧化在绝大多数情况下，会降低商品的质量，有的会使商品丧失使用价值，更有甚者会发生爆炸事故。

2. 分解

分解是化学反应的常见类型之一，是化合反应的逆反应。它是指一种化合物在特定条件下分解成两种或两种以上物质的现象。

3. 锈蚀

锈蚀是指金属商品与周围介质发生化学作用或电化学作用而引起的破坏现象。金属制品的锈蚀，不仅使制品重量下降，更为严重的是会影响制品的质量和使用价值。

4. 风化

风化是指在室温和干燥空气里，结晶水合物失去结晶水的现象。风化是一个化学变化过程。例如，日常生活中碱块（$Na_2CO_3 \cdot 10H_2O$）放置在空气中会失去结晶水，变成粉末状物质碱面（Na_2CO_3），就是风化现象，这不仅减少了商品的数量，也影响了商品的质量。

5. 燃烧与爆炸

燃烧是物体快速氧化，产生光和热的化学变化过程。燃烧是必须三种要素并存才能发生，分别是可燃物如燃料、助燃物如氧气及温度要达到燃点。

爆炸是指物质由一种状态迅速地转变成另一种状态，并瞬间放出大量能量的现象。爆炸通常可分为三类：由物理原因引起的爆炸称为物理爆炸，如压力容器爆炸；由化学反应释放能量引起的爆炸称为化学爆炸，如炸药爆炸；由于物质的核能的释放引起的爆炸称为核爆炸，如原子弹爆炸。

由于燃烧与爆炸不仅对于商品，而且对于居民、环境等都危害较大，所以，对于仓库商品中磷类、汽油、油漆、赛璐珞等易燃品，黑火药、爆竹等易爆品加强仓储管理。

6. 老化

老化是指高分子材料（如橡胶、塑料、合成纤维等）在储存过程中，在光、热、氧等的作用下出现发黏、脆硬、龟裂、褪色等现象。商品老化是一种不可逆的变化，是构成商品高分子材料的大链发生降解和交联两类反应的结果。

（三）商品的生理生化变化

商品的生物学变化，是指有生命活动的有机体商品，在生长发育过程中，为了维持它们的生命，本身所进行的一系列生理变化。例如，蔬菜、水果、鲜鱼、鲜肉、鲜蛋等有机体商品往往由于本身的特性，在储存过程中受到外界环境的影响会发生各种变化。这些变化有的能够促进产品质量的提高和完善，如番茄、香蕉、柿子等的后熟作用，但有些会降低产品的使用价值，甚至会使商品失去使用价值，如鱼的软化变质。

商品常发生的生物学变化主要有以下几种：

1. 呼吸作用

呼吸作用是指有机体商品在生命活动中，不断地进行呼吸，分解体内有机物质，产生热能，维持其本身的生命活动的现象。如果这种作用停止了，就意味着有机体商品生命力的丧失。呼吸作用可分为有氧呼吸和无氧呼吸两种。

有氧呼吸是指细胞在氧的参与下，通过酶的催化作用，把糖类等有机物彻底氧化分解，产生二氧化碳和水，并释放出热量。有氧呼吸是高等动物和植物进行呼吸作用的主要形式。可以用下列反应式表示：

$$C_2H_{12}O_6 \xrightarrow{\text{酶}} 6CO_2\uparrow + 6H_2O + 674\ \text{千卡（热量）}$$

无氧呼吸是指细胞在无氧的条件下，通过酶的催化作用，把葡萄糖等有机物质分解成为不彻底的氧化产物，同时释放出少量能量的过程。这个过程对于高等植物、高等动物和人来说称为无氧呼吸。如果用于微生物如乳酸菌、酵母菌等，则习惯上称为发酵。可以用下列反应式表示：

$$C_2H_{12}O_6 \xrightarrow{\text{酶（无氧）}} 2C_2H_5OH + 2CO_2\uparrow + 117.04\ \text{千卡（热量）}$$

不管是有氧呼吸还是无氧呼吸，都消耗有机体商品内的营养物质，从而降低商品的质量。如苹果，随着有氧呼吸的进行，会使贮藏的苹果滋味变淡，所释放的热量若不能及时散发出去，会使苹果腐烂变质。同时，由于呼吸作用，有机体分解出来的水分，有利于有害微生物生长繁殖，从而加速商品的霉变。但是，对于苹果来说无氧呼吸比起有氧呼吸对其质量的危害性更大。因为无氧呼吸所释放的能量较少，为了满足其生理活动对能量的要求，就要消耗更多的养分，这样会使苹果的风味降低，而且无氧呼吸可以导致酒精积累，引起有机体细胞中毒，造成生理病害，缩短储存时间。

所以，为了达到保存鲜活商品质量和减少损耗以及延长贮存期限的目的，要创造适宜的外界环境以保持有机体的正常而最低的呼吸作用，抑制旺盛呼吸，防止缺氧呼吸。

2. 后熟作用

后熟作用是指有生命的有机体商品如香蕉、柿子等，从收获成熟到生理成熟和工艺成熟，品质不断改善的变化过程，它是鲜活商品脱离母株后成熟过程的继续。这主要是由于有机体内含有各种酶会引起一系列复杂的生理变化。如淀粉水解为单糖而产生甜味；有机酸数量相对减少，同时产生挥发油和芳香油而增加其芳香；叶绿素分解消失，类胡萝卜素和花青素显露而显红色、黄色、紫色等。总之，瓜果类后熟作用能改进色、香、味及适口的硬脆度等食用性能。

影响有机体商品后熟作用的因素主要是高温、氧气和某些有刺激性的气体如乙烯、酒精等。但当后熟作用完成后，则容易腐烂变质，难以继续储藏甚至失去使用价值。因此，对于这类商品，应在其成熟之前采收，如要延缓后熟和延长贮藏时间，应在贮藏中采用适宜的低温和适量的通风；如要加快后熟作用，则可以采用适当的高温，密封以及利用某些催化剂以加强酶的活性等措施，以加快后熟过程，满足市场销售的需要。

视频：后熟作用

知识拓展

什么叫后熟果？

对于水果还有一种分类，即已熟型和后熟型。已熟型，顾名思义，就是水果在树上就已成熟，如常见的苹果、橙子、梨等。后熟型水果需要下树后催熟，像芒果、榴莲、猕猴桃、香蕉、木瓜、番石榴、牛油果，都属于后熟型水果。并不是说它们不能在树上长熟，只是树上长熟的它们下树后特别爱坏，即便不需要运输，若不及时吃掉很快就要烂掉，太浪费。而它们的特性就是下树后也能熟，所以一般都是七成熟采摘。

对于后熟果：一是可以人工催熟。一般市面上为了避免损耗和节省时间，让消费者能很快吃到，后熟型的水果都会被进行化学催熟加保鲜处理，然后便于出售。二是可以静等自然熟。后熟型的水果，下树后自己都能熟，只不过需要时间，每颗果成熟的时间不一致。等待自然成熟虽然时间长一些，但是远离了各种药剂，而且能让我们吃到最原汁原味的口感。

（资料来源：搜狐网）

3. 胚胎发育

这里主要指鲜蛋的胚胎发育。鲜蛋在流通过程中如果温度适宜，胚胎往往发育成血丝蛋、血坏蛋。经过胚胎发育的禽蛋，其新鲜度和食用价值大大降低。为抑制鲜蛋的胚胎发育，必须加强温湿度管理和选用合理的商品包装，最好在低温或截止供养状态下储存于运输。

4. 发芽

发芽是指有机体商品在适宜条件下，冲破“休眠”状态，发生的发芽、萌发现象。发芽的结果会使有机体商品的营养物质转化为可溶性物质，供给有机体本身的需要，降低有机体商品的质量。而且，有时发芽、萌发的过程中会产生毒素，比如，土豆发芽会产生龙葵素，从而丧失有机体商品的使用价值。因此，对于能够发芽、萌发的商品必须控制其水分，并加强温湿度管理，防止发芽、萌发现象的发生。

问题与思考：

说一说我们生活中哪些商品是利用商品的“发芽”而获得的？

5. 僵直

僵直又叫僵硬或尸僵，是指畜禽、鱼失去生命后，肌肉在一段时间内发生的生化和形态上的变化，如肌肉失去原有的弹性，变得僵硬，肉片呈不透明状态等。僵直形成的原因主要是由于动物死后，血液循环停止，组织内中断了氧气供给，肉中的糖原在缺氧的情况下酵解产生乳酸，使动物肉的 pH 值下降，肉中的蛋白质发生酸性凝固，造成肌肉组织的硬度增加，因而出现僵直状态。

在尸僵阶段的肌肉组织紧密、挺硬，弹性差，无鲜肉的自然气味，烹调时不易煮烂，消化率低，肉的食用品质差。但是僵直期的动物肉的 pH 值较低，组织结构也较紧密，不利于微生物的繁殖，所以适于冷冻储藏。而一般鱼类在死后的僵直期新鲜度最高，食用价值也最大。

6. 软化

软化是指畜禽鱼在僵直达到最高点后进一步发生的变化，如逐渐由硬变软，恢复弹性，蛋白质和三磷酸腺苷分解，使肌肉变得柔软而有弹性。同时，肌肉蛋白质在肌肉中组织酶的作用下产生部分分解，形成与风味有关的化合物如多肽、二肽、氨基酸、亚黄嘌呤等，使肉具有鲜美滋味，达到肉的最佳食用期。但鱼类软化后往往会降低价值，甚至腐败变质。高温时软化速度较快，当温度低于 0℃ 时则软化停止，故冷冻储藏可防止畜禽鱼等软化。

（四）其他生物引起的变化

其他生物引起的变化主要是指商品在外界有害生物作用下受到破坏的现象，如虫蛀、霉腐等。

1. 虫蛀

虫蛀主要是在商品储存期间，常常会遭到仓库害虫的蛀食。仓库害虫的种类繁多，目前世界上已定名的仓虫有600多种，我国有记载的有200多种，其中对商品危害严重的有70多种。仓库害虫大多数属于昆虫纲下鞘翅目、等翅目、鳞翅目、蜚蠊目、蜱满目。它们主要危害毛织品、蚕丝织品、人造纤维织品、天然革制品、木制品、毛皮、粮食、羽毛制品、纸张、中草药、烟草等。它们不仅破坏商品的组织结构，使商品发生破碎和洞孔，而且排泄各种代谢废物污染商品，影响商品的质量和外观，降低商品的使用价值。

2. 霉腐

霉腐是商品在微生物作用下所发生的霉变和腐败现象。在气温高、湿度大的季节，如果仓库的温度湿度控制不好，储存的针棉织品、皮革制品、鞋帽、纸张、香烟等许多商品就会霉变，肉、蛋、鱼就会腐败发臭，水果、蔬菜就会腐烂，果酒变酸等。无论哪种商品，只要发生霉变，质量就会有不同程度的降低，严重霉腐可使商品完全失去使用价值。有些食品还会因腐败变质产生能引起人畜中毒的有毒物质。

二、影响商品质量变化的因素

在日常生活中，商品的质量变化是可以经常看到的，诸如金属器具的锈蚀，食品的酸败、腐烂、霉变，木制家具的腐朽或虫蛀，塑料、纤维、羊毛制品的老化等。这些变化都会影响到商品的质量。引起商品质量变化的原因很多，总的来说可以分为内因和外因两个方面。内因是变化的前提，外因是变化的条件。影响商品质量变化的内因主要是商品成分、结构和性质。这些内因在商品特性中有较详细的阐述，这里只是对影响商品质量的外界因素进行讨论。影响商品质量变化的外界因素主要有日光、空气中的氧气、臭氧、温度、湿度，卫生条件、有害气体等。

（一）日光

日光中包含着各种频率的色光以及红外线和紫外线。它对商品起着正反两个方面的作用。日光中的红外线有增热作用，可以增加商品的温度，降低商品的含水量。紫外线对微生物有杀伤作用，所以，在一定条件下有利于商品的保护。但是有些商品在日光照射下发生剧烈或缓慢的破坏作用，例如酒类在日光下与空气中的氧作用会变浑浊；油脂会加速酸败；橡胶、塑料制品会加速老化；商品的成分中如含有不饱和的化学键在日光的作用下，易发生聚合反应，桐油、福尔马林等结块沉淀就属于这种情况。有些商品如油布、油纸在日光照射下氧化放热，若不及时散热，不仅会加速这些商品的氧化，还可能达到自燃点引起火灾。照相胶卷和感光纸未使用时见光，会发生光化学反应而丧失使用价值。因此，要根据各种不同商品的特性，注意合理地利用日光。

（二）空气中的氧和臭氧

氧是无色、无臭、无味的气体，熔点为－218.4℃，沸点为－182.962℃，气体密度为1.429克/立方厘米。液态氧是淡蓝色的。在空气中约含有21%的氧气。氧是化学性质活泼的元素，商品发生化学和生化变化绝大多数都与空气中的氧有关。氧能与许多商品直接化合，使商品氧化，不仅降低商品质量，有时还会在氧化过程中产生热量，发生自燃，甚至还会发生爆炸事故。如氧可以加速金属商品锈蚀；氧是好气性微生物活动的必备条件，使有机体商品发生霉变；氧是害虫赖以生存的基础，是仓库害虫发育的必要条件；氧是助燃剂，不利于危险品的安全储存；在油脂的酸败，鲜活商品的分解、变质中，氧都是积极的参与者。由此可见，氧对商品质量变化有着极大的影响，因此，在储存中我们要针对商品的具体性能，研究相应的包装技术和方法，控制包装内的含氧量。

臭氧是氧的同素异形体，在常温下，它是一种有特殊臭味的蓝色气体，液态呈深蓝色，固态呈蓝黑色。大气层中的氧气发生光化学作用时，便产生了臭氧，因此，在离地面垂直高度15千米至25千米处形成臭氧层，而在接近地面大气层中的浓度很低，但对商品的破坏性很大。臭氧的稳定性低，它能分解出原子态氧，因而其化学活性比氧更强，对商品的破坏性也大。

（三）空气温度

空气温度是指空气的冷热程度，简称气温。气温是影响商品质量变化的一个主要因素。一般商品在常温或常温以下，都比较稳定。高温能够促进商品的挥发、渗漏、溶化等物理变化及各种化学变化，而低温又容易引起某些商品的冻结、沉淀等变化，从而影响到商品质量。此外，温度也是微生物和害虫生长繁殖的前提条件，适宜的温度会加速商品的腐败和虫蛀。

（四）空气湿度

空气湿度是指空气的干湿程度。空气湿度的改变，能引起商品的含水量、化学成分、外形或体态结构发生变化。湿度下降，可使商品含水量降低，如蔬菜、水果、肥皂等会发生萎蔫、干缩变形；纸张、皮革制品等失水过多，会发生干裂或脆损。湿度增加，可使商品含水量相应增加，如食糖、盐、化肥等易溶性商品结块、膨胀或进一步溶化；金属制品加速锈蚀；纺织品、卷烟等发生霉变或虫蛀等，从而使商品发生质量的改变。湿度适宜，可保持商品具有的正常含水、外形或体态结构和重量。所以，在商品养护中，必须根据不同商品的特性，尽量创造适宜的空气湿度。

（五）卫生条件

卫生条件是保证商品特别是食品免于变质腐败的重要条件之一。卫生条件不好，不仅使垃圾、灰尘、油污等污染商品，影响商品质量，还为微生物、害虫等提供滋生场所，促使商品腐败变质。因此，商品在储存过程中，一定要注意卫生条件，以保持商品质量的稳定。

（六）有害气体

有害气体是指存在于大气中的危害性较大的气体状污染物质，主要包括酸性有害气体和氧化性有害气体，如二氧化硫、硫化氢、氯化氢等。这些有害气体主要来自煤、石油、天然气、煤气等燃料放出的烟尘和工业生产过程中的粉尘、废气。商品储存在有害气体浓度大的空气中，其质量变化明显。例如二氧化硫，具有强烈的腐蚀作用，能够腐蚀各种金属制品。此外，当二氧化硫溶于水生成亚硫酸，还能强烈地腐蚀商品中的有机物。

三、商品养护方法

商品不一样，其内因和外因的影响不同，产生的质量变化大不相同，所以针对商品的养护方法也不一样。以下以商品霉腐为例谈一谈商品的养护方法。

（一）常见易于发生霉腐的商品

商品霉腐主要是由霉菌引起的。由于霉菌在商品中进行新陈代谢，把商品中的营养物质变成各种代谢物，从而降低商品的物理机械性能，产生霉臭气味，甚至出现长毛现象，严重丧失其使用价值。

商品的成分是决定商品霉腐的内因，由于商品本身的特点不同，导致有些商品易于发生霉腐，如含糖、蛋白质、脂肪等有机物质的商品；而另一些商品则不易发生霉腐，如金属器具等。常见易于发生霉腐的商品主要有：

1. 食品类

在一般情况下，食品类商品大多都易于霉腐，如糖果、糕点、饼干、罐头、饮料、香烟等。这些商品的原料、在制品和成品都易沾染微生物而腐败变质。

2. 纺织原料及其制品

棉、麻、毛、丝等天然纤维及其制品，在一定的温度、湿度条件下，很容易生霉。化纤织物中也会长霉腐微生物，属于可以发生霉变的商品。

3. 纸张及其制品

各种纸张、纸板及其制品含有大量的纤维素，能够被微生物利用，当温度和湿度适宜时极易发生霉变。

4. 橡胶和塑料制品

橡胶内含有微生物可以利用的营养成分，同时，无论橡胶还是塑料制品在加工过程中都加入了一些添加剂，其中有些成分容易被霉腐微生物利用，造成商品霉变。

5. 日用化学品

在日用化学品中，最易发生微生物灾害的是化妆品。由于其配料中含有甘油、十八醇、硬脂酸、水等，易被微生物利用，从而导致商品腐败。

6. 皮革及其制品

皮革是由蛋白质组成的，修饰皮革表面时又添加了一些微生物可利用的营养成分，一旦温湿度适宜，微生物就会在上面繁殖，从而对皮革及其制品产生严重的破坏作用。通常在春、夏季特别是梅雨季节，皮革及其制品容易长霉。

7. 工艺美术品

工艺品的种类繁多，涉及的原料很广，比如竹制品、草制品、木制品等。这些工艺品在运输、储藏过程中都可能发生霉变。

此外，一些文娱和体育用品、电器产品、药品等在适宜的温湿度条件下也容易发生霉腐。

（二）商品霉腐的原因

商品霉腐的过程就是微生物新陈代谢的过程。商品上的霉腐微生物与其他生物一样，在适宜的条件下就会生长和繁殖。微生物必须从商品中摄取必需的营养成分来维持其生命活动的能量需要，繁殖后代，并排泄代谢产物。在霉腐微生物新陈代谢的过程中，会发生一系列的生物化学变化，从而造成商品霉烂、变质。因此，商品霉腐的实质就是霉腐微生物在商品上吸取营养物质并排泄代谢终产物的结果。

商品霉腐一般经过以下四个环节：

1. 受潮

物品受潮是霉菌生长繁殖的关键因素。当物品吸收了外界水分受潮后，物品含水量超过了该物品安全水分的限度，则为物品提供了霉腐的条件。

2. 发热

物品受潮后霉腐微生物开始生长繁殖，就要产生热量。其产生的热量一部分供其本身利用，剩余部分就在物品中散发。物品的外部比内部易散热，所以内部的温度比外部的温度高。

3. 霉变

由于霉菌在物品上生长繁殖，开始有菌丝生长，能看到白色毛状物，称为菌毛。霉菌继续生长繁殖形成小菌落，称为霉点。菌落增大或菌落融合形成菌苔，称为霉斑。霉菌代谢产物中的色素使菌苔变成红、黄、紫、绿、褐、黑等色。

4. 腐烂

物品霉变后，由于霉菌摄取物品中的营养物质，通过霉菌分泌酶的作用，破坏了物品的内部结构，发生霉烂变质。发霉后的物品发生霉味，外观上产生污点或染上各种颜色，内部结构被彻底破坏，弹力消失而失去了使用价值。

（三）商品霉腐的防治方法

商品在流通过程中，不但种类、规格、数量繁多，而且要经过诸多环节。在商品流通的各环节都有被霉腐微生物污染的机会，如果周围有适宜的环境条件，商品就会发生霉腐。因此，为了保护商品安全地通过储存、流通、销售等各个环节，必须进行商品防霉处理。商品的防霉，就是针对商品霉腐原因所采取的有效措施。商品的成分是决定商品霉腐的内因，有些工业品随着科学和生产的发展，可以改变原有水分或采用代替的原料来提高其抗腐能力。目前采取的防霉腐措施，主要有以下几种：

1. 加强商品库存的管理

（1）加强入库验收。易霉商品入库，首先应检验其包装是否潮湿，商品的含水量是否超过安全水分。

（2）加强仓库温湿度管理。根据商品的不同性质，正确地运用密封、吸潮及通风相结合的方法，控制好库内温湿度。特别是在梅雨季节，要将相对湿度控制在不适宜霉菌生长的范围内。

（3）选择合理的储存场所。易霉商品应尽量安排在空气流通、光线较强、比较干燥的库房，并应避免与含水量大的商品同储。

（4）合理堆码，下垫隔潮。商品堆码不应靠墙靠柱，对于底层商品要进行防潮隔潮处理。

（5）商品进行密封。

（6）做好日常的清洁卫生工作。

2. 化学药剂防霉

化学药剂防霉是利用化学药剂的一种防霉方法，主要是使用防霉防腐化学药剂将待包装物品、包装材料进行适当处理以达到防霉腐的目的。通常可以将防霉腐剂直接加在某个工序中，或是将其喷洒或涂抹在商品表面，或是需浸泡包装材料，但是这些处理都会使有些商品的质量与外观受到不同程度的影响。化学药剂防霉的基本原理或是使菌体蛋白质凝固、沉淀、变性；或是用防霉防腐剂与菌体酶系统结合，影响菌体代谢；或是用防霉防腐剂降低菌体表面张力，增加细胞膜的通透性，而发生细胞破裂或溶解，以杀灭霉腐微生物。

使用防霉防腐剂时应选择具有高效、低毒、使用简便、价廉、易购等特点的防霉防腐剂。同时还要求该防霉防腐剂不影响商品的性能和质量，对金属无腐蚀作用以及要求防霉防腐剂本身应具有较好的稳定性、耐热性与持久性。通常可作为防霉腐剂的有酚类（如苯酚）、氯酚类（如五氯酚）、有机汞盐（如油酸苯基汞）、有机铜类（如环烷酸铜皂）、有机锡盐（如三乙基氯化锡）以及无机盐（如硫酸铜、氯化汞、氟化钠）等。根据使用商品的种类，防霉防腐剂主要可分为两大类：一类是用于工业制品的防霉剂，如多菌灵、百菌清、灭菌丹等；另一类是用于食品的防霉腐剂，如苯甲酸及其钠盐、脱氢醋酸、托布津等。

3. 气相防霉

气相防霉是一种先进的防霉方法，它主要是使用具有挥发性的防霉防腐剂，利用其挥发产生的气体直接与霉腐微生物接触，杀死这些微生物或抑制其生长，以达到商品防霉腐的目的。同时由于气相防霉是气相分子直接作用于商品上，对其外观和质量不会产生不良影响。但要求包装材料和包装容器气率小，对密封性要求较高。通常商品所用的气相防霉剂有多聚甲醛防霉腐剂、环氧乙烷防霉腐剂等。

（1）多聚甲醛防霉腐剂。多聚甲醛是甲醛的聚合物，在常温下可徐徐升华解聚成有甲醛刺激气味的气体，能使菌体蛋白质凝固，以杀死或抑制霉腐微生物。使用时将其包成小包或压成片剂，与商品一起放入包装容器内加以密封，让其自然升华扩散。但是多聚甲醛升华出来的甲醛气体在高温高湿条件下可能与空气的水蒸气结合形成甲酸，对金属有腐蚀作用，因此有金属附件的商品不可以使用。另外，甲醛气体对人的眼睛黏膜有刺激作用，所以操作人员应做好保护。

（2）环氧乙烷防霉腐剂。环氧乙烷能与菌体蛋白质、酚分子的羧基、氨基、羟基中的游离的氢原子结合，生成羟乙基，使细菌代谢功能出现障碍而死亡。环氧乙烷分子穿透力比甲醛大，因而杀菌力也比甲醛强，又可在低温低湿下发挥杀菌作用，所以应用于不能加热怕受潮的商品的杀菌防霉腐较为理想。但是环氧乙烷能使蛋白质液化，并能破坏粮食中的维生素和氨基酸，还残留下有毒的氯乙醇，所以环氧乙烷只可用于日用工业品的防霉腐，不宜用作粮食和食品的防霉剂。

4. 气调防霉

气调防霉腐是生态防霉腐的形式之一。霉腐微生物与生物性商品的呼吸代谢都离不开空气、水分、温度这三个因素。只要有效地控制其中一个因素，就能达到防止商品发生霉腐的目的。如只要控制和调解空气中氧的浓度，人为地造成一个低氧环境，霉腐微生物生长繁殖和生物性商品自身呼吸就会受到控制。

气调防霉腐包装就是在密封包装的条件下，通过改变包装内的空气组成成分，主要是创造低氧（5%以下）环境，来抑制霉腐微生物的生命活动与生物性商品的呼吸强度，从而达到对被包装商品防霉腐的目的。这也是气调防霉腐包装的原理。

气调防霉是填充对人体无毒性、对霉腐微生物有抑制作用的气体，以达到防霉腐的目的。目前主要是充二氧化碳和氮。二氧化碳在空气中的正常含量是0.03%。微量的二氧化碳对微生物有刺激生长作用。当空气中二氧化碳的浓度达到10%—14%时，对微生物有抑制作用。如果空气中二氧化碳的浓度超过40%时，对微生物有明显的抑制和杀死作用。包装材料必须采用对气体或水蒸气有一定阻透性的气密性材料，才能保持包装内的气体浓度。

气调防霉的关键是密封和降氧，包装容器的密封是保证气调防霉腐的关键。降氧是气调防霉腐的重要环节，目前人工降氧的方法主要有机械降氧和化学降氧两种。机械降氧主要有真空充氮法和充二氧化碳法。化学降氧是采用脱氧剂来使包装内的氧的浓度下降。

5. 低温冷藏防霉

低温冷藏防霉是通过控制商品本身的温度，使其低于霉腐微生物生长繁殖的最低界限，控制酶的活性。它一方面抑制了生物性商品的呼吸氧化过程，使其自身分解受阻，一旦温度恢复，仍可保持其原有的品质；另一方面抑制霉腐微生物的代谢与生长繁殖来达到防霉腐的目的。

低温冷藏防霉所需的温度与时间应按具体商品而定。一般情况下，温度愈低，持续时间越长，霉腐微生物的死亡率越高。按冷藏温度的高低和时间的长短，分为冷藏和冻藏两种。冷藏防霉腐包装是适于含水量大又不耐冰冻的易腐商品，短时间在0℃左右的冷却储藏，如蔬菜、水果、鲜蛋等。在冷藏期间霉腐微生物的酶几乎都失去了活性，新陈代谢的各种生理生化反应缓慢，甚至停止，生长繁殖受到抑制，但并未死亡。冻藏是适于耐冰冻含水量大的易腐商品，较长时间在－16℃—－18℃左右的冻结储藏，如肉类、鱼类。在冻藏期间，商品的品质基本上不受损害，商品上霉腐微生物同细胞内水变成冰晶脱水，冰晶水损坏细胞质膜而引起死伤。

6. 干燥防霉

微生物生活环境缺乏水分即造成干燥，在干燥的条件下，霉菌不能繁殖，商品也不易腐烂。干燥防霉主要是通过降低密封包装内的水分与商品本身的含水，使霉腐微生物得不到生长繁殖所需水分来达到防霉腐目的。因为干燥可使微生物细胞蛋白质变性并使盐类浓度增高，从而使微生物生长受到抑制或促使其死亡。霉菌菌丝抗干燥能力很弱，特别是幼龄菌种抗干燥能力较弱，可通过在密封的包装内置放一定量的干燥剂来吸收包装内的水分，使内装商品的含水量降到允许含水量以下。

一般高速失水不易使微生物死亡；缓慢干燥霉菌菌体死亡最多，且在干燥初期死亡最快。菌体在低温干燥下不易死亡，而干燥后置于室温环境下最易死亡。

7. 电离辐射防霉

电离辐射是一切能引起物质电离的辐射总称。能量通过空间传递称为辐射，射线使被射物质产生电离作用，称为电离辐射。

电离辐射的直接作用是当辐射线通过微生物时能使微生物内部成分分解而发生诱变或死亡。其间接作用是使水分子离解成为游离基，游离基与液体中溶解的氧作用产生强氧化基团，此基团使微生物酶蛋白的－SH基氧化，酶失去活性，因而使其诱变或死亡。

电离辐射一般是放射性同位素放出的α、β、γ射线，它们都能使微生物细胞结构与代谢的某些环节受损。α射线在照射时被空气吸收，几乎不能到达目的物上。β射线穿透力弱，只限于物体表面杀菌。γ射线穿透作用强，可用于食品内部杀菌。射线可杀菌杀虫，照射不会引起物体升温，故可称其为冷杀菌。但有的食品经照射后品质可能变劣或得以改善。

电离辐射防霉腐包装目前主要应用β射线与γ射线。包装的商品经过电离辐射后即完成了消毒灭菌的作用，经照射后，如果不再污染，配合冷藏的条件，通常小剂量辐射能延长保存期数周到数月。大剂量辐射可彻底灭菌，长期保存。

任务2
商品仓储管理

仓储管理也叫仓库管理，指的是对仓储货物的收发、结存等活动的有效控制，其目的是为企业保证仓储货物的完好无损，确保生产经营活动的正常进行，并在此基础上对各类货物的活动状况进行分类记录，以明确的图表方式表达仓储货物在数量、品质方面的状况以及目前所在的地理位置、部门、订单归属和仓储分散程度等情况的综合管理形式。

一、商品合理储存

视频：认知仓库

商品合理储存是指将商品受外界环境因素影响所发生的损失减少到最低程度而采取的储存手段和方法，包括商品分区分类保管、库区及货区的合理布置和编号、合理地堆码、苫垫、商品清仓盘点和在库检查制度等。

（一）商品合理储存的原则

1. 科学地确定商品存放地点

商品的存放要根据商品的性能、种类、品种、规格等要求进行。严禁危险品和一般商品混存，毒品和食品混存，性能互相抵触、互相串味的商品混存；要便于寻找检查，便于进行商品养护，便于仓库业务操作，便于储存商品的先进先出。

2. 合理使用仓容

仓容是指仓库能够用于堆放商品的容量，由仓库的面积和高度或载重量构成。最大限度符合商品存放规定，科学、合理地利用仓容。

3. 实行分区分类、货位编号的管理方法

为了遵循商品存放地点的规定，合理存放商品，必须根据商品的自然属性和仓库的建筑设备条件，采取仓库分区管理，商品分类存放，并且按顺序编号。

4. 科学地堆码商品

堆码商品时，必须根据商品的性能、包装形状和仓库设备条件，选择合适的垛形，并在安全、方便、节约的原则下合理堆放，增加单位面积商品的储存量。

5. 正确使用苫垫

“苫垫”是指对堆码成垛的商品上苫下垫。上苫即苫盖，是商品货垛的遮盖物；下垫即垫底，是指货垛底层的物料铺垫。

6. 建立商品保管账、卡

为了加强库存商品的管理，及时了解所储商品的数量动态，防止差错，必须建立商品保管账、卡。商品保管账是用于记录所储商品的数量动态，它必须真实反映库存商品情况，便于仓库清查、盘点。商品保管卡通常一货一卡，悬挂在货垛或货架明显处。

7. 搞好商品养护

入库商品，完成堆垛，建立货位卡后就进入储存保管阶段。在此阶段，应加强商品保养和维护，贯彻“以防为主，防治结合”的方针，确保商品的安全。

8. 采用有效的储存定位系统

储存定位的含义是被储存物位置的确定。如果定位系统有效，能大大节约寻找、存放、取出的时间，节约不少物化劳动及活劳动，而且能防止差错，便于清点及实行订货点管理方式等。储存定位系统可采取先进的计算机管理，也可采取一般人工管理。行之有效的方式主要有：

（1）“四号定位”方式。“四号定位”是用一组四位数字来确定存取位置的固定货位方法，是我国手工管理中采用的科学方法。这四个号码是：库号、架号、层号、位号。这就使每一个货位都有一个组号，在物资入库时，按规划要求，对物资编号，记录在账卡上，提货时按四位数字的指示，很容易将货物拣选出来。这种定位方式可对仓库存货区事先做出规划，并能很快地存取货物，有利于提高速度，减少差错。

（2）电子计算机定位系统。电子计算机定位系统是利用电子计算机储存容量大、检索迅速的优势，在入库时，将存放货位输入计算机。出库时向计算机发出指令，并按计算机的指示人工或自动寻址，找到存放货，拣选取货的方式。一般采取自由货位方式，计算机指示入库货物存放在就近易于存取之处，或根据入库货物的存放时间和特点，指示合适的货位，取货时也可就近就便。这种方式可以充分利用每一个货位，而不需要专位待货，有利于提高仓库的储存能力，当吞吐量相同时，可比一般仓库减少建筑面积。

（二）商品合理储存的方法

在实际工作中，常见的商品储存方法有以下五种：

1. 定位储存

定位储存是指每一项货物都有固定的储位，货物在储存时不可互相换位。在采用这一储存方法时，必须注意每一项货物的储位容量必须大于其可能的最大在库量。定位储存通常适用于以下这些情况：①不同物理、化学性质的货物需安排不同的保管储存地点，从而防止不同性质的货物互相影响；②重要物品需要重点保管，如手表、金饰品、数码相机等，既要定位储存，还要指定专人保管；③根据物品尺寸及货重安排储位；④库房空间较大；⑤货物具有多品种、少批量的特点。

2. 随机储存

随机储存是指每一个货物的储位都不是固定的，而是随机产生的。这种方法的优点在于共同使用储位，最大限度地提高了储区空间的利用率；缺点是给货物的出入库管理及盘点工作带来困难，特别是周转率高的货物可能被置于离出入口较远的储位，增加了出入库的搬运距离。一个良好的储位系统中，采用随机储存能有效利用货架空间，减少储位。通过模拟实验，随机储存比定位储存节约35%的移动储存时间，增加了30%的储存空间。这种方法适用于空间有限、货物品种不多的情况。

3. 分类储存

分类储存是指所有货物按一定特性加以分类，每一类货物固定其储存位置，同类货物不同品种又按一定规则来安排储位。分类储位通常根据以下几个因素进行分类安排：①货物相关性大小（货物相关性是指货物的配套性或货物是否由同一家顾客所订购等）；②货物周转率高低；③货物体积、货重；④货物特性（货物特性通常是指货物的物理或化学性能、机械性能等）。

分类储存主要适用于：货物相关性大，进出货比较集中；货物周转率差别大；货物体积或货重相差大。

4. 分类随机储存

分类随机储存是指每一类货物均有固定储位，但在各储区内，每个储位的安排都是随机的，因此可以兼有定位储存和随机储存的特点。但分类随机储存也有缺点，即货物出入库管理和盘点工作比较困难。

5. 共同储存

共同储存是指在已确切知道各种货物的出库时间时，使不同货物可公用相同的储位。这种储位方式在管理上较为复杂，但可以节省储存空间及搬运时间。

（三）商品合理储存的要求

商品储存是按照商品流通规律，以保障商品流通的连贯和畅通为基本职能的。对商品储存总量的要求是：既不脱销，又不积压，能加速资金周转和提高经济效益，使商品流通顺利进行。为此，商品合理储存应符合数量适当、结构合理、保证质量、储存时间适当的要求。

1. 存货数量要适当

库存商品的数量应能保证销售的连续性并略有余量。储存量过多或过少会导致商品积压或脱销，不但对生产、消费不利，对企业的经营也不利。确定商品储存数量时要注意以下一些因素的影响：

（1）商品销售量大小。销量大，存货量也应多些。

（2）商品供求状况。商品供求偏紧，存货量应多些；供求平缓，存货量可小些。

（3）商品理化性质。商品易腐、易燃，需要特殊保管条件的，存货量不宜多。

2. 存货结构要合理

商品储存结构是指不同品种、规格、质量的商品之间合理储存的数量关系。储存结构要适合一定时期内消费者的需求结构。比例不合理，势必造成积压或脱销，从而影响到市场供应与企业效益。要做到商品储存结构合理，对外必须熟知市场行情，了解哪些商品好销，哪些商品滞销，哪些商品一般，做到心中有数；对内必须掌握各类商品的性能、用途、特点及其库存量。内外结合，综合分析，发现结构不合理要及时采取措施加以调整。

3. 存货期限要适宜

各种商品在库储存时间应多长，要考虑以下因素：

（1）商品的自然属性。凡商品质量有失效期的，在库时间不得超过保质期，如食品、药品、化妆品。

（2）储存保本期。商品在库超过一定期限，费用支出会大于进销差价，便发生亏损，所以存货期不应超过保本期。

（3）商品生产与消费的季节变化。常年生产、季节消费，或季节生产、常年消费的商品，存货期应适当长些，以保证市场供应。

（4）商品的生命周期。要经常分析商品的生命周期阶段，以便及时采取对策。生命周期短的，储存时间不宜过长。

4. 必须保证商品质量

为保证商品质量，企业首先要把好入库关，做好入库商品的检验工作；其次，要注意商品养护，保证商品在库期间不被损害和变质。

（四）商品合理储存应考虑的因素

在规划如何把商品放入适当储位之前，要考虑如下基本要点，才可做一个最适宜的分配与选择，把商品逐一指派到适当的储位上：

（1）空间的最大化使用，即充分利用仓库面积，通过对不同方案的比较和选择，减少仓库面积的浪费。

（2）合理布置作业场地，减少货物、设备和人员运动的距离，力求作业路线最短，有效使用劳动力及设备，节省作业时间和费用。

（3）全盘考虑储存商品特性，即对储存商品的体积、重量、包装单位等各项指标及腐蚀性、温湿度条件、气味影响等特性力求彻底了解，以达到商品能按特性适当储放。

（4）对所有商品都能做到随时准备存取。由于储存增加商品的时间值，若能做到一旦有需求时，商品马上变得有用，才是一个有计划的储位系统及良好的仓房布置。

（5）商品在储区内进行的大部分活动是商品的有效搬运，需要较多的人力及设备来进行商品的搬进与搬出，因此人力与机械设备操作应达到经济和安全的程度。

（6）商品品质的确保。储存的目的在于保存商品直到被要求出货的时刻，所以必须保持在良好条件下储存以确保商品品质。

（7）良好的管理。清楚的通道、干净的地板、适当且有序的储存及安全的运行是良好管理所关心的问题，有利于工作效率及工作质量的促进提高。

二、仓储管理流程及内容

（一）收货流程

1. 正常产品收货

（1）货物到达后，收货人员根据司机的随货箱单清点收货。

（2）收货人员应与司机共同掐铅封，打开车门检查货品状况，如货物有严重受损状况，需马上通知客户等候处理，必要时拍照留下凭证。如货物状况完好，开始卸货工作。

（3）卸货时，收货人员必须严格监督货物的装卸状况（小心装卸），确认产品的数量、包装及保质期与箱单严格相符。任何破损、短缺必须在收货单上严格注明，并保留一份由司机签字确认的文件，如事故记录单、运输质量跟踪表等。破损、短缺的情况须进行拍照，并及时上报经理、主管或库存控制人员，以便及时通知客户。

（4）卸货时如遇到恶劣天气（下雨、雪、冰雹等），必须采取各种办法确保产品不会受损。卸货人员须监督产品在码放到托盘上时全部向上，不可倒置，每拍码放的数量严格按照产品码放示意图（产品码放按照托盘的尺寸及货位标准设计）。

（5）收货人员签收送货箱单，并填写相关所需单据，将有关的收货资料产品名称、数量、生产日期（保质期或批号）、货物状态等交订单处理人员。

（6）订单处理人员接单后必须在当天将相关资料通知客户并录入系统。

（7）破损产品须与正常产品分开单独存放，等候处理办法并存入相关记录。

2. 退货或换残产品收货

（1）各种退货及换残产品入库都须有相应单据，如运输公司不能提供相应单据，仓库人员有权拒收货物；

（2）退货产品有良品及不良品的区别：如良品退货，货物必须保持完好状态，否则仓库拒绝收货；不良品收货则必须与相应单据相符，并且有配套的纸箱，配件齐全；

（3）换残产品则须与通知单上的型号、机号相符，否则仓库拒绝收货；

（4）收货人员依据单据验收货物后，将不同状态的货物分开单独存放，将退货或换残单据及收货入库单，记录产品名称、数量、状态等交订单处理人员；

（5）订单处理人员依据单据录入系统。

（二）库存管理

1. 货品存放

（1）入库产品需贴好标签后入位，货物的存放不能超过产品的堆码层数极限。

（2）所有货物不可以直接放置在地面上，必须按照货位标准整齐地码放在托盘上。开箱货物应及时封箱，并粘贴提示说明。货物必须保持清洁，长期存放的货物须定期打扫尘土，货物上不许放置任何与货物无关的物品，如废纸，胶带。

（3）破损及不良品单独放置在搁置区，并保持清洁的状态，准确地记录。

（4）托盘放置须整齐有序。上货架的货物要保证其安全性。

（5）货架上不允许有空托盘，空托盘须整齐放置在托盘区。

（6）出入库产生的半拍产品应放置在补货区（一层）。半拍产品码放应整齐有序，不可以梯形码放。

2. 货品盘点

（1）所有的货物每个月必须大盘一次。

（2）针对每天出库的产品进行盘点，并对其他产品的一部分进行循环盘点，以保证货物数量的准确性。

（3）盲盘：针对每次盘点，接单人员打印盘点表，不包括产品数量，交给盘点人员。至少两名盘点人员进行盘点，将盘点数量填写在空白处，盘点后由二人共同签字确认数量。将盘点表交给报表人员，报表人员将盘点数量输入盘点表，进行数量的匹配，如有数量的差异，需重新打印差异单，进行二次盘点，二次盘点后无差异存档。如有差异，需进行核查，如发现有收发货错误的，需及时联系客户，是否能挽回损失，无法挽回的损失，按照事故处理程序办理。

3. 日常检查

（1）库区和库内地面是否无淤泥、尘土、杂物等；

（2）装卸作业工具（如叉车、小拖车等）在不用时，停放在指定区域；

（3）门、窗、天窗及其他开口在不用时保持关闭，状况良好，能有效阻止鸟及其他飞行类昆虫进入；

（4）仓库照明设备是否完好、安全（检查方法：将库内的灯全部打开，检查是否有不亮的灯和亮度够否）；

（5）仓库办单处是否整洁（要求：所有单据摆放整齐；有清晰的分类）；

（6）仓库地面是否清楚标明堆码区和理货区；

（7）手摸货架、货物、托盘，无灰尘；

（8）空托盘在指定区域堆放整齐；

（9）货物堆码无倒置和无超高现象；

（10）货物堆放整齐，无破损、开箱或变形货物（破损、搁置区存放的货物除外）；

（11）仓库的活动货位连贯，没有不必要的活动货位（活动货位：用活动的标志表示的货位，根据需要，可以在仓库里灵活移动）；

（12）各类警示标志（包括安全线路的箭头指示、禁止吸烟等）是否有效、整洁、张贴规范；

（13）每次收货，是否正确、清晰地填写并张贴“收货标签”；

（14）破损、搁置、禁发货物是否分开存放并张贴相应标签；

（15）破损、搁置货物是否在3个月内（食品类为1个月）处理完毕；

（16）可发货物中是否有渗漏、破损、污染货物未报状态及位置转移；

（17）所有退货的处理必须在2天内完成，并且退货上必须贴有“退货通知单”；

（18）仓库无“四害”侵袭痕迹；

（19）是否定期作“四害控制”处理，并记录每次处理的工序、时间、结果（查看记录）；

（20）系统库存和实际库存是否一致（在系统中选取不少于5个SKU进行验证）；

（21）仓库是否完全按“拣货单”备货发货（检查方法：拿一张正在发货的拣货单，让取货人员指出本拣货单已取货物的一个品种的位置，用该位置和拣货单上的位置核对）；

（22）同库、同品种的货物必须堆放于同区域或相近区域，同品种的货物应该存放于同一仓库；

（23）同一客户的产品，如果可以共存于一个仓库，且一个仓库能够存放得下，那么该客户的产品必须存放于同一仓库；

（24）收货时，是否按规定仔细分拣货物（检查方法：如果有收货，请检查现场分拣情况；如果无收货，请检查仓库里同一位置是否有不同日期、批号、品种的货物）。

知识拓展

仓库中的“颜色管理”

在仓库中，运用颜色管理，是防止人员和物料发生意外的有效措施之一，所以仓库管理人员必须了解各项安全法则及各种颜色的意义。

1. 红色标志具有警告及禁止的含义，如所有危险标记、装有危险品的容器及禁止烟等，都漆以红色标志；
2. 黄色具有特别注意的含义；
3. 绿色有指导安全的含义；
4. 白色或黑色相间的斜色，用以指示目标物；
5. 紫色指物品有放射性危险等。

问题与思考：

结合我们在“商品质量”一章中学到的6S管理法，谈一谈如何将其运用于仓储作业管理，试着制定一个实施方案。

（三）发货流程

1. 订单处理程序

（1）所有的出库必须有客户授权的单据（授权签字、印章）作为发货依据；

（2）接到客户订单或出库通知时，订单处理人员进行单据审核（检查单据的正确性，是否有充足的库存），审核完毕后，通知运输部门安排车辆；

（3）订单处理人员依据不同的单据处理办法录入系统，制作送货单及依据货品或客户要求制作拣货单；

（4）将拣货单交仓管员备货。

2. 备货程序

（1）备货人员严格依据备货单拣货，如发现备货单上或货物数量有任何差异，必须及时通知库存控制人员、主管、经理，并在备货单上清楚注明问题情况，以便及时解决。

（2）货物按总备货单备完后，根据要求按车辆顺序进行二次分拣，根据装车顺序按单排列。

（3）每单备货必须注明送货地点、单号，以便发货。各票备货之间需留出足够的操作空间。

（4）备货分拣完毕后，将拣货单交还订单处理人员做拣货单确认，并通知运输部。

3. 发货程序

（1）发货人员依据发货单核对备货数量，依据派车单核对提货车辆，并检查承运车辆的状况后方可将货物装车；

（2）发货人员按照派车单顺序将每单货品依次出库，并与司机共同核对出库产品型号、数量、状态等；

（3）装车后，司机应在出库单上写明车号、姓名，同时发货人员签字。发货人员将完整的出库单交接单人员进行出库确认。

知识拓展

“六不入”“五不发”原则

仓库管理作业中有一条“六不入”“五不发”的原则，它会直接编入公司的仓库管理守则，作为仓库管理人员的职责要求。

“六不入”具体指：①有送货单而没有实物的，不能办理入库手续；②有实物没有送货单或没有任何凭证的，不能办理入库手续；③来料与送货单数量、规格、型号不同的，单实不符的，不能办理入库手续；④检验不通过的，且没有质量部放行的，不能办理入库手续；⑤没有办理入库手续而先领用的，不能办理入库手续；⑥送货单不是原件的，不能办理入库手续。

“五不发”具体指：①没有领料单，或是任何无效单据，不能发放物料；②手续不符合要求的，不能发放物料；③质量不合格的物料，不能发放物料；④规格、件号、牌号等不符的，不能发放物料；⑤未办理入库手续的物料，不能发放物料。

三、库存管理绩效指标

（一）库存准确率

库存准确率一般是通过由固定时间段的盘点后得到的，公式为：

库存准确率 =（盘点物料数 × 平均单价）/（账目实际数 × 平均单价）×100%

公示中物料数量所指不固定，可以是 SKU 数（SKU 全称为 Stock Keeping Unit，即库存量单位)，也可以是具体的总数量，甚至可以是库位数，依据企业具体情况而定。库存准确率可以直接反映出企业库管管理的水平，或是库管的能力。库存准确率低可能是因为商品收发货错误、损坏遗失、被盗等多种情况导致，企业要具体调查分析后找出根本原因，对症下药。

（二）收发货及时准确率

这个指标主要体现库存在收货、发货环节的时效性及准确率，计算公式为：

收（发）货及时（准确）率 = 收（发）货及时（准确）数量/收（发）货总数量 ×100%

公示中数量的选择方面和库存准确率类似，依然有 SKU、订单、仓库管理系统操作数据等。但是这个指标的难点不在于定义，而在于数据收集，特别是及时性，如何算及时，具体时间需要企业思考如何统计收集上来，如果没有合适的系统，靠人工记录，是几乎无法考核这个指标的。

（三）商品破损率

商品破损率是企业考察由于仓库操作不当，造成的包装破损或者货物损坏的指标。这个指标本意用来考察约束仓库，特别是第三方仓库的实物操作规范，自有仓库的企业可以简单规定破包数必须小于多少，其公式为：

商品破损率 = 货物破包（损）数量/总商品操作数量 ×100%

这个指标实际很难考核，因为不管是库管人员还是拣货、补货人员，没有人愿意主动承担货物损坏的责任，除非是当场发现或是依靠监控排查，否则所有人都有理由推卸。

（四）账物相符率

账物相符率是指仓库账册上的货物存储量与实际仓库中保存的货物数量之间的相符合程度，是库存实际的数量与总体的账存品种的比率，其公式为：

账物相符率 = 账务相符笔数/库存货物总笔数 ×100%

账物相符率指标反映仓库的管理水平，是避免企业财产损失的重要手段。从现实角度讲，100% 的账物相符是做不到的，如果要做到，投入的成本太大，也没有实际意义，尽量将比例做到最大值。

（五）库存周转率

库存周转率是在某一时间段内库存货物周转的次数，是反映库存周转快慢程度的指标，周转率越大表明销售情况越好，其公式为：

库存周转率 =（某一时段货物周转量/某一时段库存总量）×100% 。

库存周转率反映了企业存货的流动性及存货资金占用量是否合理，促使企业在保证生产经营连续性的同时，提高资金的使用效率，增强企业的短期偿债能力。

（六）长库龄商品占比

长库龄商品就是指一些库存年龄较长的商品，也就是压在库房里比较久的，这个指标和库存周转率是有很大的相关性的，其公式为：

长库龄商品库存占比 = 长库龄库存金额/总库存金额 ×100%

这个指标对仓库和库存管理更有实际意义。企业需要做的是首先定义好多长时间没有消耗或者发货的商品属于长库龄，定义完后可以导出两个数字和一张清单，两个数字分别是库存平均库龄，另一个是长库龄库存的平均库龄，一张清单就是长库龄商品清单。占比数和库龄都可以起到警示作用，而清单可以帮助各个部门真正去逐个处理长库龄库存，防止积压过久造成损坏，增加库存成本。

（七）工作负荷

工作负荷主要对仓库实际操作业务的考核，其公式为：

工作负荷 = 货物收发数量/实际出勤工时

由于每家企业每个仓库的实际操作流程和实物不同，并没有一个公允的指标来考核这个工作负荷量是大了还是小了，所以这个指标应该作为一个长期的趋势指标来看。较长的一个时间段后，就能对仓库的工作负荷情况有所了解，大致可以知道仓库人员的配置和能力是否符合公司业务的需求。所以涉及的数量具体取哪个值，完全要根据企业的实际情况来定。

（八）客户满意度

在仓储服务过程中，客户满意度一直是非常重要的指标，而每家物流企业针对客户满意度的侧重点各有不同，调研客户满意度所设计的表格也各有不同，但在一些必要的数据点上是一些共性的调研需求。如：货品的质量保证；服务的周到细节；时刻汇报客户物品的动态情况；流程的细密程度和简单易操作；人员的态度。

任务3
应用与实践

一、仓管岗位认知

（一）素质要求

仓库管理工作是技术要求性较强的工作，其基本素质要求如下：

（1）须具有丰富的商品知识，应充分熟悉所经营的商品，掌握其理化性质和保管要求，能根据商品的特点有针对性地采取管理措施；

（2）须掌握现代仓储管理的技术，应了解和掌握仓储管理的相关技术和知识，并能熟练运用，特别是现代信息技术的运用；

（3）须熟悉仓储设备及其性能，能合理和高效地安排和使用仓储设备；

（4）须具有较强的办事能力，能分轻重缓急、有条有理地处理仓储事务；

（5）须具有一定的财务管理能力，能查阅财务报表，进行经济核算、成本分析，正确掌握仓储经济信息，学会进行成本管理、价格管理和决策；

（6）须具有一般的管理者的素质，有包括组织协调能力在内的一般管理素质；

（7）须具有现代物流管理的相关知识和较强的物流运作管理能力。

（二）岗位职责

仓库管理涉及的工作岗位主要有仓库经理（主管）、收货员、拣货员、仓管员、配货员、叉车工等，其岗位职责分别是：

1. 仓库经理/主管岗位职责

（1）负责仓库整体工作事务及工作日常管理，协调部门与各职能部门之间的工作。

（2）负责制定和修订仓库收发货、作业流程等管理制度，完善仓库管理的各项流程和标准；建立规范、完整的物流仓储操作报表，及时反馈仓储操作。

（3）库房的合理化布局和管理，合理规划各分仓的储存空间及货物的储存方式，仓位调整；负责制定各仓库储位的规划、标志、防火、防盗、防潮及物料的准确性管理标准。

（4）制定仓库工作计划；制定部门每月工作计划，分析、总结部门工作状况与下一步工作思路，带领督促员工完成目标任务。

（5）负责分配仓库员工工作及日常工作监督；充分调动和带领仓库工作人员完成日常工作，做到高效、准确、有序；负责对仓库运营效率、成本、人员管理、流程改善等方面进行统计、分析、改进。

（6）负责对仓库进、出库，库存等操作进行审核与监督对各项工作制度的执行情况进行跟踪，签收货仓各级文件和单据。

（7）及时反映仓库的库存状况，确保库房账、卡、物数量一致；确保库存数据的正确性；数据统计分析能力；完成业务数据的整理和分析。

（8）审定和修改货仓的工作规定和工作绩效；检查和审核货仓各级员工的工作进度和工作绩效。

（9）监督各项管理制度的执行，制定质量改善计划。

（10）负责仓库的货物、人员安全及防护，进行安全评估，不断改善库存管理安全，确保仓储物资免受损失。仓库安全设施的维护，指导仓库人员的安全行为及仓库的安全。及时定期回顾并汇报仓库的安全及运行状况，采取预防措施。

（11）组织仓库日常盘点。报表账目与实物相符；定期组织实物盘存，做到账实相符、账卡相符。出具盘存及分析报告。

（12）建立安全库存机制，进行存量分析和控制，采取有效措施控制库存成本。

（13）能够按照成本会计的要求提供物料消耗情况并进行有效控制。

（14）督促各分仓对各类报表的准时上呈及监督。负责加强报表填写准确性和分析管理，参考分析结果提出改进建议并组织落实；物料数据管理和统计。

（15）负责督促及时评估和处理不良物料及呆滞物料。

（16）仓库人员工作指导、业务知识培训和考核，不断改善工作效率和工作质量。

（17）按时按质地完成上级交办的工作任务。

（18）负责库存盘点缺损率；收货及时率；发货及时率；收发货准确率；单据完整率。

2. 收货员岗位职责

（1）严格按收货程序接收供应商货物，负责保管所有的收退货资料及单据。

（2）配合电脑录入员查询商品数量。

（3）按条码规则在商品的正确位置贴条形码。

（4）负责整理周转仓的货物，按划分的区域堆放货物。

（5）合理使用搬运工具及保养。

（6）负责收货区域的卫生清洁工作。

（7）指导或帮助供应商卸货。

（8）执行供应商的退货工作。

（9）指挥车辆停放，指导货物码放。

（10）防火、防盗工作，防止闲杂人员在收货区域随意进出。

（11）协助做好库存盘点工作。

（12）严格控制人为损耗，做到全员防损。

3. 拣货员岗位职责

（1）根据配送接单员发出的“拣货单”，将货物从配送中心分拣出来，放置制定发货位置。

（2）按照工作标准手册进行货物的分拣。

（3）定期做好拣货总结和报告，统计出货量较大的货物。

（4）做好拣货设备的定期检查和维护。

（5）正确使用拣货设备，当拣货设备出现问题时及时向维修人员报告。

（6）配合仓库管理员做好正常货件和问题货件的登记和存放工作。

4. 仓管员岗位职责

（1）严格按照仓库标准作业流程进行日常操作，确保仓库作业顺利进行。

（2）负责仓库货物的验收、入库、保管、盘点、对账等工作。

（3）负责仓库货物的拣选、复核、装车及发运工作。

（4）负责保持仓内货品和环境的清洁、整齐和卫生工作。

（5）负责相关单证的保管与存档。

（6）仓库数据的统计、存档、账务和系统数据的输入。

（7）上级领导交办的其他事宜。

5. 配货员岗位职责

（1）拿当天订单，检查订单商品。

（2）拣货：先拿散货，不够时拿整箱。

（3）装箱：将商品按数量入箱；分自送装箱和托运装箱，并填写唛头。

（4）对单：按订单数量和实物，配货组长核对配货质量。

（5）按门店将配好的货物，放置待发货区。

（6）来货送货时，装货、卸货。

（7）配货组长日常仓库整理、盘点。

（8）服从上级交办的公司其他事项。

6. 叉车工岗位职责

（1）遵守各项叉车安全操作规程，在保证货物、人员安全的情况下，准确无误地提供货物进出库服务。

（2）叉车操作规范、装卸高效、无货损，货物码放整齐并按要求在指定区域叉放货物。

（3）负责库房内货物整理与堆放，按照仓库管理需求及时调整货物堆放位置。

（4）负责进出库货物数量的复核，并在相应单据上签字确认。

（5）负责叉车的日常维护，定时清洁叉车，发现叉车异常，及时检查维修。

（6）协助配货员完成每日分拣工作。

（7）协助仓管定期或不定期地进行存货盘点，确保存货的准确性，严防丢失或异常现象发生。

（8）遵守公司规章制度，听从上级领导指挥。

知识拓展

岗位平凡，贡献非凡

胡堂仁，男，1973年10月出生，江西南昌人，现任人之初集团物流仓储部高级经理，物流管理专家。2015年获评“江西省劳动模范”光荣称号。

他学历不高，却是一位执着而又有责任感的人。2004年，他进入人之初公司，便从基层做起，从事公司仓库物流管理员。在物流这个岗位上，他一干就是15年。在这15年中，他购买的关于物流运输方面书籍达到120多册，为学习物流知识做的笔记用掉了B5大小的笔记本15本，并且直到现在仍然有随身携带笔记本的习惯，在同行业或专业书中看到、听到好的物流管理经验和文章他都会摘录下来，随后转化到自己的工作中来。

15年中，胡堂仁带领他的物流团队在人之初集团的发展中屡屡创造佳绩，开拓性地发明了特别适合公司特点的“田田物流模式”和“一加三加众的物流运输模式”，为人之初集团这几年来的快速发展，提供了一个稳定、快捷、高效及服务周到的物流运输服务。

（资料来源：南昌县总工会）

素养视点

胡堂仁的故事说明了什么？我们又该向他学习什么？

二、仓储作业

（一）仓储标准化管理

仓储标准化管理是做好物资保管工作的必备条件，是保证物资质量完好、数量准确、快收快发的重要手段。仓储标准化管理包括仓储物资验收、入库、搬运、摆放、标志、保管、盘点检查、出库、废旧物资处理、安全保卫等一系列相关行为的标准化管理。

1. 成品验收

（1）仓库收到品保部检验合格的成品后，库房负责人根据当日计划量安排入库验收人员进行扫描后放置库房分拣区。

（2）入库扫描识别和记录成品的外观质量、数量、品牌规格型号等进行验收。

（3）成品外观质量或数量验收不合格，则放置问题存放区，并交由品保人员进行复检。

（4）复检合格，则按照规格型号放至入库分拣区，进行入库上架准备工作。

2. 成品入库

（1）库房负责人根据当日生产计划合理按照成品入库量、品牌、规格型号等要求安排扫描人员进行入库。

（2）入库分拣区同种品牌规格型号的成品满足一个移动货架存储量时，扫描员进行入库扫描上移动货架，并确定库位信息。

（3）保管员负责核查入库移动货架的成品数，确保信息化扫描量与货架层存放量以及品牌规格相一致，若发现不一致时，应将存放成品的货架存放至入库分拣区，并及时通知入库相关人员进行处理。

（4）入库保管员确保数量、品牌规格相一致后，入库叉车司机进行货架定位并放入对应的货位区域。

（5）高位叉车司机根据货架定位信息将货架存放至对应的固定货位上。

3. 搬运

（1）将满足上架数量的成品进行上移动货架。

（2）在搬运货架时，叉车司机人员根据叉车的承重能力合理进行搬运；按照货架标记的库位信息将存满的成品的货架放置对应库位区域，同时将备货区域剩余的空货架搬运至货架存放区进行存放。

（3）搬运货架前，必须确保移动货架干净无尘土，确定库位信息准确等。

（4）放置货架时要小心轻放，不能猛撞，以防损坏成品。危险物资应按装运危险物资的性质佩戴相应的防护用品，装卸时必须轻装轻卸，防止撞击、重压、拖拉和倾倒，不得损毁包装容器，并注意标志，正确稳妥堆放。

（5）标注了放置方法的物资，要按标注的方法放置，同时要将物资的物料标签向外，便于读数和识别。

（6）各种需用叉车等装卸工具搬运的物资，在运输前必须将物资合理放置于货架上，外包装上有特别标志的物资，必须按标志要求叠放。

（7）使用叉车运输作业时，应采用低速行进，当转弯或遇路面有变化以及进出电梯时，应预先减速，严禁野蛮驾驶，在整个装卸作业过程中应做到对物资轻拿轻放，严禁野蛮装卸。

（8）使用叉车搬运的人员，低速行进，禁止叉车滑行前进；使用叉车作业人员，必须持有效的上岗合格证方可操作叉车等运输设备。

4. 成品摆放

（1）成品摆放要根据其特性、库位布局等要求，做到科学分类，合理摆放，妥善保管。

（2）成品摆放标准：①成品分类：不同品牌、规格、型号分开摆放；②固定：摆放整齐、不偏不倚、不歪不斜；③定量：摆放单位（层、高度），高度不超过两米；④整洁：摆放成行成线、标志清晰、无杂物积尘；⑤方便：摆放要易于搬运、装卸、检查、操作；⑥节约：节省库位、人力、物力、财力。

（3）物资的摆放要面向通道，分层摆放，以方便物资在仓库内的移动、存放和取出，保证操作作业的安全性，防止物资在搬运、装卸过程中受损。

（4）包装标准化的物资宜摆放在托盘或货架上，包装非标准化的物资应对应于其形状规则选择不同摆放方式，或通过将其装入特殊的保管设备中使其在包装上标准化。

（5）物资摆放必须防潮湿、通风，在摆放物资时须使用衬垫材料（垫布、托盘等）进行地面铺垫。对于露天存放的物资，应及时进行遮盖等防护措施，以防止阳光、雨雪、风沙、尘土等对物资形成侵蚀、损害。

5. 物资标志

（1）物资存储位置必须设有标牌，明确标示物资的库区货位信息，拴挂在货架上或摆放在货垛正面明显的位置，以方便物资的盘核、储存与发放；

（2）专项物资（报废物资、暂存物资等）应依照其使用特性单独划分专区进行存放标志。

6. 物资保管

（1）存储物资实行账物分管，严管制度。

（2）按照物资分类管理要求，根据物资特性和存储数量，合理安排库房进行保管，其中露天库应设置遮蔽棚架或苫盖防护措施。

（3）存储物资要做到管理科学化、作业标准化、保养经常化、库容整洁化。

（4）物资保管要做到按物资性质定库，按物资分类定区，按物资品种定架/列，按物资数额定位（库、区、架/列、位——四号定位）。

（5）经常检查和维护库区环境，确保物资无尘土、无损坏丢失，库区无隐患、无杂物积尘；确保物资防潮、防冻、防压、防腐、防火、防盗（五无六防）。

（6）物资保管要定期进行库龄分析，实物发放遵循先进先出原则，防止因存放时间过长而导致物资发生减值（变质、损耗、老化等）。

（7）对分管的物资、成品的出入库及时进行准确建账。内容包括物资名称、物资类别（编码）、物资库位、规格型号、生产日期、入库数量、出库数量、结存数量等信息。

（8）物资保管信息（库、区、架/列、位）发生变动，库管人员须及时调整物资分类明细账，保持账物记录信息的一致性。

（9）物资保管必须做到日清点月清结，确保物资电子账记录的品牌、规格型号、数量与实物相符。库管人员必须对所管物资进行随时清点，及时记录清点结果；每月结账期库管人员要汇总物资当期动态总量，核算物资当期余量，并自行盘点实物进行核对；发生差异，必须如实上报，不得擅自更改数据或撤换、销毁实物台账。

7. 盘点检查

（1）物资保管必须建立盘点检查制度，确保三清三符（三清：数量清、规格清、质量清；三符：财务账与物资分类明细账相符、物资分类明细账与物资实物台账相符、物资实物台账与实物相符）；

（2）物资盘点检查后须填写物资盘查表，物资盘查表包括盘查日期、物资名称、规格型号、账面数量、实盘数量、盈亏数量、库管人员、负责人等信息；

（3）盘点检查过程中发现物资实物数量与实物台账和物资分类明细账记录数量不符、物资数量盈亏或存在变质损坏的，由库管人员按规定填写盈亏报告单，详细注明盈亏原因，报本部门主管领导，经相关审批手续后进行账务调整。盘查中发现的变质损坏物资，需单独存放，不得出库。

8. 物资出库

（1）销售部对客户提交的发货订单进行审核，经确认无误后，销售部下发发货订单交给库房负责人；

（2）出库扫描员根据出库单对货物进行定位，出库人员安排人员进行扫描备货，做好货物出库的准备工作；

（3）出库扫描员根据订单的要求，对待发货物进行包装；

（4）包装完成后，出库作业人员应为货物包装添加标签等；

（5）核对：按照货位找到相应的物资后，发货员要根据订单单据进行货物核对；

（6）点数：发货员要仔细点清物资出库的数量、品牌、规格型号，防止差错；

（7）签单：物资装车完毕后，发货员在出库凭证上签字确认；

（8）物资出库。未经检验合格的物资不得发放；物资料发放按“先进先出”的原则进行；发货单据不全的物资不得发放。

9. 废旧物资处理

（1）所有废旧物资要指定存放地点，按物品性质分类存放，存放地点要做明确标志，并建立废旧物资管理台账；

（2）废旧物资提出处理申请，提交给相关部门进行处理；

（3）任何单位或个人私自处理废旧物资或以优良资产充当废旧物资私自处理的，一经发现，没收全部收入，并处收入金额一倍至五倍的罚款，涉及金额较大或影响恶劣的，将严厉追究相关责任人的责任；对达到报废条件未及时处理，造成资源浪费或影响正常工作的，追究责任人的责任；废旧物资处理过程中，对因失职或违反操作流程造成损失的单位或个人，依据情节轻重，予以相应处罚。

10. 安全保卫

（1）库区的安全保卫是物资安全存放的基本保障，库区必须建立安全防火责任制度、安全设施保管使用制度、车辆人员及物资进出仓库管理制度、保卫人员值班巡查制度，以防止盗窃、破坏、火灾、水灾及各种事故发生；

（2）库房应配备齐全的适应物资特性的消防器具和防爆灯具及库区监视系统，明示严禁烟火和报警电话；

（3）根据工作需要和季节变化，定期检查、维护库区防火、防盗、防汛设施，杜绝安全隐患；

（4）实行人员和物资进、出库登记制度，严格禁止无关人员擅自进入库区。物资出库时，必须查单验对，无出门凭证的物资禁止出库。

（二）电商仓储作业

在实际业务中，电商企业的收货、发货、购进货品以及货品管理都是交由仓库操作的，店主只需将任务订单发给仓库即可。而在电商仓储内部中，其作业流程主要包括订单处理作业、采购作业、入库上架作业、在库管理作业、拣选包装作业、出库作业、配送作业、退货作业以及财务会计作业等。

1. 订单处理作业

一般电商仓储都会有相应的 OMS 系统，联系着客户和仓储，订单指令的下达也由该系统操作。

2. 采购作业

电商仓储的货物不足或通过预测会有大量需求时，则需要向供货商或者商家进行采购，维持库区的货物平衡，避免无货可发。这一过程中，通过 WMS 系统的库存功能，可以准确指导自身库存数量，从而能更准确地下达采购任务。

3. 入库上架作业

供应商或者商家将货物送达仓库时，仓管员要检查货物，核对数量，无误后将货物送入仓库，并将货物上架，记录相关位置。这一过程中，可通过 WMS 系统和 PDA，快速准确地完成入库上架作业，节省大量的人力和时间。

4. 在库管理作业

货品在仓库的完好与否，也很大程度上取决于在库管理，其任务包括存储、盘点、移位、检查、补货等。

5. 拣选包装作业

该作业流程的主要任务是将货物从库区拣选出来，然后进行简易的外部包装，再送到待发货区。

6. 出库作业

在待发货区中，仓管员要检查货物，核对数量，无误后将货物装上货车。

7. 配送作业

配送作业就是在一定时效内，将货物通过交通工具送到客户的手中，一般是第三方物流公司负责完成。

8. 退货作业

主要的任务就是将损坏的货物或者滞销的货物退回仓库。仓库再根据货物的实际情况，选择将货物重新入库上架或者退回给供应商。

9. 财务会计作业

财务会计作业，主要就是管理整个仓储中心的收入和支出，诸如员工工资和采购货物资金以及退货费用和日常营收等。

对于以上 2—9 的作业流程，可以通过 WMS 系统来协助完成，不仅速度快、准确率高，还能及时响应客户需求，节省不少成本。

知识拓展

存拣分离

商品入库后存放在仓库里，当有订单需出库时需要找到对应商品并拣货下架。存拣模式一般分为存拣分离和全场通拣模式。全场通拣很好理解，就是仓库有货的地方都可以拣货，如果仓库很大，货物分散在各个位置，拣一个订单的货，需要从仓库的这头跑到那头，显然这不是最好的方式，这个时候存拣分离就出现了。存拣分离，简单说就是把存货区和拣选区分开（见图6-1）。存货区也叫“整存区”，仓库收到要入库的商品后，一般会把整箱的货物放在存储区，非整箱的放在拣选区，拣选区也叫“零拣区”，在这里商品都是拆掉外箱按件存放的。存拣分离模式比较适合单SKU备货量较高的情况，或者是高位立体仓库，通常是高位货架的下层设置为拣货位，高位设置为存储位。当然仓库比较大、SKU比较多的时候，也能带来很多好处。实行存拣分离的仓库，日常的电商订单一般会在拣选区拣货，当有订单要货数量较多、超过整箱数量的时候，整箱部分可以从存储区拣货。

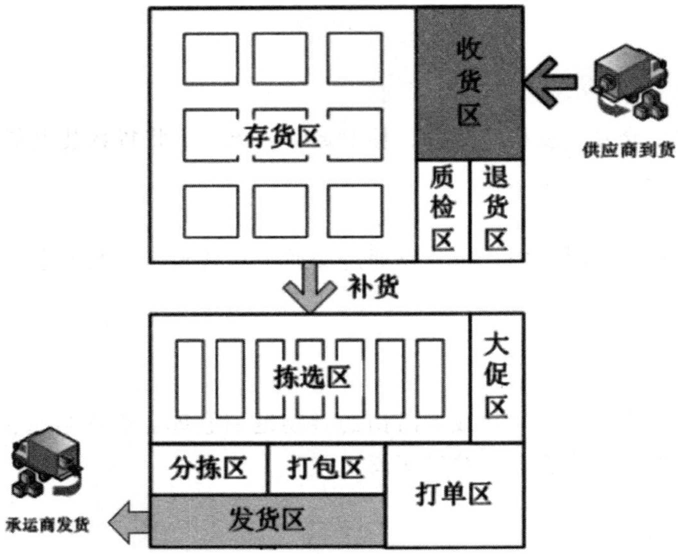

图6-1 存货区和拣货区

三、后熟现象实验

以香蕉为例，观察记录香蕉的后熟过程。

观察记录商品的后熟过程

1. 实训目的：进一步了解商品后熟现象，分析影响香蕉后熟的因素。
2. 实训内容：观察记录香蕉的后熟过程。
3. 环境要求：无特殊要求。
4. 实训流程：购买青香蕉—观察记录—提交记录报告。
5. 注意事项：①以3—5人为一组；②准备一些透气的袋子、纸箱子等；③购买一些没熟的青香蕉；④设计对比实验（自然存放，催熟）；⑤每天固定时间观察拍照记录一次。
6. 实训作业：观察记录。

附催熟的几种方法：

一是用苹果催熟。首先要准备一个干净的塑料袋，然后把香蕉和熟透了的苹果放到一起，将塑料袋的口子扎紧密封起来，在干燥处放置三天左右即可。

二是用香蕉皮催熟。将香蕉皮和未成熟的香蕉全部放入干净的塑料袋中，然后把塑料袋的口封紧，一定要确保密封好，不要让其跑入空气。密封好以后，再把它放到干燥的地方进行保存，这种方法和用苹果来催熟的方法差不多。

三是高温催熟。首先要把香蕉装到密封的塑料袋中，将其密封好，然后把它放到温度大概在20℃的环境中，用这种方法来催熟香蕉的话，速度是比较快的。

四、仓储参观

仓储参观实训

1. 实训目的：进一步认知仓库工作岗位和仓库管理流程和内容。
2. 实训内容：仓储企业和生产企业仓库参观。
3. 环境要求：校外实训基地或校企合作企业仓库。
4. 实训流程：准备—参观—总结。
5. 注意事项：①注意参观往返及过程中的安全事宜；②遵守参观企业的作业、生产、经营管理纪律；③如果实地参观有难度，可以录制参观视频后进行播放。
6. 实训作业：提交参观感悟或就参观过程中发现的仓库管理问题，提交改进意见。

思考训练

项目六自测题

一、简答题

1. 影响商品质量变化的因素有哪些？

2. 商品合理储存的原则有哪些？

二、实务分析题

1. 实习体验一下商品仓库管理员的工作。

2. 调研当地仓储企业的仓库管理方法和商品养护技术，提交一份有关当地仓储企业的仓库管理方法和商品养护技术的调研报告。

项目七

商品标准与认证

文本：项目七
教学实施手册

PPT：项目七
课件

学习指南

单元名称	商品标准与认证	对应岗证	内审、认证岗位/认证人员资格
学习目标	1. 知识目标 （1）了解商品标准概念、分类及级别； （2）了解商品标准的内容； （3）掌握商品标准的制定和复审； （4）了解商品质量认证的概念、意义； （5）掌握我国的质量认证工作； （6）了解国外的一些知名认证标志。 2. 能力目标 （1）能识读商品标准； （2）会分析商品标准对于商品生产与消费的影响； （3）会填写相关认证申请书，为企业申请相关认证。 3. 素养目标 （1）坚定“四个自信”，做新时代的有为青年； （2）坚持实事求是，勇于担当作为。		
学习重点	1. 我国商品标准的级别； 2. 商品标准制定和复审； 3. 我国的质量认证工作； 4. 一些常用认证申请。		
实训建议	商品标准的识读与讨论/认证申请书填写		
问题思考	1. 什么是商品标准？它有什么作用？ 2. 质量认证对于企业有什么意义？		

导入案例

新国标让“90%的白酒将消失”？

2021年，市场监管总局（国家标准委）发布了新修订的饮料酒、白酒相关国家标准《白酒工业术语》《饮料酒术语和分类》，并定于2022年6月份开始实施。此次新国标的颁布，重新明确了白酒的定义，即：白酒是以粮谷为主要原料，以大曲、小曲、麸曲、酶制剂及酵母等为糖化发酵剂，经蒸煮、糖化、发酵、蒸馏、陈酿、勾调而成的蒸馏酒。另外，此次新国标中增加了两个新名词：一是配制酒，即以发酵酒、蒸馏酒、食用酒精等为酒基，加入可食用的原辅料和/或食品添加剂，进行调配和/或再加工制成的饮料酒；二是调香白酒，即以固态法白酒、液态法白酒、固液法白酒或食用酒精为酒基，添加食品添加剂调配而成，是具有白酒风格的配制酒。

新国标的颁布，旨在大力推动中国酒业标准化水平的全面提升，发挥标准化对酿酒产业的引领和促进作用，为新时期中国酿酒产业的高质量发展赋能助力。在更为科学严谨的检测方式方法面前，白酒与调香白酒两种品类将被清晰界定开来，消费信息更为对称，此前行业内存在的不实宣传、模糊与混淆概念、以次充好的乱象将被进一步肃清。液态法白酒和固液法白酒是白酒的两种工艺，新国标实施后液态法白酒和固液法白酒依然存在，只是严格规定了不得使用非粮谷食用酒精和食品添加剂。因此，“90%的白酒将消失”是对新国标的错误解读和对白酒市场产能结构的错误推论。

（资料来源：《中国质量报》）

问题与思考：

由白酒的新国标，谈一谈商品标准的作用？

任务1 商品标准

商品标准是科学技术和生产力发展水平的一种标志，它是社会生产力发展到一定程度的产物，又是推动生产力发展的一种手段。凡正式生产的各类商品，都应制定或符合相应的商品标准。商品标准由主管部门批准、发布后，就是一种技术法规，具有法律效力，同时也具有政策性、科学性、先进性、民主性和权威性。它是生产、流通、消费等部门对商品质量出现争议时执行仲裁的依据。

一、商品标准的概念

标准是对重复性事物和概念所做的统一规定。它以科学、技术和实践经验的综合成果为基础，经有关方面协商一致，由主管机构批准，以特定形式发布，作为共同遵守的准则和依据（见国家标准 GB/T 1.1—2009 标准化基本术语）。

商品标准是“标准”的具体应用，它是对商品质量以及与质量有关的各个方面，如商品的品名、规格、性能、用途、使用方法、检验方法、包装、运输、储存等，所做的统一技术规定，是评定、监督和维护商品质量的准则和依据。

二、商品标准的分类

（一）按法律的约束性分类

1. 强制性标准

强制性标准的范围主要是保障人体健康，人身、财产安全的标准和法律、行政法规规定强制执行的标准。对不符合强制标准的产品禁止生产、销售和进口。在我国，根据《中华人民共和国标准化法》的规定，企业和有关部门对涉及其经营、生产、服务、管理有关的强制性标准都必须严格执行，任何单位和个人不得擅自更改或降低标准。对违反强制性标准而造成不良后果以至重大事故者，由法律、行政法规规定的行政主管部门依法根据情节轻重给予行政处罚，直至由司法机关追究刑事责任。

2. 推荐性标准

推荐性标准是指导性标准，即“由公认机构批准的，非强制性的，为了通用或反复使用的目的，为产品或相关生产方法提供规则、指南或特性的文件。标准也可以包括或专门规定用于产品、加工或生产方法的术语、符号、包装标准或标签要求”。推荐性标准是自愿性文件。推荐性标准由于是协调一致文件，不受政府和社会团体的利益干预，能更科学地规定特性或指导生产，《中华人民共和国标准化法》鼓励企业积极采用。为了防止企业利用标准欺诈消费者，要求采用低于推荐性标准的企业标准组织生产的企业向消费者明示其产品标准水平。

问题与思考：

为什么商品标准分为强制性标准和推荐性标准？

（二）按商品标准的表达形式分类

1. 文件标准

文件标准是以文字（包括表格、图形等）的形式对商品质量所做的统一规定。大多数商品标准都是文件标准。

2. 实物标准

实物标准是对某些难以用文字准确表达的质量要求（如色泽、气味、手感等），由标准化主管机构或指定部门用实物做成与文件标准规定的质量要求完全或部分相同的标准样品，作为文件标准的补充，同样是生产、检验等有关方面共同遵守的技术依据。如粮食、茶叶、羊毛等农副产品，都有分等级的实物标准。实物标准是文件标准的补充，实物标准要经常更新。

问题与思考：

在什么情况下需要制定实物标准？

（三）其他分类

商品标准还可以按其成熟程度、保密程度、适用范围进行分类。

商品标准按其成熟程度可以分为正式标准和试行标准。正式标准和试行标准具有同等效用，同样具有法律约束力。试行标准一般在试行二年至三年后，经过讨论修订，再作为正式标准发布。现行标准绝大多数为正式标准。

商品标准按其保密程度可以分为公开标准和内部标准。绝大多数标准都是公开标准，也有少数涉及军事技术或尖端技术机密的标准只准在国内或有关单位内部发行，这类标准称为内部标准。

商品标准按其适用范围可以分为国际标准、区域标准、国家标准、行业标准、地方标准、企业标准等。

问题与思考：

内部标准为何不对外公开？

三、商品标准的级别

（一）我国商品标准的级别

依据《中华人民共和国标准化法》，按制定部门、适用范围等的不同，我国将商品标准划分为国家标准、行业标准、地方标准和团体标准、企业标准等。依据《深化标准化工作改革方案》相关规定，国家标准、行业标准、地方标准属于政府标准，由政府主导制定，侧重于保基本，其中国家标准分为强制性标准、推荐性标准，行业标准、地方标准是推荐性标准；团体标准和企业标准属于市场标准，由市场自主制定，侧重于提高竞争力。

文本：《中华人民共和国标准化法》

1. 国家标准

国家标准，是指对全国经济、技术发展有重大意义，必须在全国范围内统一的标准。国家标准由国务院标准化行政主管部门编制计划和组织草拟，并统一审批、编号、发布。

国家标准的编号，由国家标准代号、国家标准顺序号和国家标准发布年号构成。国家标准代号由大写汉语拼音字母构成，强制性国家标准代号为“GB”，其含义是“国标”两个字汉语拼音的第一个字母“G”和“B”的组合；推荐性国家标准代号为“GB/T”，其含义是“国标”和“推”三个字汉语拼音的第一个字母“GB”和“T”的组合（见图7－1）。国家标准顺序号是发布的国家标准的顺序排号。国家标准发布年号为发布该国家标准年份的四位数字。国家标准顺序号和年号之间加杠分开，如“GB 19298—2014《食品安全国家标准 包装饮用水》”和“GB/T 17392—2008《国旗用织物》”。

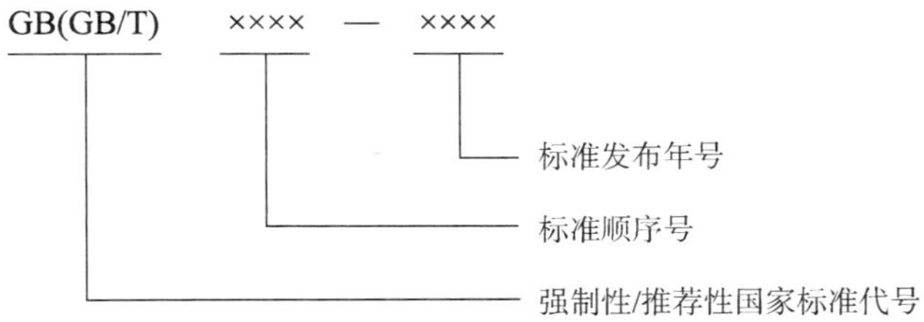

图7－1　国家标准编号的组成

标准样品是指以实物形态存在的标准，其规定的特性可以是定量的或定性的，应当具有均匀性、稳定性、准确性和溯源性。国家标准样品代号为“GSB”，其顺序号是由《中国标准文献分类法》规定的一级类目、二级类目和二级类目范围的顺序号、年代号组成，如“GSB 01—3538—2019《蓝宝石颜色分级标准样品》”“GSB 16—2951—2012《衬衫外观疵点标准样照》”。

此外，为适应某些领域标准快速发展和快速变化的需要，我国于1998年增加了一种“国家标准化指导性技术文件”，作为对国家标准的补充，其代号为“GB/Z”。符合下列情况之一的项目，可以制定指导性技术文件：①技术尚在发展中，需要有相应的文件引导其发展或具有标准化价值，尚不能制定为标准的项目；②采用国际标准化组织、国际电工委员会及其他国际组织（包括区域性国际组织）的技术报告的项目。指导性技术文件仅供使用者参考，如：GB/Z 31822—2015 公共交通型自动扶梯和自动人行道的安全要求指导文件。

国家军用标准的代号是“GJB”，简称国军标。军用标准的定义是指满足军事技术和技术管理中的概念、准则、方法、过程和程序等内容规定统一要求的一类标准。我国军用标准主要分三类：军用规范、军用标准、指导性技术文件。国家推进标准化军民融合和资源共享，提升军民标准通用化水平，积极推动在国防和军队建设中采用先进适用的民用标准，并将先进适用的军用标准转化为民用标准。

2. 行业标准

行业标准是指没有推荐性国家标准、需要在全国某个行业范围内统一的技术要求所指定的标准，是国务院有关行政主管部门组织制定的公益性标准。

行业标准由行业标准归口部门审批、编号、发布，实施统一管理。行业标准的归口部门及其所管理的行业标准范围，由国务院标准化行政主管部门审定，并公布该行业的行业标准代号。当相应的国家标准实施后，行业标准应自行废止。有时候在满足一定的条件时行业标准也可以上升为国家标准。

行业标准的编号是由行业标准代号、标准顺序号和标准发布年号组成（见图7－2），如工业和信息化部批准发布的轻工类标准“QB/T 2933—2021《双层口杯》”。

国家行业标准代号一览表见表7－1。

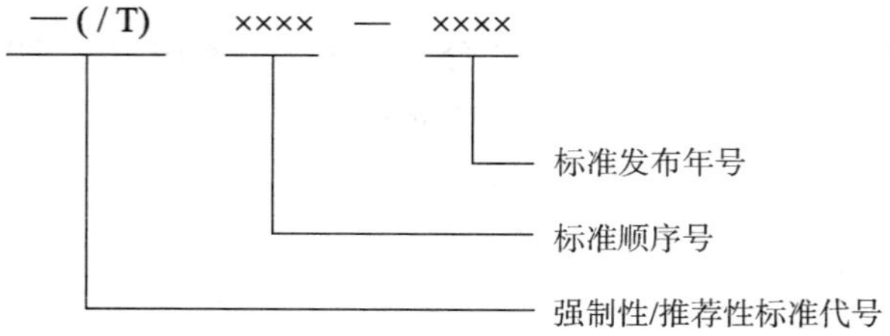

图7－2　行业标准编号的组成

表7－1　国家行业标准代号一览表

序号	代号	含义	管理部门	序号	代号	含义	管理部门
1	BB	包装	中国包装工业总公司	30	MZ	民政	民政部
2	CB	船舶	国防科工委（船舶）	31	NY	农业	农业部（农业）
3	CH	测绘	国家测绘局	32	QB	轻工	中国轻工业联合会
4	CJ	城镇建设	建设部（城镇建设）	33	QC	汽车	中国汽车工业协会
5	CY	新闻出版	国家新闻出版总署	34	QJ	航天	国防科工委（航天）
6	DA	档案	国家档案局	35	QX	气象	中国气象局
7	DB	地震	国家地震局	36	SB	商业	中国商业联合会
8	DL	电力	中国电力企业联合会	37	SC	水产	农业部（水产）
9	DZ	地质矿产	国土资源部（地质）	38	SH	石油化工	中国石油和化学工业协会
10	EJ	核工业	国防科工委（核工业）	39	SJ	电子	信息产业部（电子）
11	FZ	纺织	中国纺织工业协会	40	SL	水利	水利部
12	GA	公共安全	公安部	41	SN	商检	国家质量监督检验检疫总局
13	GY	广播电影电视	国家广播电影电视总局	42	SY	石油天然气	中国石油和化学工业协会
14	HB	航空	国防科工委（航空）	43	SY	海洋石油天然气	中国海洋石油总公司
15	HG	化工	中国石油和化学工业协会	44	TB	铁路运输	铁道部
16	HJ	环境保护	国家环境保护总局	45	TD	土地管理	国土资源部（土地）
17	HS	海关	海关总署	46	TY	体育	国家体育总局
18	HY	海洋	国家海洋局	47	WB	物资管理	中国物资流通协会
19	JB	机械	中国机械工业联合会	48	WH	文化	文化部
20	JC	建材	中国建筑材料工业协会	49	WJ	兵工民品	国防科工委（兵器）
21	JG	建筑工业	建设部（建筑工业）	50	WM	外经贸	对外经济贸易合作部

续表

序号	代号	含义	管理部门	序号	代号	含义	管理部门
22	JR	金融	中国人民银行	51	WS	卫生	卫生部
23	JT	交通	交通部	52	XB	稀土	国家计委稀土办公室
24	JY	教育	教育部（教育）	53	YB	黑色冶金	中国钢铁工业协会
25	LB	旅游	国家旅游局	54	YC	烟草	国家烟草专卖局
26	LD	劳动和劳动安全	劳动和社会保障部（工资定额）	55	YD	通信	信息产业部（邮电）
27	LY	林业	国家林业局	56	YS	有色冶金	中国有色金属工业协会
28	MH	民用航空	中国民航管理局	57	YY	医药	国家药品监督管理局
29	MT	煤炭	中国煤炭工业协会	58	YZ	邮政	国家邮政局

注：《中华人民共和国标准化法》规定行业标准为推荐性标准，其行业标准代号后面加“/T”。但以往存在的强制性行业标准，则予过渡性地保留。

资料来源：中国食品科技网

知识拓展

关于推荐性标准

《中华人民共和国标准化法》第二条规定：“国家标准分为强制性标准、推荐性标准，行业标准、地方标准是推荐性标准。”也就是说行业标准、地方标准是推荐性标准，当然团体标准也属于推荐性标准。那么推荐性标准具备什么样的性质？

《中华人民共和国标准化法》第二条还规定：“国家鼓励采用推荐性标准。”顾名思义，推荐性标准是推荐企业使用的标准，企业是可以根据自己的情况决定是否参照执行的。也就是说，企业可以参照执行，也可以不参照执行。如果决定参照执行推荐性标准，就应严格执行，否则可以定义为违法行为。但在有些情况下，推荐性标准则是必须执行的：

（1）推荐性标准被相关法律、法规、规章引用，则该推荐性标准具有相应的强制性约束力，应当按法律、法规、规章的相关规定予以实施。

（2）推荐性标准被企业在产品包装、说明书或者标准信息公共服务平台上进行了自我声明公开的，企业必须执行该推荐性标准。企业生产的产品与明示标准不一致的，依据《中华人民共和国产品质量法》承担相应的法律责任。

（3）推荐性标准被合同双方作为产品或服务交付的质量依据的，该推荐性标准对合同双方具有约束力，双方必须执行推荐性标准，并依据《中华人民共和国民法典》的规定承担法律责任。

3. 地方标准

地方标准是由省级标准化行政主管部门和经其批准的设区的市级标准化行政主管部门为满足地方自然条件、风俗习惯等特殊技术要求制定的推荐性标准。地方标准的技术要求不得低于强制性国家标准的相关技术要求，并做到与相关标准间的协调配套。党的二十大报告指出："加强反垄断和反不正当竞争，破除地方保护和行政性垄断。"地方标准在本行政区域内适用，禁止通过制定产品质量及其检验方法地方标准等形式，利用地方标准实施妨碍商品、服务自由流通等排除、限制市场竞争的行为。

地方标准的编号，由地方标准代号、顺序号和年代号三部分组成。省级地方标准代号，由汉语拼音字母"DB"加上其行政区划代码前两位数字组成。市级地方标准代号，由汉语拼音字母"DB"加上其行政区划代码前四位数字组成。如河南省批准发布的地方标准"DB41/T 2205—2021《合成钻石鉴定与分级》"。

各省级行政区划代码见表7－2。

表7－2 各省级行政区划代码

省、自治区、直辖市	省级行政区划代码	省、自治区、直辖市	省级行政区划代码	省、自治区、直辖市	省级行政区划代码	省、自治区、直辖市	省级行政区划代码
北京市	110000	天津市	120000	河北省	130000	山西省	140000
辽宁省	210000	吉林省	220000	黑龙江省	230000	上海市	310000
江苏省	320000	浙江省	330000	安徽省	340000	福建省	350000
江西省	360000	山东省	370000	河南省	410000	湖北省	420000
湖南省	430000	广东省	440000	海南省	460000	四川省	510000
贵州省	520000	云南省	530000	甘肃省	620000	陕西省	610000
青海省	630000	西藏自治区	540000	内蒙古自治区	150000	广西壮族自治区	450000
宁夏回族自治区	640000	新疆维吾尔自治区	650000	台湾省	71000		

资料来源：http：//www. tech－food. com，2006－12－27，中国食品科技网。

4. 团体标准

团体标准是依法成立的社会团体为满足市场和创新需要，协调相关市场主体共同制定的标准，由本团体成员约定采用或按照团体的规定供社会自愿采用。

国家鼓励学会、协会、商会、联合会、产业技术联盟等社会团体协调相关市场主体共同制定满足市场和创新需要的团体标准和具有国际领先水平的团体标准。团体标准的制定应当符合相关法律法规的要求，不得与国家有关产业政策相抵触；对于术语、分类、量值、符号等基础通用方面的内容应当遵守国家标准、行业标准、地方标准；禁止利用团体标准实施妨碍商品、服务自由流通等排除、限制市场竞争的行为。团体标准应当以满足市场和创新需要为目标，聚焦新技术、新产业、新业态和新模式，填补标准空白。

团体标准的编号依次由团体标准代号、社会团体代号、团体标准顺序号和标准发布年号组成（见图7－3）。如江苏省茶叶学会制定的"T/JSSCYXH 01—2021《茶叶加工工职业技能等级认定标准》"。

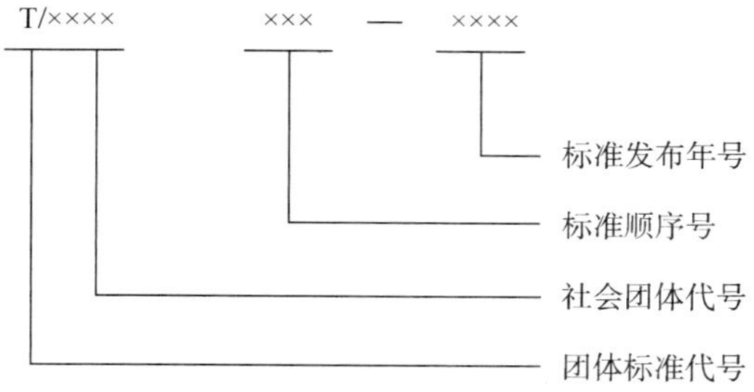

图 7－3　团体标准编号的组成

5. 企业标准

企业标准是对企业范围内需要协调、统一的技术要求，管理要求和工作要求所制定的标准。企业标准由企业制定，由企业法人代表或法人代表授权的主管领导批准、发布。企业产品标准应在发布后 30 日内向政府备案。

企业标准仅限于企业使用，是企业组织生产、经营活动的依据。企业可以根据需要自行制定企业标准，或者与其他企业联合制定企业标准。对于没有国家标准、行业标准和地方标准的，企业可以制定标准；对于已有国家标准、行业标准和地方标准的，国家鼓励企业制定严于国家标准、行业标准和地方标准的企业标准；制定对国家标准、行业标准的选择或补充的标准；制定工艺、工装、半成品和方法标准；制定生产、经营活动中的管理标准和工作标准。

企业标准代号由“Q”和斜线加企业代号组成（见图 7－4）。企业代号的规定分两种情况：一是凡中央所属企业的企业代号，由国务院有关行政主管部门规定；二是各地方所属企业的企业代号，由所在省、自治区、直辖市政府标准化主管部门规定。企业代号可用汉语拼音或阿拉伯数字或两者兼用表示，如河南树铭药业有限公司编写并公开的“Q/HSY 207—2019《抑菌洗手液》”企业标准。

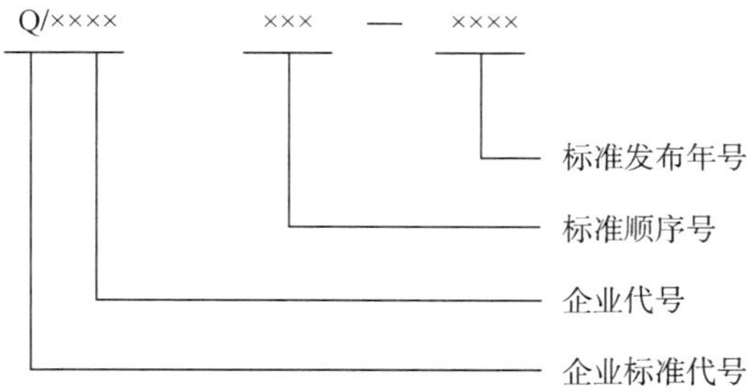

图 7－4　企业标准编号的组成

问题与思考：

在没有上级标准时企业需要制定自己的企业标准，为何在已有上级标准时企业还要制定自己的企业标准？

（二）国际商品标准的级别

1. 国际标准

国际标准是指国际标准化组织（ISO）、国际电工委员会（IEC）和国际电信联盟（ITU）制定的标准以及国际标准化组织确认并公布的其他国际组织制定的标准。国际标准在世界范围内统一使用。

目前，被国际标准化组织确认并公布的其他国际组织是：国际计量局（BIPM）、国际人造纤维标准化局（BISFA）、食品法典委员会（CAC）、时空系统咨询委员会（CCSDS）、国际建筑研究实验与文献委员会（CIB）、国际照明委员会（CIE）、国际内燃机会议（CIMAC）、国际牙科联盟会（FDI）、国际信息与文献联合会（FID）、国际原子能机构（IAEA）、国际航空运输协会（IATA）、国际民航组织（ICAO）、国际谷类加工食品科学技术协会（ICC）、国际排灌研究委员会（ICID）、国际辐射防护委员会（ICRP）、国际辐射单位和测试委员会（ICRU）、国际制酪业联合会（IDF）、万围网工程特别工作组（IETF）、国际图书馆协会与学会联合会（IFTA）、国际有机农业运动联合会（IFOAM）、国际煤气工业联合会（IGU）、国际制冷学会（IIR）、国际劳工组织（ILO）、国际海底组织（IMO）、国际种子检验协会（ISTA）、国际电信联盟（ITU）、国际理论与应用化学联合会（IUPAC）、国际毛纺组织（IWTO）、国际动物流行病学局（OIE）、国际法制计量组织（OIML）、国际葡萄与葡萄酒局（OIV）、材料与结构研究实验所国际联合会（RILEM）、贸易信息交流促进委员会（TarFIX）、国际铁路联盟（UIC）、经营交易和运输程序和实施促进中心（UN/CEFACT）、联合国教科文组织（UNESCO）、国际海关组织（WCO）、国际卫生组织（WHO）、世界知识产权组织（WIPO）、世界气象组织（WMO）等。

国际标准对于国际的贸易往来和科技交流、国际范围的专业化合作、合理利用资源和保护生态环境都有着十分重要的意义。积极采用国际标准和国外先进标准早已成为我国重要的技术经济政策。

知识拓展

国际标准化组织

图 7－5　ISO 标志

国际标准化组织（ISO）是目前世界上最大、最有权威性的国际标准化专门机构。ISO 标志见图 7－5。1946 年 10 月 14 日至 26 日，中、英、美、法、苏等 25 个国家的 64 名代表集会于伦敦，正式表决通过建立国际标准化组织。1947 年 2 月 23 日，ISO 章程得到 15 个国家标准化机构的认可，国际标准化组织宣告正式成立。参加 1946 年 10 月 14 日伦敦会议的 25 个国家，为 ISO 的创始人。

国际标准化组织的目的和宗旨是："在全世界范围内促进标准化工作的发展，以便于国际物资交流和服务，并扩大在知识、科学、技术和经济方面的合作。”其主要活动是制定国际标准，协调世界范围的标准化工作，组织各成员国和技术委员会进行情报交流以及与其他国际组织进行合作，共同研究有关标准化问题。

1978 年 9 月 1 日，我国以中国标准化协会（CAS）的名义重新进入 ISO，1988 年起改为以国家技术监督局的名义参加 ISO 的工作，现在以中国国家标准化管理局（SAC）的名义参加 ISO 的工作。1999 年 9 月，我国在北京承办了 ISO 第 22 届大会。

2. 区域标准

区域标准也称国际地区性标准，它是由国际地区性（或国家集团性）标准化组织制定和发布的标准。这种国际地区性（或国家集团性）标准化组织有的是由于地理原因，有的是由于政治原因而形成的，这些标准仅在这些地区（或国家集团）内发生作用。如欧洲标准化委员会（CEN）、非洲地区标准化组织（ARSO）、亚洲标准咨询委员会（ASAC）以及阿拉伯标准化与计量组织（ASMO）等所颁布的标准，都是区域标准。制定区域标准的主要目的在于促进区域性集团成员之间的贸易，便于该地区的技术交流与合作，协调该地区与国际标准化组织的关系。但是这类标准也有弊端，弄不好容易造成贸易障碍。

问题与思考：

为什么说区域标准有利有弊，还容易造成贸易障碍？

3. 发达国家的国家标准

这类标准是指世界主要经济发达国家所制定的国家标准。如美国国家标准（ANSI）、英国国家标准（BSI）、法国国家标准（NF）、德国国家标准（DIN）、俄罗斯国家标准（GOST）、日本国家标准（JSA）等。

此外，还有其他国家的某些世界先进标准，如瑞士的手表材料国家标准、瑞典的轴承钢国家标准、比利时的钻石标准等。

4. 国际上通行的团体标准

该类标准是指某些国家的标准化组织团体所制定的有一定影响的标准。如美国石油学会 API 标准、美国材料和实验协会 ASTM 标准、美国电子工业协会 EIA 标准、英国劳氏船级社“船舶入级规范和规则”等。

四、商品标准化

商品标准化是指在商品生产和流通的各个环节中制定、发布以及实施商品标准的活动。推行商品标准化的最终目的是达到统一，从而获得最佳市场秩序和社会效益。

商品标准化的内容包括名词术语统一化、商品质量标准化、商品零部件通用化、商品品种规格系列化、商品质量管理与质量保证标准化、商品检验与评价方法标准化、商品分类编码标准化、商品包装、储运、养护标准化等。商品标准化的主要方式有简化、统一化、系列化、通用化和组合化。

知识拓展

小接口背后的大博弈

早在2018年，欧盟就开始对统一充电接口进行立法，消费者可以不用带一堆不同接口的数据线，也能减少电子垃圾；到了2020年年初，欧盟又发起一项统一充电接口的投票，最终以高票赞成通过。

目前USB接口主要分为三种：第一种是Micro USB接口，就是以前不少安卓手机使用的充电口；第二种是Type－A接口，常见于U盘、键盘、鼠标上；第三种就是Type－C接口，它更小更薄，还支持正反插。

在产经观察家、钉科技创始人丁少将看来，“充电接口不是一个新问题，统一充电接口的技术难度不大，但利益协调很难，涉及标准专利等问题，所以说其背后存在着很多商业利益的博弈”。

（资料来源：《中国经营报》）

问题与思考：

为什么说有些企业不愿意贯彻实施商品零部件通用化？

任务2
商品标准的制定和复审

商品标准对提高和保证商品质量，促进商品生产、流通、消费的顺利进行，维护消费者和用户的合法权益等方面具有重要作用，所以要根据技术发展和社会需要适时对标准进行制定和复审。

一、商品标准制定的原则和编写要求

（一）商品标准制定的原则

1. 要充分考虑使用要求，维护消费者利益

制定商品标准必须面向市场，必须考虑广大消费者的实际需要，特别是要充分考虑商品的最终用途和实际使用条件，使商品尽可能做到品种规格对路、使用性能良好、寿命长、外形美观、节能安全、价格合理等。

2. 技术先进、经济合理和安全可靠

商品标准中规定的各种质量指标和要求要适应现代技术经济发展的先进水平，同时要通过全面的、经济的分析和论证，寻求经济上的合理性，此外要达到能充分保障人身、财产安全、人体健康和环境保护方面的要求。

3. 要从全局出发，考虑全社会的综合效益

在商品标准的制定中，都会关系到各个方面的利益。商品标准的制定和实施，不可能使各个方面都获得同等的经济利益，这就要求标准制定要兼顾局部利益与全局利益，必要时要求局部利益服从全局利益。

4. 要结合自然条件，合理利用国家资源

在制定商品标准时，要密切结合我国的资源状况，提高资源的利用率，注意节约和做好稀缺资源的利用。

5. 要协调一致、完整配套

商品标准的制定要与我国现行法令、法规相一致，还要与其他商品标准之间相互衔接。

6. 积极采用国际标准和国外先进标准

采用国际标准和国外先进标准是我国一项重大的技术经济政策，是促进技术进步、提高产品质量、扩大对外开放、加快与国际惯例接轨的重要措施。《中华人民共和国标准化法》规定：国家积极推动参与国际标准化活动，开展标准化对外合作与交流，参与制定国际标准，结合国情采用国际标准，推进中国标准与国外标准之间的转化运用。

问题与思考：

为什么我国要积极采用国际标准和国外先进标准？

（二）商品标准编写的要求

1. 贯彻国家法令与标准之间协调一致

商品标准要贯彻国家和地区的法令和法规。各级标准之间、统计不同商品标准之间应协调一致。商品标准与其他相关标准之间也应协调一致。

2. 文字表达简明准确

文字叙述必须简明、准确，逻辑严谨，通俗易懂。若文字、图表并用更易表达清楚时，最好并用，这样既利于掌握和使用，又避免对标准条文产生不同的理解。

3. 技术内容正确无误

标准中所做的规定，必须具有严肃性和权威性，要经过严格的科学论证和精确的数字计算，使其建立在科学的基础上，避免一切技术上的错误。

4. 术语、符号、代号统一

商品标准的名词、术语、符号和代号前后要统一，并与其他有关标准相一致，以避免影响标准的执行和相互协调。

5. 条文编排符合规定

标准条文编排必须符合标准化工作的有关规定。一般按其内容繁简分为若干章、条的顺序来叙述。章一般有标题，条可以有标题，也可以无标题，但同一层次的条应一致。

二、商品标准的内容

商品标准是一种具有法规性的文件，为了便于使用和管理，国内外对其封面格式、内容安排以及符号和编号等都有统一规定。我国商品标准包含的内容很多，一般是由概述、正文、补充三个部分组成。

（一）概述部分

商品标准的概述部分，概括地说明标准的对象、技术特征和适用范围。其主要内容包括封面、目录、标准名称、引言等内容。

文本：《面包质量通则》

1. 封面与首页

封面列有标准的名称、编号、分类号、批准发布单位、发布和实施日期等（见图7－6）。合订本内的标准设有首页，首页上的内容与封面相似。

GB
中华人民共和国国家标准
GB/T 20981—2021
面包质量通则
General quality of bread
2021-11-26 发布
2022-06-01 实施
国家市场监督管理总局
国家标准化管理委员会
发布

图7－6　《面包质量通则》封面

2. 目录

当商品标准的内容较长、结构较复杂、条文较多时，一般会有目录。

3. 标准名称

标准名称一般是由标准化对象的名称和标准所规定的技术特征两部分组成。它可用商品名称作为标准名称，也可用“技术条件”或“规范”作为标准名称。

4. 引言

引言，主要阐述制定标准的必要性和主要依据，历次复审、修订的日期，修订的主要内容，废除和被代替的标准以及采用国际标准的程度。

（二）正文部分

商品标准的正文部分是商品标准的实质性内容，包括主题内容、适用范围、引用标准、术语、符号、代号、商品分类、技术要求、试验方法、检验规则、标志、包装、运输和储存等方面。

1. 主题内容与适用范围

该部分简要说明标准的主题内容与适用范围。有的商品标准在必要时还明确指出该标准不适用的范围。

2. 引用标准

引用标准主要说明标准中的直接引用的标准和本标准必须配套使用的标准，并列出标准的编号和名称。

3. 术语、符号和代号

标准中采用的术语、符号和代号，在现行国家标准、行业标准中尚无规定的，一般在标准中给出定义或说明。其定义或说明集中写在标准技术内容部分的前面，或分别写在有关章、条的前面。

4. 商品分类

商品分类是在商品标准中规定商品种类和型式，确定商品的基本参数和尺寸，作为合理发展商品品种、规格以及用户选用的依据。

商品分类的内容包括商品的种类、结构型式与尺寸、基本参数、工艺特征、型号与标记、商品命名和型号编织方法等。

在商品分类中，为了协调同类商品和配套商品之间的关系，常按一定数值规律排列成科学的系列标准化形式。

5. 技术要求

技术要求是保证商品使用要求而必须具备的技术性能方面的规定，是指导生产、流通、使用以及对商品检验的主要依据。

列入标准的技术要求，应当是决定商品质量和使用性能的关键性指标，对商品性能无重要影响的次要指标和要求一般不列入标准。列入标准的各项指标应该具有可以测定或鉴定的质量特性。

6. 试验方法

试验方法，是评定商品质量的具体做法，是对商品质量是否符合标准而进行检测的方法、程序和手段所做的统一规定。

试验方法一般包括试验原理、试样的采取或制备、所用试剂或标样、试验用仪器和设备、实验条件、试验步骤、试验结果的计算、分析评定、试验记录和试验报告等内容。

7. 检验规则

检验规则，是对商品如何进行验收而做的具体规定。它是商品制造厂将商品提交质量检验部门进行检验的规定，也是商品收购部门检查商品质量的依据，其目的是保证商品质量合乎标准要求。

检验规则一般包括检验的类别和项目、抽样或取样方法、检验方法、检验结果的评定和复检规则等。

8. 标志、包装、运输和储存

标志、包装、运输和储存是为了使商品从出厂到交付使用的过程中不致受到损失所做的规定。

（1）标志。商品标准一般都有对商品标志的规定，特别是对消费品和涉及卫生、安全和环境保护的商品，要求更加严格。标志一般包括在商品及其包装上的位置、制作标志的方法、标志的内容和质量要求等内容。

（2）包装。一切需要包装的商品，在商品标准中都有规定包装的要求。包装要求一般包括包装材料，包装技术与方法，每件包装中商品的数量、重量或体积以及包装试验方法等内容。

（3）运输。在运输中有特殊要求的商品，经常规定运输要求。其内容主要包括运输方式、运输条件和运输中的注意事项。

（4）储存。根据商品的特点，规定商品的储存场所、储存条件、储存要求以及储存期限等。

（三）补充部分

商品标准的补充部分是对标准条文所作的必要补充说明和提供使用的参考资料，包括附录和附加说明两部分。

1. 附录

根据实际需要，一个标准可以有若干个附录，以其性质分为补充件和参考件两种。补充件是标准条文的补充，是标准技术内容的组成部分，与标准条文具有同等效力；参考件是用来帮助使用者理解标准的内容，如某些条文的参考资料或推荐性方法、标准中重要规定的依据等。它不是标准条文的组成部分，仅供参考。

2. 附加说明

附加说明是制定和修订标准中的一些说明事项，分段写在标准终结符号下面。其内容主要有：标准提出单位、归口单位、负责起草单位和标准主要起草人；标准首次发布、历次修订和重新确认的年月；标准负责解释单位以及其他附加说明等。

三、商品标准制定的程序

商品标准的制定是一个复杂的过程，主要包括确定项目、制定工作方案、调查研究、试验验证、起草标准草案、征求意见、审查定稿和审批发布等步骤。

（一）确定项目

根据标准化对象的客观实际需要，制定标准化计划，确定编写标准的项目。

（二）制定工作方案

标准化制定工作组根据任务项目制定出具体工作方案。

（三）调查研究

标准工作组的人员必须深入具有代表性的科研、生产、管理、流通和使用单位进行广泛的调查研究；同时，还应该了解国外同类商品的状况和发展方向以及相应的国际标准和国外先进标准。

（四）试验验证

通过在不同环境条件、多种生产、使用条件下的测试，可使指标更具有科学性。

（五）起草标准草案

标准制定工作组在对所获得资料和数据进行统计分析和综合研究的基础上编写标准草案征求意见稿。

（六）征求意见

标准草案征求意见稿经主管单位审核同意后，广泛征求生产、使用、科研和流通等方面的意见。通过对意见的处理，将征求意见稿改为标准草案送审稿。

（七）审查定稿

标准草案送审稿经过标准化技术组织和主管部门审理、审查后，由主持审查单位提出标准草案报批稿。

（八）审批发布

标准草案报批稿由标准化主管部门批准正式发布。

四、商品标准的复审

《中华人民共和国标准化法》规定：国务院标准化行政主管部门和国务院有关行政主管部门、设区的市级以上地方人民政府标准化行政主管部门应当建立标准实施信息反馈和评估机制，根据反馈和评估情况对其制定的标准进行复审。

标准的复审周期一般不超过五年。经过复审，分别予以确认、修改或补充、修订或废止。

（一）确认

经过复审认为，标准内容不做修改或仅做编辑性修改，仍符合当前科学技术水平、适应需要的，给予确认。经过确认的标准，不改变编号和年号。当标准重版时，在标准封面写明某年确认的字样。

（二）修改或补充

经过复审认为，标准内容不够完善和充实，或不完全切合实际和当前科学技术水平的，可对标准中局部不适应之处进行个别的、少量的修改或补充。标准的编号和年号不变，修改、补充的内容和开始实施的日期，采用标准修改通知单的形式发布，并在指定的刊物《中国标准化》上全文刊登。

（三）修订

经过复审认为，标准内容还不完全切合实际和当前科学技术水平，主要技术规定需要作较大的修改才能适应当前生产、流通和消费的需要及科学技术水平的，应作为修订项目列入标准化计划，按照标准的制定程序进行修订。修订后的标准编号不变，把年代号改为新修改的年代号。

（四）废止

经过复审认为，标准内容已不适应当前的需要，或已经为新的标准所代替以及无存在的必要的标准予以废止。

素养视点

结合商品标准的复审，谈一谈为什么要用发展的观点看问题。

任务3
商品质量认证

商品质量认证又称产品质量认证，其认证制度起源于20世纪初，它是以市场经济模式发展的工业发达国家为了贯彻标准、提高质量、全面开展国际交流、推动国际贸易的发展，普遍采用的方式。

一、质量认证的概念及意义

（一）质量认证的概念

质量认证，又称合格认证。“认证”一词的英文原意是一种出具证明文件的行动。ISO/IEC指南2：1986中对“认证”的定义是：“由可以充分信任的第三方证实某一经鉴定的产品或服务符合特定标准或规范性文件的活动。”

《中华人民共和国认证认可条例》第二条对“认证”“认可”的定义是：认证是指由认证机构证明产品、服务、管理体系符合相关技术规范、相关技术规范的强制性要求或者标准的合格评定活动；认可是指由认可机构对认证机构、检查机构、实验室以及从事评审、审核等认证活动人员的能力和执业资格，予以承认的合格评定活动。

（二）质量认证分类

质量认证可分为产品质量认证和质量体系认证。

文本：《中华人民共和国认证认可条例》

1. 产品质量认证

产品质量认证的对象是特定产品包括服务。认证的依据或者说获准认证的条件是产品（服务）质量要符合指定的标准的要求，质量体系要满足指定质量保证标准要求，证明获准认证的方式是通过颁发产品认证证书和认证标志。其认证标志可用于获准认证的产品上。产品质量认证包括合格认证和安全认证两种。

目前，世界各国的产品质量认证一般都依据国际标准进行认证，这些标准60%是由ISO制定的，20%是由IEC（国际电工委员会）制定的，其余的20%是由其他国际标准化组织制定的。

2. 质量体系认证

质量体系认证的认证对象是企业的质量体系，或者说是企业的质量保证能力。经国家授权的独立认证机构对组织的质量体系进行审核，通过注册及颁发证书来证明组织的质量体系和质量保证能力符合要求。质量体系认证通常以ISO9000族标准为依据，也就是经常提到的ISO9000质量体系认证。获准认证的证明方式是通过颁发具有认证标记的质量体系认证证书，但其证书和标记都不能在产品上使用。

（三）质量认证的意义

实行产品质量认证，保护用户和消费者的利益，促进国际贸易和发展国际质量认证合作。其意义具体表现在以下几个方面：

1. 提高商品质量信誉和在国内外市场上的竞争力

商品在获得质量认证证书和认证标志并通过注册加以公布后，就可以在激烈的国内国际市场竞争中提高自己产品质量的可信度，有利于占领市场，提高企业经济效益。

2. 提高商品质量水平，全面推动经济的发展

商品质量认证制度的实施，可以促进企业进行全面质量管理，并及时解决在认证检查中发现的质量问题；可以加强国家对商品质量进行有效的监督和管理，促进商品质量水平不断提高。同时，已取得质量认证的产品，还可以减少重复检验和评定的费用。

3. 提供商品信息，指导消费，保护消费者利益，提高社会效益

消费者购买商品时，可以从认证注册公告或从商品及其包装上的认证标志中获得可靠的质量信息，经过比较和挑选，购买到满意的商品。

二、产品质量认证的类型

产品质量认证现已成为国际上通行的，用于产品安全、质量、环保等特性评价、监督和管理的有效手段。国际上通用的认证类型分为八种。

（一）型式试验

按照规定的试验方法对产品样品进行试验，来检验样品是否符合标准或技术规范。这种认证只发证书，不允许使用合格标志，只能证明现在的产品符合标准，不能保证今后的产品符合标准。

（二）型式检验加认证后监督——市场抽样检验

这是一种带监督措施的型式检验。监督的办法是从市场上购买样品或从批发商、零售商的仓库中抽样进行检验，以证明认证产品的质量持续符合标准或技术规范的要求。

（三）型式检验加认证后监督——工厂抽样检验

与第二种认证型式的区别在于，以工厂样品随机检验或成品库抽样检验代替市场样品的核查试验。

（四）型式检验加认证后监督——市场和工厂抽样检验

这种认证制是第二、三两种认证制的综合。从产品样品核查试验来看，样品来自市场和工厂两个方面，因而要求更加严格。

（五）型式检验加工厂质量体系评定加认证后监督——质量体系复查加工厂和市场抽样检验

这一型式的认证，既对产品作型式试验，又对与产品有关的供方质量体系进行评定。评定内容包括供方的质量体系对其生产设备、材料采购、检验方法等能否进行恰当的控制，能否使产品始终符合技术规范。

（六）评定供方的质量体系

这种认证类型，是对供方按既定标准或技术规范要求对提供产品的质量保证能力进行评定和认可，而不对最终产品进行认证，故又称质量保证能力认证。这一认证型式已逐渐被国际上所接受。

（七）批量试验

这是依据统计抽样试验的方法对某批产品进行抽样试验的认证。其目的在于帮助买方判断该批产品是否符合技术规范。这一认证型式，只有在供需双方协商一致后方能有效地执行。一般来说，这种型式的认证较少被采用。

（八）全数试验

对认证产品作百分之百的试验后发给认证证书，允许产品使用合格标志。在某些国家只有极少数与人民的身体健康密切相关的产品进行全数试验。

以上八种认证型式中，第六种是质量体系认证，第五种是最复杂、最全面的产品认证型式，这两种是各国普遍采用的。但是，上述八种类型的质量认证制度所提供的信任程度都是相对的，即使是比较完善的质量认证制度也会受到客观条件的限制。

知识拓展

飞检

飞行检查，简称飞检，是跟踪检查的一种形式，指事先不通知被检查部门实施的现场检查。飞行检查是国际上产品认证机构对获证后的工厂最常用的一种跟踪检查方法，也是提高工厂检查有效性的重要手段。

鉴于许多检查，管理部门均会预先发通知、定时间、定路线。被检查单位也是提前做好各项档案资料准备，招待盛情周到，最后是双方皆大欢喜，检查的效果大打折扣。飞行检查是在被检查单位不知晓的情况下进行的，启动慎重，行动快，因此可以及时掌握真实情况，做到心中有数。飞行检查好就好在可以避免某些形式主义的东西，发现被检查对象的实际情况，及时依法予以查处，避免出现严重的社会危害。

为适应药品安全监管新形势，保证药品生产质量，提高监管效果，2006年国家食品药品监管局发布《药品GMP飞行检查暂行规定》，建立了飞行检查制度，即事先不通知被检查企业而对其实施快速的现场检查。

（资料来源：百度百科）

三、我国的质量认证工作

20世纪80年代初我国引入了质量认证的概念，1981年4月成立了第一个产品质量认证机构——中国电子元器件质量认证委员会。1988年12月，《中华人民共和国标准化法》的颁布标志着我国的质量认证工作开始纳入法制轨道。

（一）我国质量认证工作的主要原则

（1）以国际指南为基础，同国际惯例接轨。我国认证工作发布的有关质量认证的法律、法规和规章都是以ISO和IEC联合发布的有关部门国际指南为基础制定的，符合《WTO贸易技术壁垒协定》规定。我国并于1998年签署了国际互认协议。我国质量体系认证已达到国际水平，取得国际承认。

（2）坚持公正性。有关法律、规章明确规定认证机构的第三方公正地位。申请认证的条件，对任何企业不管是中国的还是外国的都一样公平。

（3）国家实行统一的认证认可监督管理制度。《中华人民共和国认证认可条例》第四条、第五条规定："国家对认证认可工作实行在国务院认证认可监督管理部门统一管理、监督和综合协调下，各有关方面共同实施的工作机制；国务院认证认可监督管理部门应当依法对认证培训机构、认证咨询机构的活动加强监督管理。"

（4）自愿性认证和强制性认证管理相结合。自愿性产品认证，指企业可以根据国家统一认证工作规划，在统一标准和评定规则的基础上自愿向国家认可机构申请产品认证。强制性产品认证，指国家对涉及人类健康和安全、动植物生命和健康、环境保护和公共安全的产品以及相关的体系实行强制性认证制度，目前已颁发的第一批实施强制性产品认证的目录中公布了19类132种产品应进行强制性产品认证。

（二）CCC和CQC认证

1. CCC认证

CCC认证即中国强制认证，其英文名称为"China Compulsory Certification"，缩写为CCC。

视频：什么是3C标志

2001年12月，国家质检总局发布了《强制性产品认证管理规定》，以强制性产品认证制度替代原来的进口商品安全质量许可制度和电工产品安全认证制度，即用国家强制性产品认证"CCC"标志取代原来实行的"长城"标志和"CCIB"标志。

中国强制性产品认证简称CCC认证或3C认证。CCC认证的标志为"CCC"（见图7－7）。

它是一种法定的强制性安全认证制度，也是国际上广泛采用的保护消费者权益、维护消费者人身财产安全的基本做法。列入《实施强制性产品认证的产品目录》中的产品包括家用电器、汽车、安全玻璃、医疗器械、电线电缆、玩具等 20 大类 135 种产品。

图 7－7 CCC 与 CQC 认证标志

2. CQC 认证

CQC 针对强制性认证以外的产品类别，开展了自愿性产品认证业务，称为 CQC 标志认证（见图 7－7），以加施 CQC 标志的方式表明产品符合有关质量、安全、环保、性能等标准要求，认证范围涉及 500 多种产品。它旨在保护消费者的人身和财产安全，维护消费者利益；提高国内企业的产品质量，增强产品在国际市场上的竞争力；使国外企业的产品能更顺利地进入国内市场。

CCC 和 CQC 认证证书如图 7－8 所示。

图 7－8 CCC 和 CQC 认证证书

（三）我国质量认证的机构组织

1. 国家认证认可监督管理委员会（CNCA）

国家认证认可监督管理委员会是统一管理、监督和综合协调全国认证认可工作的主管机构。其主要职能有：研究提出并组织实施国家认证认可和合格评定工作的方针政策、制度和工作规则，协调并指导全国认证认可工作；管理和协调以政府名义参加的认证认可和合格评定的国际合作活动；依法监督和规范认证市场，监督管理自愿性认证、认证咨询与培训等中介服务和技术评价行为等。

2. 中国质量认证中心（CQC）

中国质量认证中心是由原中国质量认证中心（CQC）与原中国检验认证集团（CCIC）等机构进行重组改革而成的国家级认证机构。其主要业务范围有：授权承担国家强制性产品认证（CCC）工作；开展CQC标志认证；从事ISO9001质量管理体系、ISO14001环境管理体系、OHSMS18001职业健康安全管理体系、QS9000质量体系、TL9000和HACCP认证等管理体系认证业务；承担国内外各类认证培训业务；从事颁发和认可国际多边认可CB测试证书工作等。

3. 中国合格评定国家认可委员会（CNAS）

中国合格评定国家认可委员会是在原中国认证机构国家认可委员会（CNAB）和原中国实验室国家认可委员会（CNAL）的基础上整合而成的，是根据《中华人民共和国认证认可条例》的规定，由国家认证认可监督管理委员会批准设立并授权的国家认可机构，统一负责对认证机构、实验室和检验机构等相关机构的认可工作。

4. 中国认证认可协会（CCAA）

中国认证认可协会成立于2005年9月27日，是由认证认可行业的认可机构、认证机构、认证培训机构、认证咨询机构、实验室、检测机构和部分获得认证的组织等单位会员和个人会员组成的非营利性、全国性的行业组织。

（四）我国质量认证活动的事中、事后监管

1. 构建认证监管体系

我国构建了“法律规范、行政监管、认可约束、行业自律、社会监督”五位一体的监管体系。加强认证监管能力建设，充实基层认证监管力量，推进部门联动监管。健全认可约束机制，强化行业自律和社会监督作用，形成了多元共治格局。

2. 创新认证监管和激励约束机制

充分运用大数据技术和信息共享平台，推行“互联网+认证监管”方式，向社会公开产品质量认证信息，建立健全质量认证全过程追溯机制，完善风险预警、快速处置、信息通报、倒查追溯等措施。健全政府、行业、社会等多层面的认证采信机制，完善鼓励企业参与自愿性认证活动的激励措施，出台质量认证责任保险、获证企业授信等政策。

3. 加大认证监管工作力度

全面推行“双随机、一公开”监管，加强对检验检测认证机构和获证企业、产品的联

动监管，严厉打击非法从事检验检测认证活动和伪造、冒用、买卖认证证书或者认证标志等行为，严禁未获强制性认证的产品进入市场，确保认证的有效性和公信力。

4. 严格落实从业机构及人员责任

严格落实从业机构对检验检测认证结果的主体责任、对产品质量的连带责任，健全对参与检验检测认证活动从业人员的全过程责任追究机制，建立出证人对检验检测认证结果负总责制度，落实“谁出证，谁负责；谁签字，谁担责”。推行从业机构公开承诺和信息公示制度，建立从业机构及从业人员的诚信档案，完善永久退出和终身禁入等失信惩戒机制，提高违法失信成本。

四、国外的一些知名认证

世界上多数国家都是由经国家授权的民间机构负责质量认证的管理职能。下面具体介绍国外的一些知名认证标志（见图 7－9）。

英国的BS认证标志　美国的UL认证标志　加拿大的CSA认证标志

德国的GS认证标志　法国的NF认证标志　日本JIS认证标志

图 7－9　国外的一些认证标志

（一）英国的 BS 认证标志

英国的 BS 认证标志（又称“风筝”标志）是英国标准学会 BSI（British Standards Institution）特有的注册商标，国内外厂家均可申请使用。使用这种标志的企业不仅其产品必须符合有关的 BS 标准的要求，而且必须具有符合 BS－5790 的质量保证体系，在认证过程中还要对该体系进行评定。

英国标准学会是世界上第一个国家标准化机构，原为英国工程标准委员会，成立于 1901 年，1931 年正式改名为英国标准学会。它虽为民间组织，但受国家委托，负责统一管理全国标准化工作。

（二）美国的UL认证标志

UL是美国保险商试验所（Underwriter Laboratories Inc. s）的缩写。UL保险商试验所是美国最有权威的，也是世界上从事安全试验和鉴定的较大的民间机构。UL始建于1894年，经过近百年的发展，已成为具有世界知名度的认证机构。

针对UL不同的服务种类，UL标志可以分为三类，分别是列名、分级和认可标志。三种标志分别用于三种不同服务的产品上，不能混用，否则可认为是假冒产品。UL的服务不仅依据美国UL标准，也依据加拿大标准（CUL）。

CUL标志是用于在加拿大市场上流通产品的UL标志。CUL标志普遍应用于家用电器、计算机设备、通风设备、家用防盗系统及其他类型的产品。

（三）加拿大的CSA认证标志

CSA认证标志为目前世界上最知名的产品安全认可标志之一，即使非强制实施，很多地区的厂商都以取得此标志作为对客户推荐其产品安全性的重要依据，很多购买者甚至会指定要求购买已附加CSA标志的产品。加拿大标准协会CSA（Canadian Standards Association）成立于1919年，是加拿大首家专为制定工业标准的非营利性机构。在北美市场上销售的电子、电器等产品都需要取得安全方面的认证。目前CSA是加拿大最大的安全认证机构，也是世界上最著名的安全认证机构之一。它能对机械、建材、电器、电脑设备、办公设备、环保、医疗防火安全、运动及娱乐等方面的所有类型的产品提供安全认证。CSA已为遍布全球的数千厂商提供了认证服务，每年均有上亿个附有CSA标志的产品在北美市场销售。

（四）德国的GS认证标志

GS（Geprufte Sicherheit）标志代表此产品经过足堪信任的独立机构，依据《德国设备安全法》进行测试，通过测试并证明其确实安全。GS标志是一项标准试验合格标志，必须依照产品生产质量制度，定期进行工厂检验。法律规定必须定期查验（通常为每年或每两年，依验证规则而定）制造厂商是否能在大量生产下维持产品的规格。

GS标志是以德国法律为基础的一种自愿性认证标志。它于1977年由德国劳工部颁布，是联邦劳工和社会组织部对检测实验室的认可。经过认可的实验室有权对《德国设备安全法》规定的范围开展检测认证，并且对已通过检测的技术设备发放GS标志。目前约有80个测试实验已获得认可。

（五）法国的NF认证标志

NF标志是证明产品符合法国批准标准的一种法定质量符号。NF是法国标准的代号，该标志始于1938年，其管理机构是法国标准化协会（AFNOR）。

法国标准协会AFNOR（Association Francaise de Normalisation），成立于1926年，是法国政府工业部监管下的认证组织，是促进标准实施的权威机构。它是根据法国民法成立，并由政府承认和资助的全国性标准化机构。1941年5月24日，法国政府颁布法令，确认AFNOR为全国标准化主管机构，并在政府标准化管理机构——标准化专署领导下，按政府指示组织和协调全国标准化工作，代表法国参加国际和区域性标准化机构的活动。

NF是由行业标准化局或AFNOR设立的技术委员会制定的。NF认证标志在法国注册，受法律保护。NF标志可单独使用于电器及非电器产品，也可与其他标志或单字母图案共同使用。该标志主要是显示产品符合法国标准或国际标准中的质量要求。

（六）日本的JIS认证标志

日本工业标准调查会JISC（Japanese Industrial Standards Committee）成立于1949年，总部设在首都东京，是根据日本工业标准化法建立的全国性标准化管理机构。

日本工业标准（JIS）是日本国家级标准中最重要、最权威的标准。JIS标志有两种标志图案：一种是用于产品的JIS标志，表示该产品符合日本有关的产品标准；另一种是用于加工技术的JIS标志，表示该产品使用的加工方法符合日本工业标准的要求。

知识拓展

“三品一标”

无公害农产品、绿色食品、有机农产品和农产品地理标志统称“三品一标”（见图7-10）。“三品一标”是政府主导的安全优质农产品公共品牌，是当前和今后一个时期农产品生产消费的主导产品，是农业发展进入新阶段的战略选择，是传统农业向现代农业转变的重要标志。

图7-10　“三品一标”

无公害农产品，是指产地环境符合无公害农产品的生态环境质量，生产过程必须符合规定的农产品质量标准和规范，有毒有害物质残留量控制在安全质量允许范围内，安全质量指标符合《无公害农产品（食品）标准》的农、牧、渔产品（食用类，不包括深加工的食品），经专门机构认定，许可使用无公害农产品标识的产品。

绿色食品，是指在无污染的生态环境中种植及全过程标准化生产或加工的农产品，严格控制其有毒有害物质含量，使之符合国家健康安全食品标准，并经专门机构认定，许可使用绿色食品标志的食品。

有机食品，是指来自有机农业生产体系，根据国际有机农业生产要求和相应的标准生产加工的，通过独立的有机食品认证机构认证的食品。

农产品地理标志，是指标示农产品来源于特定地域，产品品质和相关特征主要取决于自然生态环境和历史人文因素，并以地域名称冠名的特有农产品标志。

（资料来源：搜狐网）

素养视点

结合“三品一标”谈一谈如何帮助农产品进行销售，进一步结合国家乡村振兴战略，谈一谈我们当代大学生如何投身于国家“三农”建设。

视频：什么是三品一标

任务4 应用与实践

一、商品标准的识读

近年来，商品标准的风波一浪接过一浪，商品标准不再仅仅是停留在纸面上的一些“死”的规定，而一跃成为人们争议的对象。

（一）对商品标准的认知

1. 商品标准——贸易保护的一张牌

2006年10月12日，商务部公平贸易局公布欧盟的一项最新决定，该决定称从2007年3月11日起，凡向欧盟市场出口的一次性打火机必须加装防儿童开启装置（即CR装置），新奇打火机将遭禁售。欧盟的这项决定称，2007年3月11日前投放欧盟市场的未加装防儿童开启装置的一次性打火机存货仍可继续销售，但欧盟今后将通过另外一项决定，规定存货必须销售完毕的最终期限。实际上，欧盟自2002年起曾数次试图推出其打火机CR标准，但均因我国相关部门及企业的据理抗争以及欧盟内部的巨大分歧而未果。受此安全标准的限制，年产5亿多只、占世界市场份额近70%的温州打火机，面临退出欧洲市场的危险。

2. 商品标准——特殊群体保护的一把伞

2008年10月1日，首部针对婴幼儿服装安全制定的《婴幼儿服装标准》开始实施，其中规定甲醛含量必须小于或等于每千克20毫克，pH值必须限定在4.0—7.5，禁用可分解芳香胺染料，并且不得存在异味。据了解，有关服装甲醛、苯酚残留方面国家早已颁布了强制性标准，这就是“GB 18401—2003 执行标准”，其对纺织品的各项安全指标做出了详细规定，并将纺织品与皮肤接触的安全程度分为 A、B、C 三类。其中，A 类是婴幼儿用品要求，是最高的安全标准，一般正规内衣厂商都按国家规定的 B 类标准织造，只有少量的高端内衣会按 A 类的婴幼儿最高标准生产。

3. 商品标准——利益博弈一盘棋

原《电动摩托车和电动轻便摩托车通用技术条件》GB/T 24158—2009（已被 GB/T 24158—2018 替代）国标中“40 公斤以上、时速 20 公里以上的电动自行车，将称为轻便电动摩托车或电动摩托车，划入机动车范畴”的内容，当时在社会上引起了巨大波澜。“电摩”国标之争，其中要数摩托车行业和自行车（含电动车）行业之间的争端最具代表性和观察性。两大行业对“电摩”的极端关注，实质上是两大行业为了维护自身利益的博弈。

4. 商品标准——国家实力的一把剑

随着科技进步和经济发展，越来越多的国际标准由我国企业主导，彰显了我国由大到强的发展变化。据统计，中国在国际标准化组织（ISO）及国际电工委员会（IEC）两大国际标准组织中主导制定的国际标准已达近 500 项。

如特高压输电技术，我国是全球唯一掌握特高压技术的国家，在全球特高压领域，中国的标准就是全世界唯一的标准。特高压输电技术，不仅带动了我国电工装备制造产业全面升级，而且还走出国门，参与到其他国家的电力建设中。近年来，我国还先后与哈萨克斯坦、俄罗斯、蒙古国、巴基斯坦等国开展了互联互通特高压技术合作项目，实现了中国特高压输电技术、标准、装备、工程总承包、全产业链输出，创造了350 多亿美元的经济效益。

再如在通信领域，目前我国已主导完成了上百项 5G 及相关国际标准，保持了相对领先的态势。在 2020 年 7 月国际电信联盟（ITU）召开的会议上 NB-IoT 技术正式被接受为全球 5G 现行技术标准。而这项技术从标准到芯片以及模组，再到系统设备以及整体解决方案，主要都是由中国产业链主导，这也意味着中国标准正变成世界标准。

素养视点

结合越来越多的国际标准由我国企业主导的事例，谈一谈如何坚定“四个自信”，做新时代有为青年。

（二）对商品标准的讨论

搜集有关商品标准引发的事件，进行剖析，并进行主题发言。

“商品标准”问题讨论会

1. 实训目的：进一步加深对于商品标准的认识，全面理解掌握商品标准的作用。
2. 实训内容：商品标准讨论。
3. 环境要求：普通教室。

4. 实训流程：搜集有关商品标准引发的事件—分析案例—主题发言。

5. 注意事项：①尽量搜集典型案例；②主题发言观点鲜明。

6. 实训作业：无。

二、质量认证的申请

（一）CCC质量认证的申请

1. 新申请的提交

目前中国质量认证中心受理CCC认证申请是通过网络在线和书面两种方式，主要以网络在线为主。第一次在线申请时需要在网站www.cqc.com.cn注册用户，成为合法用户。注册时，需要详细填写用户信息，这样可以简化以后再次申请所填信息。注册成功后网络将自动提供申请人所需认证有关公开性文件、申请指南和其他资料信息。

在进行申请时可根据申请的情况来填写申请书，具体如下：

（1）CCC证书是根据需要来选择中文、英文版本，因此需要用正确的简体中文、英文填写申请书；国内申请人需要英文的认证证书，境外申请人需要中文的认证证书时，要求申请人准确翻译有关内容。

（2）申请人同时申请CCC+CB或CQC+CB认证时，只要在CQC网络上选择CCC+CB或CQC+CB即可同时提交两份申请书。申请CB时需注意填写翻译准确的英文信息。

（3）请认真阅读各类产品的划分单元原则和指南，以保证在一个申请中申请多个型号规格产品时，这些型号为同一个申请单元。

（4）在一个申请中一个型号规格产品具有多个商标或多个型号规格产品具有多个商标时，应注意确保这些商标为已注册过或经过商标持有人的授权。

（5）在申请多功能产品时，确定产品的类别时应以产品的主要功能的检测标准来确定。

（6）初次申请。由于初次申请需要进行工厂审查，因此填写申请书时应选择“首次申请”，在备注栏中注明需要进行初次工厂审查、希望工厂审查的时间。

（7）再次申请。再次申请不需要进行工厂审查，因此填写申请书时应选择“再次申请”，在工厂编号栏中填上相应的编号。

（8）变更申请。变更申请是在获证基础上对产品进行改变，因此填写申请书时应填写原证书编号，获得新证书时需要退回原证书。

（9）派生产品申请。派生产品与已获证产品为同系列的、同一安全单元的产品，填写申请书时应注意在备注栏中填写与原产品的差异尤为重要，这样可以有助判断出是否需要送样进行型式试验。

填写申请信息中的申请人，制造商，生产厂名称应填写法人名称，不应填写个人名称。对于书面申请的，中国质量认证中心收到申请人提交CCC书面申请书后，将相应申请信息（厂家、产品）录入CQC网站，并将用户名和密码告知申请人，同时将网上的电子版本的认证有关公开性文件、申请指南、其他资料信息等转化成纸面形式传真或其他媒质通知给申请人。

2. 新申请的受理

申请人填写完申请信息后，根据产品的类别，就会被相应的产品处室的认证工程师所受理，该申请就会被赋予一个唯一的申请编号，即表示中国质量认证中心正式受理该申请。在该申请获证之前，申请人应及时、经常地进入自己的用户内查询该申请代码，就可以了解到该申请的全部信息和进程。申请人书面申请书提交后，产品认证工程师受理后，会将相应的申请编号通知申请人。新申请获得唯一的申请编号后，产品认证工程师通过网络会在申请人的注册用户内发给申请人一个该申请的“产品评价活动计划”，此项内容包括从提交申请到获证全过程的申请流程情况，具体如下：

（1）申请认证所需提交的资料（申请人、生产厂、产品等相关资料）；

（2）申请认证所需提供的检测样品型号和数量以及送交到的检测机构；

（3）认证机构进行资料审查及单元划分工作时间；

（4）样品检测依据的标准、预计的检测周期；

（5）预计安排初次工厂审查时间，根据工厂规模来制定工厂审查所需的时间和人员安排等；

（6）样品测试报告的合格评定及版发证的工作时间；

（7）预计的认证费用：申请费、批准与注册费、测试费（包括整机测试、随机安全零部件测试）、工厂审查费。

申请人按照“产品评价活动计划”规定提交技术资料和样品时应注意以下几点：

（1）多个型号规格产品申请，应提供各型号规格产品的差异说明，送样应是覆盖到全部的型号、规格的具有代表性型号，同时避免送样型号重复；

（2）需要进行整机和元器件随机试验时，除整机外还需提供元器件技术资料和样品；

（3）派生产品申请应提供与原型机之间的型号规格产品的差异说明，必要时提供原型机的试验测试数据；

（4）境外工厂需要初次工厂审查时，应填写“非常规工厂审查表”，提供产品描述，产品描述经实验室确认后即可在型式试验阶段进行工厂审查；

（5）变更申请应将变更申请书与原证书一同退回。

实验室验收样机，样机验收合格后，申请人应索取“合格样品收样回执”以便试验周期是否超期的查询；若样机不符合要求，实验室将“样品问题报告”发给申请人。申请人整改后重新补充送样，验收合格后发给申请人“收样回执”。

认证工程师收到寄送的申请资料，经审核合格后，并获知样品已送到指定实验室后，向实验室下达检测任务。样机的检测周期进入倒计时阶段。样机在进行检测过程中，若出现可整改的不合格项，实验室填写“产品检测整改通知”，描述不合格的事实，确定整改的时限，同时还向申请人发出《产品整改措施反馈表》，由申请人在落实整改措施后填写并返回检测机构。实验室对申请人提交的整改样品、相关文件资料和填写好的“产品整改措施反馈表”进行核查和确认，并对原不合格项目及相关项目进行复检。复检合格后检测机构继续进行检测。只有当全部不合格项整改合格，检测周期才重新开始计时。

申请人应及时登录网站 www. cqc. com. cn 了解到申请的信息、进程。申请人应配合认证工程师的工作，及时提交所需的认证资料和样品，申请过程中遇到问题时应和认证工程师联系。

书面方式申请的，认证工程师也会将上述提到的信息转化成纸面形式传真或其他媒质通知到申请人。

（二）CQC产品认证的申请

CQC产品认证的申请和CCC质量认证的申请基本相同，它的申请流程如图7－11所示。

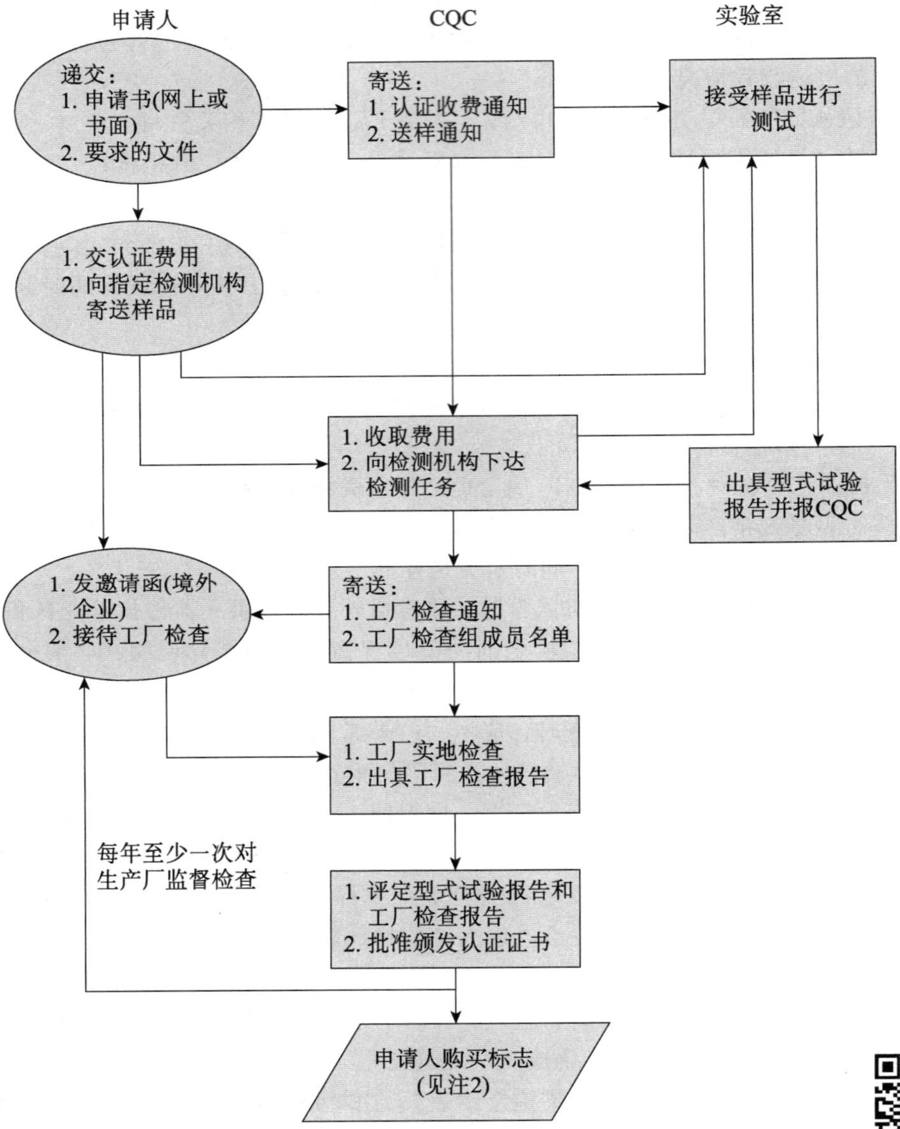

注1：○代表申请人；□代表CQC或实验室。
注2：3C标志向认监委“3C标志发放管理中心”申请。CQC标志向CQC申请。
注3：根据认证产品类别的不同，认证流程会有所不同。

图7－11　CQC申请流程

文本：ISO认证与申请

三、认证人员职业资格认知

认证人员，是指认证审核人员以及对认证活动各环节产生重要影响的认证业务管理人员。它包括管理体系认证审核员、产品认证检查员和服务认证审查员。其职业资格是列入国家职业资格水平评价类目录清单的专业技术人员职业资格。要取得认证人员职业资格，必须参加由中国认证认可协会（CCAA）组织进行的全国统一资格考试。

《认证人员管理办法》规定，认证人员应具备从事相应认证领域工作的个人素质、知识和技能，并经从业认证机构能力评价或人员认证机构认证（注册），以满足实施相应领域认证活动的需要。认证人员应通过参加培训等方式，持续保持和提升专业素质、从业能力和职业道德水平。

认证人员应具备的通用知识和技能包括：

（1）通用知识：合格评定基础知识；认证认可法律法规知识；管理体系认证基础知识；审核技术基础知识；质量管理工具基础知识；管理学基础知识；业务管理实施的知识；客户产品和服务、过程和组织的知识；客户业务领域专业知识；科学研究与教学的知识。

（2）基本技能：沟通能力；逻辑推理能力；文字表达能力；形成完整证据链的能力；运用现代信息技术审核的能力；信息收集、汇总和整理的能力；评价的能力；自我管理能力。

认证人员从事认证活动，应当遵循客观公正、诚实信用的原则，确保所从事认证活动具有完整性、客观性、真实性和有效性，并禁止有下列行为：①在不符合国家有关法律法规规定的机构或者单位，从事认证活动；②未经从业认证机构能力评价或人员认证机构认证（注册），从事认证活动；③出具虚假或者失实的结论，编造或者唆使编造虚假、失实的文件、记录；④增加、减少、遗漏有关法律法规、标准或者相关规则规定的认证程序；⑤作出误导性、欺诈性宣传或者虚假承诺谋取利益；⑥接受认证客户及其相关利益方的礼金或者其他形式的利益；⑦从事对认证公正性产生影响的活动；⑧向人员认证机构或从业认证机构提供虚假学历或工作经历等个人信息；⑨恶意诽谤或者诋毁其他认证机构或人员；⑩其他违反认证有关规定的行为。

素养视点

结合认证人员的工作要求，谈一谈“诚实守信、客观严谨、公平公正”在工作中的意义。

项目七自测题

思考训练

一、简答题

1. 为什么我国鼓励企业积极采用国际标准和国外先进标准？

2. 为什么我国质量认证坚持自愿性认证和强制性认证管理相结合的原则？

二、实务分析题

1. 试分析如何助推农产品取得“三品一标”，它对于农产品销售有什么帮助？
2. 认证人员应该具备哪些知识和能力？

项目八

质量监督与检验

文本：项目八
教学实施手册

PPT：项目八
课件

学 习 指 南

<table>
<tr><td>单元名称</td><td>质量监督与检验</td><td>对应岗证</td><td>市场质量监督、商品检验岗等</td></tr>
<tr><td>学习目标</td><td colspan="3">1. 知识目标
（1）了解商品质量监督的概念、种类和形式；
（2）掌握产品质量监督检查；
（3）了解生产许可证、产品质量追溯、召回等制度；
（4）了解商品检验概念及其分类；
（5）熟悉商品检验的内容和程序；
（6）掌握商品检验方法。
2. 能力目标
（1）能利用不同检验方法对商品进行检验；
（2）能进行商品品级划分。
3. 素养目标
（1）践行诚信经营理念，忠实履行社会职责；
（2）继承发扬工匠精神，培养爱岗敬业奉献作风。</td></tr>
<tr><td>学习重点</td><td colspan="3">1. 产品质量监督检查；
2. 生产许可证制度；
3. 产品质量召回制度；
4. 商品检验方法；
5. 商品分级。</td></tr>
<tr><td>实训建议</td><td colspan="3">商品品级划分实训/商品质量监督检查</td></tr>
<tr><td>问题思考</td><td colspan="3">1. 商品质量监督的意义是什么？
2. 你知道哪些商品检验方法？</td></tr>
</table>

导入案例

“看得见”的质量安全

当手机终端被高速网络所覆盖，当信息以越来越低的成本和越来越快的速度出现在我们面前，随时随地的“看得见”成为每一个现代人所具备的“特异功能”。从“田间到餐桌”的环环链条中，信息技术赋予消费者和监管者们“看得见”的能力，正在深刻地改变着农业的生产方式，将“舌尖安全”晒在阳光下。

全程“看得见”的质量安全可追溯，把农产品品质拿到阳光下来晒一晒。当1%的不安全被暴露在阳光下，99%的安全也将给生产者和消费者之间建立更多的信任和理解。不良生产将为自己的行为买单，优质农产品也将在市场上得到优质优价的承认，这一切都源于信息技术让生产中的安全“看得见”。

（资料来源：《农民日报》）

问题与思考：

全程“看得见”的质量安全可追溯的意义是什么？

任务1
质量监督

随着我国经济的快速发展，商品质量监督工作也得到快速发展。商品质量监督可以有效监督管理商品质量和服务质量，不仅能够维护国家和消费者的利益，也是政府部门行使监督职能、提高我国产品竞争力的一项重要措施。

一、商品质量监督的内涵

质量监督是指为了确保满足规定的质量要求，对产品、过程或体系的状态进行连续的监视和验证，并对记录进行分析。

（一）质量监督的特点

（1）质量监督是一种质量分析和评价活动，监督的对象是产品、服务、质量体系、生产条件、有关的质量文件和记录等；

（2）质量监督的依据是各种质量法规和产品技术标准；

（3）质量监督的范围包括从生产、运输、贮存到销售流通的整个过程；

(4) 质量监督的目的是保护消费者、社会和国家的利益不受侵害，维护正常的社会经济秩序，促进市场经济的发展。

(二) 质量监督的作用

(1) 技术保障。贯彻实施质量法规和商品标准，推广和应用商品生产技术。

(2) 树立产品信誉。维护人民群众切身利益，树立中国产品信誉和国家形象。

(3) 保证消费安全。应对产品质量安全突发事件，保证消费安全和社会和谐。

(4) 提高产品质量。严把重点产品质量安全关，提高产品质量总体水平。

(5) 促进产业结构调整。有效利用市场准入、生产许可，促进经济发展方式转变和产业结构调整。

(6) 建立完善社会信用。系统运用行政监管和执法手段，严厉打击制假售假违法活动，深入推动了质量诚信体系建设。

二、商品质量监督的种类

质量监督可以分为企业内部的微观质量监督和企业外部的宏观质量监督。而企业外部的宏观质量监督又可以分为行政监督、行业监督、社会监督三类，其中最主要的就是由政府部门实施的行政监督，它主要是按行政区域分级负责的宏观质量监督。

(一) 微观质量监督

微观质量监督是指企业内部的质量监督，它是为了保证满足质量要求，由具备资格且经企业负责人授权的人员对生产的程序、方法、条件、过程、产品或服务进行随机检查，对照质量要求，发现问题予以记录，并督促责任部门分析原因，制定解决措施，直至问题获得解决的一种质量监督活动。

企业内部的质量监督主要通过质量检验部门、质量保证部门来进行质量监督，涉及各职能部门所管辖的全部工作和活动。例如，质量检验部门和检验人员负责对生产条件的监控和对外购、外协物资、工序、零部件和成品的验证；工艺部门和工艺人员负责工艺系统对执行规定操作要求和工艺纪律的监督；计量部门及其人员负责量值传递，法定计量单位贯彻和测试设备的配置是否满足产品检验的精密度与准确度的管理和监督等。

(二) 宏观质量监督

1. 行政监督

行政监督又称国家监督，是指国家通过立法授权特定的国家机关，利用国家的权利和权威来行使的质量监督活动。目前，我国由国家质量监督检验检疫总局统一管理、组织协调全国的质量监督工作，流通流域商品质量监督管理由国家市场监督管理总局负责。这种监督是一种行政监督执法，它是从国家整体利益出发，以法律为依据，不受部门、行业利益的局限，具有法律的权威性和严肃性。行政监督只接受行政诉讼法的约束，不受其他单位的影响和干扰。

2. 行业监督

行业监督是指由行业的主管部门对其所管辖的行业、企业，接受国家质量监督检验检疫总局和地方技术监督管理部门的委托，贯彻、执行国家的有关质量法律、法规进行的监督。行业监督不能与国家监督等同，无权使用国家法律、法规对所管辖的行业、企业实行行政处罚。行业监督要根据国家产业政策，组织制定好本行业或企业的产品升级换代计划，指导企业按国家或市场的需求，调整产品结构，提高产品质量水平，推动技术进步，生产适销对路的优质名牌产品，提高产品在国内外市场中的竞争能力。

3. 社会监督

社会监督是指用户或消费委员会等社会组织，协助国家或行业有关质量监督部门做好质量监督工作，保护用户或消费者的合法权益，协助用户或消费者对假冒伪劣产品进行投诉，进行一般治理争议的仲裁等工作。社会监督还包括媒体（电视、电台、报刊等）的舆论监督。

三、商品质量监督的形式

商品质量监督的形式种类很多，可以归纳为抽查型质量监督、评价型质量监督和仲裁型质量监督三种。

（一）抽查型质量监督

抽查型质量监督是指国家质量监督机构通过对从市场或企业抽取的商品样品进行监督检验判定其质量，从而采取强制措施责成企业改进质量，直至达到商品标准要求的一种监督活动。抽查型质量监督形式，一般只抽检商品的实物质量，不检查企业的质量保证体系。抽查的主要对象是涉及人体健康和人身、财产安全的商品，影响国计民生的重要工业产品、重要的生产资料商品和消费者反映有质量问题的商品。

（二）评价型质量监督

评价型质量监督是指国家质量监督机构通过对企业的产品质量和质量保证体系进行检验和检查，考核合格后，以颁布产品质量证书、标志等方法确认和证明产品已经达到某一质量水平，并向社会提供质量评价信息，实行必要的事后监督，以检查产品质量和质量保证体系是否保持或提高的一种质量监督活动。评价型质量监督是国家干预产品质量、进行宏观管理的一种重要形式。产品质量认证、企业质量体系认证、评选优质产品、产品统一检验制度和生产许可证发放等都属于这种形式。

（三）仲裁型质量监督

仲裁型质量监督是指对于有质量争议的商品，通过质量监督机构进行检验和质量调查，分清质量责任，作出公正处理，维护经济活动正常秩序的一种质量监督活动。仲裁型质量监督具有较强的法制性，这项任务由质量监督管理部门承担，应选择省级以上人民政府产品质量监督管理部门或其授权的部门审查认可的质量监督检验机构作为仲裁检验机构。

任务 2
质量监督实施

党的二十大报告指出："深化简政放权、放管结合、优化服务改革。"在市场经济条件下，一般的产品质量问题，主要依靠市场竞争来解决。通过市场竞争中的优胜劣汰机制，促使企业提高产品质量，增强市场竞争能力。但是，政府作为社会经济活动的宏观组织者和管理者，也必须对产品质量进行必要的监督和宏观管理，以维护社会经济秩序，保护消费者的合法权益。

一、产品质量监督检查

（一）产品质量监督检查的基本制度

产品质量监督检查的基本制度主要包括：对涉及保障人体健康和人身、财产安全的产品实行严格的强制监督管理的制度；产品质量监督部门依法对产品质量实行监督抽查并对抽查结果进行公告的制度；推行企业质量体系认证和产品质量认证的制度；产品质量监督部门和工商行政管理部门对涉嫌在产品生产、销售活动中从事违反产品质量法的行为可以依法实施强制检查和采取必要的查封、扣押等强制措施的制度；对产品质量违法行为依法实施处罚的制度等。

《中华人民共和国产品质量法》规定的这些基本制度，既为加强对产品质量的监督管理提供了法律依据，又为产品质量监督部门对产品质量监督行政执法活动提供了必须遵守的行为规范。

（二）产品质量监督检查的方式

文本：《中华人民共和国产品质量法》

1. 监督抽查

监督抽查是国家产品质量监督部门及地方产品质量监督部门按照产品质量监督计划，定期在流通领域抽取样品进行监督检查，了解被抽查企业及其产品的质量状况，并按期发布产品质量监督抽查公报，对抽查的样品不合格的企业采取相应处理措施的一种国家监督活动。

2. 统一监督检查

统一监督检查是政府对产品质量进行监督检查的另一种方式，通常只用于检查某类质量问题较突出的产品。做法是按统一产品、统一标准、统一检验方法、统一判定原则和统一汇总口径的五统一原则，对生产同种产品的所有企业普遍进行产品质量监督检查，以全面掌握该产品的全行业的质量状况，推动行业质量管理，提高被检产品的总体质量水平。

3. 定期监督检查

定期监督检查是地方对产品质量进行监督的主要方式。通过制定产品目录，按规定周期，对本地区的重要产品进行连续质量监控，以促进和保持这些产品的质量水平。

除上述三种主要形式外，各级产品质量监督部门还可以根据实际情况、群众举报，或根据上级及有关部门的指示或意见，对某些企业的某种产品组织一些日常执法监督检查活动。

（三）产品质量监督抽查

《中华人民共和国产品质量法》第十五条规定，国家对产品质量实行以抽查为主要方式的监督检查制度。

1. 监督抽查的种类

产品质量监督抽查包括国家监督抽查和地方监督抽查。国家监督抽查，是指由国家产品质量监督部门规划和组织的对产品质量进行定期或专项监督抽查，并发布国家监督抽查公报的制度；地方监督抽查，是指县级以上地方产品质量监督部门在本行政区域内进行的监督抽查活动。

国家监督抽查的产品，地方不得另行重复抽查；上级监督抽查的产品，下级不得另行重复抽查；地方抽查，不得以“国家监督抽查”的名义进行，发布其质量公报不得冠以“国家监督抽查”。

2019年国家市场监督管理总局第18号令《产品质量监督抽查管理暂行办法》第四条规定：监督抽查分为由国家市场监督管理总局组织的国家监督抽查和县级以上地方市场监督管理部门组织的地方监督抽查。

2. 监督抽查的产品范围

根据《中华人民共和国产品质量法》第十五条的有关规定，质量监督抽查的产品范围包括三个方面：一是可能危及人体健康，人身、财产安全的产品，如食品、药品、医疗器械和医用卫生材料、化妆品、压力容器、易燃易爆产品等；二是影响国计民生的重要工业产品，如农药、化肥、种子、计量器具、烟草以及有安全要求的建筑用钢筋、水泥等；三是消费者、有关社会组织反映有质量问题的产品，包括群众投诉、举报的假冒伪劣产品，掺杂掺假，以假充真，以次充好，以不合格产品冒充合格产品，造成重大质量事故的产品等。

国家市场监督管理总局负责制定印发《全国重点工业产品质量监督目录》，并根据产品发展和质量变化情况，进行修订和调整。

3. 监督抽查的抽样规定

《中华人民共和国产品质量法》规定，抽取的样品应当在市场上或企业成品仓库内的待销产品中随机抽取。《产品质量监督抽查管理暂行办法》第十七条规定：样品应当由抽样人员在被抽样生产者、销售者的待销产品中随机抽取，不得由被抽样生产者、销售者自行抽样；第二十五条还规定网络抽样的办法，即市场监督管理部门对电子商务经营者销售的本行政区域内的生产者生产的产品和本行政区域内的电子商务经营者销售的产品进行抽样时，可以以消费者的名义买样。

4. 监督抽查检验判定的依据

根据相关规定，监督抽查检验判定的依据主要有：以商品标准为判定依据；以国家有关规定或要求为判定依据；以应具有的使用性能为判定依据；以能说明质量的凭证（如产品说明书、质量保证书、实物样品、产品标识等）为判定依据；以优质产品质量标准或技术规范为判定依据。

知识拓展

“双随机、一公开”

2015 年 8 月 5 日，国务院办公厅发布了《国务院办公厅关于推广随机抽查规范事中事后监管的通知》，要求在政府管理方式和规范市场执法中，全面推行“双随机、一公开”的监管模式。

双随机：要建立随机抽取检查对象、随机选派执法检查人员的“双随机”抽查机制，严格限制监管部门的自由裁量权。建立健全市场主体名录库和执法检查人员名录库，通过摇号等方式，从市场主体名录库中随机抽取检查对象，从执法检查人员名录库中随机选派执法检查人员。推广运用电子化手段，对“双随机”抽查做到全程留痕，实现责任可追溯。

一公开：加快政府部门之间、上下之间监管信息的互联互通，依托全国企业信用信息公示系统，整合形成统一的市场监管信息平台，及时公开监管信息，形成监管合力。

“双随机、一公开”在产品质量监督检查中的推广应用，增强了质量监督的科学性和执法公正性，体现了科技创新对政府治理创新的推动作用。

（资料来源：兰州海关）

问题与思考：

谈一谈推行“双随机、一公开”在产品质量监督检查中的意义。

二、生产许可证制度

生产许可证制度是指国家对于具备某种产品的生产条件并能保证产品质量的企业，依法授予许可生产该项产品的凭证的法律制度。我国实行该制度的产品主要是重要的工业产品，其制度起源于 20 世纪 80 年代。

生产许可证制度是国务院工业产品生产许可证主管部门对涉及人体健康的加工食品、危及人身财产安全的产品、关系金融安全和通信质量的产品、保障劳动安全的产品、影响生产安全和公共安全的产品以及法律法规要求依照《工业产品生产许可证管理条例》的规定实行生产许可证管理的其他产品的生产企业，进行实地核查和产品检验，确认其具备持续稳定生产合格产品的能力，并颁发生产许可证证书，允许其生产的一种行政许可制度。

该制度规定，生产企业必须具备保证产品质量安全的基本条件，并按规定程序取得生产许可证，方可从事相关产品的生产活动。任何企业未取得生产许可证，不得生产实行生产许可证制度管理的产品。任何单位和个人不得销售或者在经营活动中使用未取得生产许可证的产品。取得生产许可证的企业，需要每年度向省、自治区、直辖市工业产品生产许可证主管部门提交企业自查报告；县级以上地方工业产品生产许可证主管部门组织定期、不定期的监督检查，要求生产企业保证产品质量稳定合格，不得降低取得生产许可证的条件。

自1984年以来，全国共对400多种工业产品、13万余家企业颁发了14万多张生产许可证书。特别是近几年来，全国共对28大类、370种食品生产企业，颁发了4.5万张食品生产许可证，成功地实施了以生产许可为主要内容的食品质量安全市场准入制度。

（一）实行许可证制度的商品类别和企业要求

根据国家产业结构调整和产业政策的不断变化，生产许可证发证产品的范围进行了多次调整。2015年8月颁布的《工业产品生产许可证管理条例》中明确指出，国家对六大类重要工业产品实行工业生产许可证制度：一是乳制品、肉制品、饮料、米、面、食用油、酒类等直接关系人体健康的加工食品；二是电热毯、压力锅、燃气热水器等可能危及人身、财产安全的产品；三是税控收款机、防伪验钞机、卫星电视广播地面接收设备、无线广播电视发射设备等关系金融安全和通信质量安全的产品；四是安全网、安全帽、建筑扣件等保障劳动安全的产品；五是电力铁塔、桥梁支座、铁路工业产品、水工金属结构、危险化学品及其包装物、容器等影响生产安全、公共安全的产品；六是法律、行政法规要求按照《工业产品生产许可证管理条例》的规定实行生产许可证管理的其他产品。

按照《工业产品生产许可证管理条例》规定，企业要取得生产许可证，必须符合七个条件：一是有营业执照；二是有与所生产产品相适应的专业技术人员；三是有与所生产产品相适应的生产条件和检验检疫手段；四是有与所生产产品相适应的技术文件和工艺文件；五是有健全有效的质量管理制度和责任制度；六是产品符合有关国家标准、行业标准以及保障人体健康和人身、财产安全的要求；七是符合国家产业政策的规定，不存在国家明令淘汰和禁止投资建设的落后工艺、高耗能、污染环境、浪费资源的情况。

这七项基本条件以及具体要求，实际上也是一种市场经济条件下的新型市场准入制度的要求。

按照《工业产品生产许可证管理条例》规定，取得生产许可证的企业生产条件、检验手段、生产技术或者工艺发生变化，未依照《工业产品生产许可证管理条例》规定办理重新审查手续的，责令停止生产、销售，没收违法生产、销售的产品，并限期办理相关手续；逾期仍未办理的，处违法生产、销售产品（包括已出售和未出售的产品）货值金额3倍以下的罚款；有违法所得的，没收违法所得；构成犯罪的，依法追究刑事责任。生产许可证的有效期为5年，但是食品加工企业生产许可证的有效期为3年。有效期届满后，企业继续生产的，应当在许可证有效期届满6个月前向所在地省、自治区、直辖市工业产品生产许可证主管部门提出换证申请。

（二）SC食品许可证标志

SC标志就是新版QS食品许可证标志。自2015年10月1日起，新实行的《食品安全法》及其配套规章《食品生产许可管理办法》对QS标志做出了调整，SC标志成为新版QS食品许可证标志（见图8－1）。

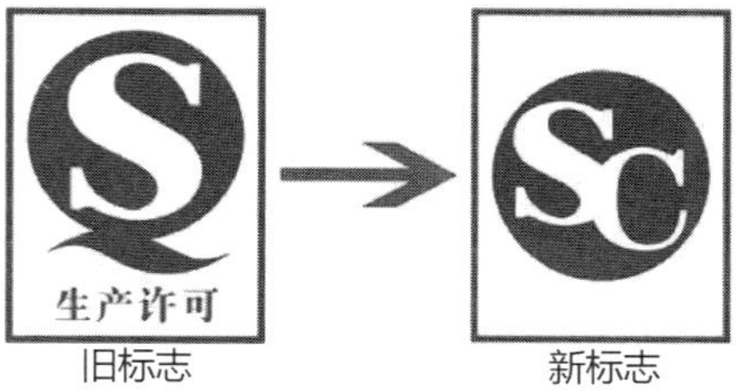

图8－1　食品许可证标志

2020年3月起实施的《食品生产许可管理办法》规定：在中华人民共和国境内，从事食品生产活动，应当依法取得食品生产许可；食品生产许可实行一企一证原则，即同一个食品生产者从事食品生产活动，应当取得一个食品生产许可证；申请食品生产许可，应当按照以下食品类别提出：粮食加工品，食用油、油脂及其制品，调味品，肉制品，乳制品，饮料，方便食品，饼干，罐头，冷冻饮品，速冻食品，薯类和膨化食品，糖果制品，茶叶及相关制品，酒类，蔬菜制品，水果制品，炒货食品及坚果制品，蛋制品，可可及焙烤咖啡产品，食糖，水产制品，淀粉及淀粉制品，糕点，豆制品，蜂产品，保健食品，特殊医学用途配方食品，婴幼儿配方食品，特殊膳食食品，其他食品等。

SC标志的编号是由字母SC加上14位数字组成，数字从左至右依次为：3位食品类别编号、2位省（自治区、直辖市）代码、2位市（地）代码、2位县（区）代码、4位顺序码、1位校验码（见图8－2）。

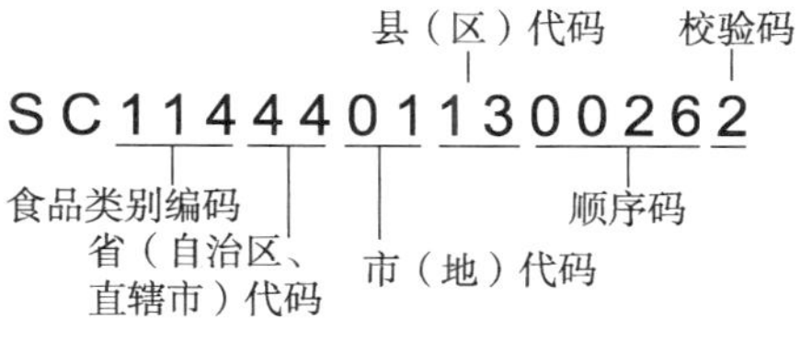

图8－2　SC标志的编号示例

其中，食品类别编号由三位数字组成，第1位数字是“食品、食品添加剂生产许可识别码”：1代表食品，2代表食品添加剂；第2、3位数字是“食品、食品添加剂类别编号”，食品添加剂类别编号共有3种：1代表食品添加剂、2代表食用香精、3代表复配食品添加剂；食品类别编号共有31种，即申请食品生产许可的31种食品类别。

《食品生产许可管理办法》第十二条规定了申请食品生产许可应当符合的条件是：①具有与生产的食品品种、数量相适应的食品原料处理和食品加工、包装、贮存等场所，保持该场所环境整洁，并与有毒、有害场所以及其他污染源保持规定的距离；②具有与生产的食品品种、数量相适应的生产设备或者设施，有相应的消毒、更衣、盥洗、采光、照明、通风、防腐、防尘、防蝇、防鼠、防虫、洗涤以及处理废水、存放垃圾和废弃物的设备或者设施；保健食品生产工艺有原料提取、纯化等前处理工序的，需要具备与生产的品种、数量相适应的原料前处理设备或者设施；③有专职或者兼职的食品安全专业技术人员、食品安全管理人员和保证食品安全的规章制度；④具有合理的设备布局和工艺流程，防止待加工食品与直接入口食品、原料与成品交叉污染，避免食品接触有毒物、不洁物；⑤法律、法规规定的其他条件。

《食品生产许可管理办法》第十二条规定了申请食品生产许可应当向申请人所在地县级以上地方市场监督管理部门提交的材料主要有：①食品生产许可申请书；②食品生产设备布局图和食品生产工艺流程图；③食品生产主要设备、设施清单；④专职或者兼职的食品安全专业技术人员、食品安全管理人员信息和食品安全管理制度。

三、产品质量追溯制度

从2001年开始，国际物品编码协会（EAN，现改称GS1）开发采用全球统一标志系统跟踪与追溯食品，并相继出版了多种食品产品的追溯应用指南、技术文件和追溯标准。采用全球统一标志系统可以对食品原料的生产、加工、储藏及零售等供应链环节的管理对象进行标志，并相互连接，然后将这些标志用条码与人工可识的识读方式表示出来。一旦食品出现安全问题，可以通过这些标志进行追溯，可追溯到食品的源头，准确解决问题。

2003年，我国开始对商品条码用于食品安全追溯的研究。2004年，地方性追溯应用从山东寿光开始，山东寿光开展以条形码为主的“无公害蔬菜质量追溯系统”的研究。随后，北京、南京、上海分别采用IC卡在蔬菜、畜禽产品的产地和批发、零售环节实施追溯。2015年6月1日，《中华人民共和国食品安全法》开始实施，正式以法律的形式明确了产品质量追溯和责任追溯。

产品质量追溯制度就是在生产过程中，每完成一个工序或一项工作，都要记录其检验结果及存在问题，记录操作者及检验者的姓名、时间、地点及情况分析，在产品的适当部位做出相应的质量状态标志。这些记录与带标志的产品同步流转，需要时，很容易搞清责任者的姓名、时间和地点，职责分明，查处有据，这可以极大加强职工的责任感。

质量追溯制有三种管理办法：

（一）批次管理法

根据零件、材料或特种工艺过程分别组成批次，记录批次号或序号以及相应的工艺状态。在加工和组装过程中，要将批次号逐步依次传递或存档。

（二）日期管理法

对于连续性生产过程、工艺稳定、价格较低的产品，可采用记录日历日期来追溯质量状态。

（三）连续序号管理法

这种方法就是根据连续序号追溯产品的质量档案。

如今越来越多的企业实现建立防伪追溯系统，消费者使用该系统生成的产品溯源二维码或数字编码通过互联网平台、手机终端可快速查询到相关生产信息，从而实现“追根溯源”，满足消费者的知情权，做到放心采购和消费。同时，通过系统提升产品品牌，更好地促进优质产品流通销售。

问题与思考：

谈一谈如何依靠科技手段提高产品的质量监督水平。

四、产品质量召回制度

产品质量召回制度指产品生产商、进口商、经销商在得知其生产、进口、经销的产品存在可能危及人身健康、财产安全的缺陷时，依法向政府部门报告，并告知消费者，从市场消费者手中无偿收回有问题的产品，实施予以修理、更换、赔偿等积极有效的措施，从而消除缺陷产品的危害风险，提高企业信誉的挽救措施。

《中华人民共和国产品质量法》第二十六条明确规定：“生产者应当对其生产的产品质量负责。”《中华人民共和国消费者权益保护法》第十八条明确规定：“经营者发现其提供的商品或者服务存在严重缺陷，即使正确使用商品或者接受服务仍然可能对人身、财产安全造成危害的，应当立即向有关行政部门报告和告知消费者，并采取防止危害发生的措施。”

缺陷产品召回是国际通行做法，是加强事中事后监管、提升产品质量安全的重大举措，也是产品质量监督管理体系中的一项重要制度。

2004 年 3 月 15 日，国家质检总局、国家发改委、商务部、海关总署联合发布了《缺陷汽车产品召回管理规定》。这是我国第一部专门针对缺陷产品召回的立法，标志着缺陷产品召回制度在我国的确立。汽车召回制度就是投放市场的汽车，发现由于设计或制造方面的原因存在缺陷，不符合有关法规、标准，有可能导致安全及环保问题，厂家必须及时向国家有关部门报告该产品存在问题、造成问题的原因、改善措施等，提出召回申请，经批准后对在用车辆进行改造，以消除事故隐患。厂家还有义务让用户及时了解有关情况，对于维护消费者的合法权益具有重要意义。2021 年 7 月 1 日起正式实施的新“中国汽车召回制度”，不仅规定“有安全隐患或问题”需要召回，也规定了“未来汽车尾气排放不达标”也需要召回。

为了加强食品生产经营管理，减少和避免不安全食品的危害，保障公众身体健康和生命安全的需要，2015 年我国发布实施了《食品召回管理办法》。2020 年国家对《食品召回管理办法》进行了修订，新《办法》规定：根据食品安全风险的严重和紧急程度，食品召回分为三级。一级召回：食用后已经或者可能导致严重健康损害甚至死亡的，食品生产者应当在知悉食品安全风险后24小时内启动召回，并向县级以上地方市场监督管理部门报告召回计划。二级召回：食用后已经或者可能导致一般健康损害，食品生产者应当在知悉食品安全风险后48小时内启动召回，并向县级以上地方市场监督管理部门报告召回计划。三级召回：标签、标志存在虚假标注的食品，食品生产者应当在知悉食品安全风险后72小时内启动召回，并向县级以上地方市场监督管理部门报告召回计划。标签、标志存在瑕疵，食用后不会造成健康损害的食品，食品生产者应当改正，可以自愿召回。

2016年，国家正式出台《缺陷消费品召回管理办法》，弥补了召回制度在一般消费品上的“缺位”。2019年12月，国家市场监督管理总局正式审议通过了《消费品召回管理暂行规定》，并于2020年1月1日起正式实施。依据《消费品召回管理暂行规定》当中对消费品的定义，包括家电在内的家庭日常生活中购买使用的消费品均受其制约，更有力地维护了消费者的合法权益。

知识拓展

洋品牌召回“内外有别”为何屡屡忽视中国

常常可以看到一些洋品牌召回缺陷产品时，却屡屡将中国排除在外，为什么洋品牌面对中国市场如此“任性”？

业内人士分析，洋品牌之所以如此“任性”，大概有三个方面的原因：首先，相对于国产品牌，许多消费者对洋品牌通常会更信任、更包容；其次，一方面与洋品牌强大的宣传攻势有关，另一方面也与中国消费者对本国产品的不自信有关；最后，我国部分商品质量标准相对较低，也是洋品牌敢于对中国市场执行低标准、能够区别对待消费者的原因之一。

素养视点

洋品牌召回为何“内外有别”，屡屡忽视中国？进一步谈一谈企业应如何践行诚信经营理念，忠实履行社会职责。

任务3 商品检验

商品检验是伴随着商品经济的产生发展而逐渐形成的一门应用技术。商品检验也是国家控制和提高商品质量，进行商品质量监督的一个重要形式。它常用于商品采购或国际贸易过程中，对卖方交付的货物或拟予交付的合同规定的货物进行品质、数量和包装等方面的鉴定；也用于根据国家法律或法令的规定进行的安全、卫生、环境保护和劳动保护等条件的检查、检验以及动植物病虫害检疫等。

一、商品检验的概念

（一）商品检验的定义

商品检验是指商品的供货方、购货方或者第三方在一定条件下，借助某种手段和方法，按照合同、标准或国际、国家有关法律、法规、惯例，对商品的质量、规格、重量以及包装等方面进行检查，并做出合格与否或通过检验与否的判定；或为了维护买卖双方的合法权益，避免或解决各种风险损失和责任划分的争议，便利商品的交接结算而出具各种有关证书的业务活动。商品质量检验是商品检验的中心内容，因此，狭义的商品检验指的就是商品质量的检验。

商品检验的目的是运用科学的检验技术和方法，正确地评定商品质量。商品检验的任务是从商品的用途和使用条件出发，分析和研究商品的成分、结构、性质及其对商品质量的影响，确定商品的使用价值；拟定商品质量指标和检验方法，运用各种科学的检测手段评定商品质量，并确定是否符合规定标准的要求；研究商品检验的科学方法和条件，不断提高商品检验的科学性、精确性、可靠性，使商品检验工作更科学化、现代化；探讨提高商品质量的途径和方向，促进商品质量的提高，并为选择适宜的包装、保管和运输方法提供依据。

（二）商品检验的功能

商品检验的主要功能有以下几个方面：

1. 鉴别功能

根据技术标准、产品图样、作业（工艺）规程或订货合同的规定，采用相应的检测方法观察、试验、测量产品的质量特性，判定产品质量是否符合规定的要求，这是质量检验的鉴别功能。

2. “把关”功能

质量“把关”是质量检验最重要、最基本的功能。通过严格的质量检验，剔除不合格品并予以“隔离”，实现不合格的原材料不投产，不合格的产品组成部分及中间产品不转序、不放行，不合格的产品不交付，严把质量关，实现“把关”功能。

3. 预防功能

（1）通过过程能力的测定和控制图的使用起预防作用；

（2）通过过程作业的首检与巡检起预防作用；

（3）广义的预防作用。

4. 报告功能

质量报告的主要内容包括：

（1）原材料、外构件、外协件进货验收的质量情况和合格率；

（2）过程检验、成品检验的合格率、返修率、报废率和等级率以及相应的废品损失金额；

（3）按产品组成部分或作业单位划分统计的合格率、返修率、报废率和等级率以及相应的废品损失金额；

（4）产品报废原因的分析；

（5）重大质量问题的调查、分析和处理意见；

（6）提高产品质量的建议。

（三）商品检验的依据

为使检验结果更具有公正性和权威性，必须根据具有法律效力的质量法规、标准及合同等开展商品检验工作。

1. 商品质量法规

商品质量法规是国家组织、管理、监督和指导商品生产和商品流通，调整经济关系的准绳，具有足够的权威性、法制性和科学性，是各部门共同行动的准则，也是商品检验活动的重要依据。质量法规包括：商品检验管理法规、产品质量责任制法规、计量管理法规、生产许可证及产品质量认证管理法规等。

2. 标准

技术标准对产品的结构、规格、质量要求、实验检验方法、验收规则、计算方法等均做了统一规定，是生产、检验、验收、使用、洽谈贸易的技术规范，也是商品检验的主要依据。它对保证检验结果的科学性和准确性，具有重要意义。

3. 购销合同

供需双方约定的质量要求必须共同遵守。一旦发生质量纠纷，购销合同的质量要求即为仲裁、检验的法律依据。购销合同必须符合《经济合同法》的要求。

二、商品检验的分类

（一）依据商品的目的分类

商品检验依据目的不同，可分为生产检验（第一方检验）、验收检验（第二方检验）和第三方检验三种。生产检验是商品生产者为了维护企业信誉、保证商品质量对原材料、半成品和成品进行检验的活动。生产检验合格的商品往往用“检验合格证级”加以标志。验收检验是由商品的买方为了维护自身及其顾客利益，保证所购商品符合标准和合同要求所进行的检验活动，目的是及时发现问题，反馈质量信息，促使卖方纠正或改进商品质量。在实践中，商业或外贸企业还常派驻厂员对商品质量形成的全过程进行监控，对发现的问题及时要求厂方解决。而第三方检验是由处于买卖利益之外的第三方（如专职监督检验机构），以公正、权威的非当事人身份，根据有关法律、标准或合同所进行的商品检验活动，如公证鉴定、仲裁检验、国家质量监督检验等，目的是维护各方面合法权益和国家权益，协调矛盾，促使商品交换活动的正常进行。

（二）依据检验有无破坏性分类

商品检验按有无破坏性可分为破坏性检验和非破坏性检验。破坏性检验是指为了取得必要的质量信息，经测定、实验后的商品遭受破坏性的检验。非破坏性检验是指经测定、实验后的商品仍能够正常使用的检验，也称无损检验。

（三）依据检验的相对数量分类

商品检验按检验商品的相对数量可以分为全数检验和抽样检验。全数检验是对被检批商品逐个（逐件）地进行检验，也称百分之百检验。其特点是能够提供较多的质量信息，给人一种心理上的放心感。缺点是由于检验量大，其费用高，易造成检验人员疲劳而导致漏检或错检。这种检验可以提供较多而准确的信息，但这种方法只适用于商品批量小、商品特性少、非破坏性的商品检验。实际工作中的全数检验只用于贵重、质量不够稳定商品的质量检验。

抽样检验是商品检验中的常见方式，它是按照事先确定的抽样方案，从被检批商品中随机抽取少量样品，组成样本，再对样品逐一测试，并将检验结果与标准或合同技术要求进行比较，最后由严格样本质量状况统计推断受检批商品的整体质量是否合格的检验。它具有占用人力、物力和时间少的优点，具有一定的科学性和准确性，是比较经济的检验方式；缺点是提供的质量信息少。它适用于批量大、价值低、质量特性多且质量较为稳定、具有破坏性的商品检验。

（四）依据商品内、外销售情况分类

商品检验按检验商品的内、外销售情况可以分为内销商品检验和进出口商品检验两种。内销商品检验是对于国内销售商品的检验，而进出口商品检验是指对于进口或出口商品的检验。进出口商品检验一般都是根据国家法令规定，对指定的重要进出口商品执行的强制性检验。其检验合格的商品给予签发检验证书，作为海关放行凭证，未经检验或检验不合格的商品，不准出口或进口。

三、商品检验的内容和程序

商品检验根据其检验的目的和作用不同，其检验的内容也不尽相同。一般来讲，商品检验主要有品质检验、规格检验、数量和重量检验、包装质量检验、安全和卫生检验等内容。

商品检验工作通常要按照一定的程序来进行，其检验程序通常分为一般程序和进出口检验程序。

（一）商品检验的内容

1. 品质检验

品质检验是根据合同和有关检验标准规定或申请人的要求，对商品的使用价值所表现出来的各种特性，运用人的感官或化学、物理等各种手段进行测试、鉴别。其目的就是判别、确定该商品的质量是否符合合同中规定的商品质量条件。品质检验包括外观品质和内在品质的检验。

（1）外观品质检验。外观品质检验是指对商品外观尺寸、造型、结构、款式、表面色彩、表面精度、软硬度、光泽度、新鲜度、成熟度、气味等的检验，如对机械加工质量检验（见图8－3）。

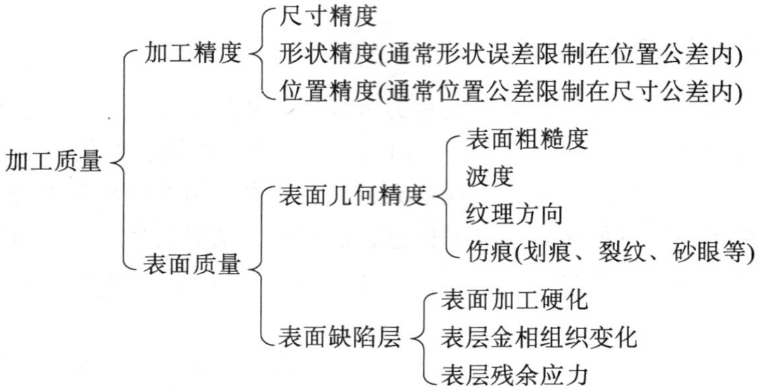

图8－3　机械加工质量检验内容

（2）内在品质检验。内在品质检验是指对商品的化学组成、性质和等级等技术指标的检验。

2. 规格检验

规格表示同类商品在量（如体积、容积、面积、粗细、长度、宽度、厚度等）方面的差别，与商品品质优次无关。如鞋类的大小、纤维的长度和粗细、玻璃的厚度和面积等规格，只表明商品之间在量上的差别，而商品品质取决于品质条件。商品规格是确定规格差价的依据。

由于商品的品质与规格是密切相关的两个质量特征，因此，贸易合同中的品质条款中一般都包括了规格要求。

3. 数量和重量检验

它们是买卖双方成交商品的基本计量和计价单位，直接关系着双方的经济利益，也是对外贸易中最敏感而且容易引起争议的因素之一。它们包括了商品个数、件数、双数、打数、令数、长度、面积、体积、容积和重量等。

4. 包装质量检验

商品包装本身的质量和完好程度，不仅直接关系着商品的质量，还关系着商品数量和重量。一旦出现问题，它是商业部门分清责任归属、确定索赔对象的重要依据之一。如检验中发现有商品数（重）量不足情况，包装破损者，责任在运输部门；包装完好者，责任在生产部门。包装质量检验的内容主要是内外包装的质量。如包装材料、容器结构、造型和装潢等对商品贮存、运输、销售的适宜性，包装体的完好程度，包装标志的正确性和清晰度，包装防护措施的牢固度等。

5. 安全和卫生检验

商品安全检验是指电子电器类商品的漏电检验、绝缘性能检验和 X 光辐射等。商品卫生检验是指商品中的有毒有害物质及微生物的检验，如食品添加剂中砷、铅、镉的检验，茶叶中的农药残留量检验等。

对于进出口商品的检验内容除上述内容外，还包括海损鉴定、集装箱检验、进出口商品的残损检验、出口商品的装运技术条件检验、货载衡量、产地证明、价值证明以及其他业务的检验。

（二）商品检验的程序

1. 国内商品检验的程序

（1）检验的准备。熟悉规定要求，选择检验方法，制定检验规范。首先要熟悉检验标准和技术文件规定的质量特性和具体内容，确定测量的项目和量值。为此，有时需要将质量特性转化为可直接测量的物理量；有时则要采取简介测量方法，经换算后才能得到检验需要的量值；有时则需要有标准实物样品作为比较测量的依据。要确定检验的方法，选择精密度、准确度适合检验要求的计量器具和测试、试验及理化分析用的仪器设备。确定测量、试验的条件，确定检验实物的数量，对批量产品还需要确定批的抽样方案。将确定的检验方法和方案用技术文件形式作出书面规定，制定规范化的检验规程（细则）、检验指导书，或绘成图表形式的检验流程卡、共序检验卡等。在检验的准备阶段，必要时要对检验人员进行相关知识的培训和考核，确认能否适应检验工作的需要。

（2）测量或试验。按已确定的检验方法和方案，对产品质量特性进行定量或定性的观察、测量、试验，得到需要的量值和结果。测量和试验前后，检验人员要确认检验仪器设备和被检物品试样状态正常，保证测量和试验数据的正确、有效。

（3）记录。对测量的条件、测量得到的量值和观察得到的技术状态用规范化的格式和要求予以记载或描述，作为客观的质量证据保存下来。质量检验记录是证实产品质量的证据，因此数据要客观、真实，字迹要清晰、整齐，不能随意涂改，需要更改的要按规定程序和要求办理。质量检验记录不仅要记录检验数据，还要记录检验日期、班次，由检验人员签名，便于质量追溯，明确质量责任。

（4）比较和判定。由专职人员将检验的结果与规定的要求进行对照比较，确定每一项质量特性是否符合规定要求，从而判定被检验的产品是否合格。

（5）确认和处置。检验有关人员对检验的记录和判定的结果进行签字确认。对产品是否可以“接收”“放行”做出处置。

2. 进出口商品检验的程序

（1）接受报检。报检是指对外贸易关系人向商品机构报请检验。报检范围为属于法定检验和公证检验业务范畴的商品。报检时，外贸关系人需填写“报检申请单”，填明申请检验、鉴定工作项目和要求，同时提交对外所签买卖合同成交小样及其他必要的资料，如进口单据（国外发票、运单、提单、检验记录、进口到货情况单等）或出口单据（信用证、许可证）等。

（2）抽样与制样。样品的抽取工作是进出口商品检验的基础，必须按规定方法，在规定的场地、从整批完整的包件中或生产线上随机抽取，以保证样品的真实性和代表性。抽取的样品应妥善保管，以保证检验与复验的真实性。制样分别有物理制样、化学制样等方式，为使用设备仪器检测做准备。科学的制样是保证检验正确的一个重要环节。

（3）检验。商检机构应认真研究申报的检验项目，确定检验内容，仔细审核合同（信用证）对品质、规格、包裹的规定，弄清检验的依据，确定检验标准、方法。检验鉴定项目一般包括被检商品的外观和内在质量以及包装重量等，方法有感官检验（鉴定）、理化检验（鉴定）和生物检验等。

（4）签发证书。在出口方面，凡列入《进出口商品检验种类表》内的出口商品，经检验合格后签发放行单，或在“出口货物报关单”上加盖放行章，以代替放行单。凡合同、信用证规定由商检部门检验出证的，或国外要求签检证书的，根据规定签发所需封面证书；不向国外提供证书的，只发放行单。《进出口商品检验种类表》以外的出口商品，应由商检机构检验的，经检验合格发给证书或放行单后，方可出运。在进口方面，进口商品经检验后，分别签发“检验情况通知单”或“检验证书”，供对外结算或索赔用。

问题与思考：

谈一谈为何进出口检验程序比国内商品检验复杂，“把关”功能应该侧重于哪些方面。

视频：毒麦入侵

任务 4
商品检验的方法

商品质量的检验方法是指获取商品质量检验结果所采取的检验器具、检验原理和检验条件的总称。商品质量的检验方法有很多，可将检验方法划分为感官检验法、理化检验法和生物学检验法三大类。

一、感官检验法

感官检验又称感官分析、感官检查和感官评价。它是利用人的感觉器官作为检验器具，对商品的色、香、味、形、手感、音色等感官质量特性，在一定条件下进行判定或评价的检验方法。其优点是简便易行，快速灵活，成本较低，而且适用范围广。感官检验特别适用目前还不能用仪器检验以及不具备组织昂贵、复杂仪器检验的企业、部门和消费者。它在食品、化妆品、艺术品等商品的检验中显得尤其重要，是其他检验法所替代不了的。感官检验通过运用统计学的方法分析和处理感官检验数据，将不易确定的商品感官检验的指标客观化、定量化，从而使感官检验更具有可靠性和可比性。

（一）按照人的感觉器官的不同，感官检验可分为视觉检验、嗅觉检验、味觉检验、触觉检验和听觉检验等

1. 视觉检验

视觉检验是用视觉来检查商品的外形、结构、颜色、光泽以及表面状态、疵点等质量特性。由于外界条件如光线的强弱、照射方向、背景对比以及检验人员的生理、心理和专业能力，会影响视觉检验效果，因此，视觉检验必须在标准照明条件下和适宜的环境中进行，并且应对检验人员进行必要的挑选和专门的训练。

视觉检验法是一种应用极为广泛的商品检验方法。如茶叶的外形、叶底；水果的果色、果型；棉花色泽的好坏，疵点粒数的多少；罐头容器外观情况和内容物的组织形态；玻璃罐的外观缺陷；食品的新鲜度、成熟度和加工水平等。

2. 嗅觉检验

嗅觉检验是通过嗅觉检查商品的气味，进而评价商品的质量，广泛用于食品、药品、化妆品、日用化学制品等商品质量检验，并且对于鉴别纺织纤维、塑料等燃烧后的气味差异也有重要意义。在检验中应避免检验人员的嗅觉器官长时间与强烈的挥发物质接触，检验的顺序也应从气味淡向气味浓的方向进行，并注意采取措施防止串味等现象。

3. 味觉检验

味觉检验是利用人的味觉来检查有一定滋味要求的商品（如食品、药品等），通过品尝食品的滋味和风味来检验食品质量的好坏。为了顺利进行味觉检验，一方面要求检验人员必须具备辨别基本味觉特征的能力，并且被检样品的温度要与对照样品温度一致；另一方面要采取正确的检验方法，遵循一定的规程。如检验时不能吞咽物质，应使其在口中慢慢移动，每次检验前后必须用水漱口等。

味觉检验主要用来鉴定食品，如糖、茶、烟、调料等味觉食品。食品的滋味和风味是决定食品品质的重要因素。同一原料来源的食品，由于加工调制方法的不同，滋味和风味也不同。质量发生变化的食品，滋味必然变劣，产生异味。所以味觉评定是检验食品品质的重要手段之一。

4. 触觉检验

触觉检验是指利用人的触觉感受器官对于被检验商品轻轻作用的反应以触觉来评价商品质量的。触觉是皮肤感受到机械刺激而引起的感觉，包括触压觉和触摸觉，是皮肤感觉的一种。皮肤感觉除外，还有痛觉、热觉、冷觉的表面特性、强度、厚度、弹性、紧密程度等质量特性。

5. 听觉检验

听觉检验是利用听觉器官，通过对商品发出的声音是否优美或正常来评判商品质量的检验方法。听觉检验和其他感官检验一样，需要适宜的环境条件，即力求安静，避免外界因素对听觉灵敏度的影响。

听觉检验一般用来检验玻璃制品、瓷器、金属制品有无裂纹或其内在的缺陷；评价以声音作为质量指标的乐器、家用电器等商品；评定食品成熟度、新鲜度、冷冻程度等。此外，听觉检验还广泛地用于塑料制品的鉴别、纸张的硬挺性与柔韧性、颗粒状粮食和油料的含水量及罐头食品变质的检验。

问题与思考：

举例说一说我们生活中经常用到的感官检验有哪些？

（二）按照感官检验目的的不同，感官检验又可分为分析型感官检验与偏爱型感官检验两大类

1. 分析型感官检验（感官分析）

分析型感官检验（感官分析）又称I型或A型感官检验（感官分析）。它是以经过培训的评价员的感觉器官作为“仪器”，来测定商品的质量特性或鉴别商品之间的差异等。如质量检验、商品改进、商品评优等都属于此类型。这种检验（分析）要求评价员对商品做出客观评价，尽量避免人的主观意愿对评价结果的影响。为此在进行试验时，必须保证以下三点：①评价尺度和评价基准应统一化、标准化；②试验条件应该规范化；③评价员在经过适当的选择和训练后，应维持在一定的水平。

知识拓展

大国工匠：高玲的“舌尖生活”

“先一闻、再一尝，摆在面前的五杯基础白酒就被高玲分出了‘三六九等’”，这就是高玲，全国技术能手、副研究员、国家级白酒评委，还是中国酿酒工业协会白酒行业职业技能培训教师。

她说，品酒师的日常禁忌有很多——不能吃辣，不能酗酒，不能抽烟。特

别地，作为女性，选择了品酒师职业就是选择了和化妆品说“再见”——不能化妆，不能擦口红，不能使用一切带香气的化妆品，不然会影响品酒的口感。

此外，品酒人的性格一定不能急躁，急躁是品不出来好酒的。“一杯酒里边的含量是很丰富的，你只有慢慢品尝，才能仔细体会到这个酒的内涵，例如甜味、粮香、劲爽程度。如果你很着急，随便尝一口，那什么都尝不出来。”所以，保持愉悦的心情也很关键，“心情好的话，尝这个酒的准确性更高”，高玲介绍说。

高玲是1970年生人，19岁入行。经过多年的学习实践，早在2005年，她就以优异的成绩考取了国家级白酒评委，成为全国仅有的160名国家评委之一，并于2010年、2015年国家评委换届时连续荣膺。

在优秀工匠的心中，工匠精神不仅体现在把手中的活儿做好、做精，更应让“绝活儿”不绝，让工匠精神代代相传。高玲一边不断革新知识结构，提升技术水平，一边还担负着培养企业核心技术人才的重任。在她的悉心教授下，52名徒弟陆续成为公司的技术骨干，在各自的岗位上独当一面。

（资料来源：光明网）

素养视点

党的二十大报告指出：“在全社会弘扬劳动精神、奋斗精神、奉献精神、创造精神、勤俭节约精神，培育时代新风新貌。”试结合品酒师高玲的事迹，谈一谈什么是工匠精神，如何发扬工匠精神？

2. 偏爱型感官检验（感官分析）

偏爱型感官检验（感官分析）又称Ⅱ型或B型感官检验（感官分析）。它是以未经训练的消费者对商品的感觉判断来了解消费者对商品的偏爱程度，所以是一种主观评价方法。

二、理化检验法

理化检验法是在一定的实验室环境条件下，利用各种仪器、器具和试剂做手段，运用物理、化学的方法来测定商品质量的方法。理化检验主要用于商品的成分、结构、物理性质、化学性质、安全性、卫生性以及对环境的污染和破坏性等方面的检验。理化检验与感官检验相比，其结果可以用数据定量表示，较为准确客观，但要求有一定的设备和检验条件，同时对检验人员的知识和操作技术也有一定的要求。因其能用数字定量地表示测定结果，客观、准确地反映商品质量情况，对于商品质量鉴定具有较强的科学性，较感官检验客观和精确，因此理化检验法应用越来越广泛。理化检验方法可以分为物理检验法和化学检验法。

（一）物理检验法

物理检验法因其检验商品的性质和要求不同、采用的仪器设备不同可以分为一般物理检验法、力学检验法、光学检验法、电学检验法、热学检验法等。

视频：走进实验室
感受理化检验法

1. 一般物理检验法

一般物理检验法是借助量具、量仪、天平、秤或专业仪器来测定商品的一些基本物理量的检验方法。如长度、细度、面积、体积、厚度、重量、密度、容重、表面光洁度等。这些基本的物理量指标往往是商品贸易中的重要交易条件。

2. 力学检验法

力学检验法是通过各种力学仪器测定商品的力学性能的检验方法。这些性能主要包括商品的抗拉强度、抗压强度、抗弯曲强度、抗冲击强度、抗疲劳强度、硬度、弹性、耐磨性等各方面的力学性能。

3. 光学检验法

光学检验法是通过各种力学仪器如显微镜、折光仪等检验商品光学性能方面质量指标的方法。

4. 电学检验法

电学检验法是利用电学仪器测定商品的电学方面质量特性的检验方法。当然通过有些电学性能的测定也可以测定商品的材质、含水等多方面性能。

5. 热学检验法

热学检验法是利用热学仪器测定商品的热学质量特性检验商品质量的方法。商品的热学特性主要包括熔点、凝固点、沸点、耐热性、导热性、热稳定性等。商品的很多热学性质与商品的使用条件及使用性能有很大的关系。

（二）化学检验法

化学检验法是用化学试剂或化学仪器对商品的化学成分及其含量进行测定，进而判定商品是否符合规定的质量要求的方法。依据操作方法的不同，化学检验法可分为化学分析法和仪器分析法。

1. 化学分析法

它是根据检验过程中商品再加入某种化学试样和试剂后所发生的化学反应来测定商品的化学组成成分及含量的一种检验方法。该方法不仅设备简单、经济易行，而且结果准确，是其他化学分析方法的基础。它适用于食品检验，包括营养素、食品添加剂、有毒有害物质及发酵、酸败、腐败等食品变质的成分变化指标测定；纺织品与工业品主要有效成分、杂质成分、有害成分的含量以及耐水、耐酸碱、耐腐蚀等化学稳定性质方面的测定。

化学分析法分为定性分析法和定量分析法两种。

（1）定性分析法。这是根据反应结果所呈现的特殊颜色或组合，在化学反应中生成的沉淀、气体等来判定商品成分的种类及其性质的一种方法。在定性分析中，多使用灵敏度高的鉴定反应。为了能正确判断结果，往往还要做空白试验和对照试验，同时还应注意反应溶液的温度、浓度、酸度干扰物质等影响。

（2）定量分析法。定量分析法是在定性分析的基础上，准确测定试样中商品的成分含量的分析方法。按测定方法的不同，定量分析分为容量分析和重量分析。重量分析是根据一定量的试样，利用相应的化学反应，使被测的成分析出或转化为难溶的沉淀物，再将沉淀物滤出，经洗涤、干燥或灼烧后，准确地称出其重量而计算出试样中某成分含量的分析方法。容量分析即用一种已知精确浓度的标准溶液与被测试样发生作用，由滴定终点测出某一种组分含量的分析方法。常用的分析方法有氧化还原法、综合滴定法、沉淀法、酸碱滴定法等。

2. 仪器分析法

它是采用光、电等方面比较特殊或复杂的仪器，通过测量商品的物理性质或物理化学性质来确定商品的化学成分的种类、含量和化学结构以判断商品质量的检验方法。它包括光学分析法和电化学分析法。

（1）光学分析法。光学分析法是通过被测成分吸收或发射电磁辐射的特性差异来进行化学鉴定的。常见的方法有：比色分析法、分光光度法、发射光谱法、色谱分析法等。

①比色分析法是用比较有色物质溶液的颜色作为确定含量多少的分析方法。它包括目视比色法和光电比色法。目视比色法是用眼睛比较被测溶液与标准溶液颜色深浅差异的方法。该法可以在复合光下进行测定，但标准溶液不能久存，经常需要在测定时同时配制。光电比色法是采用光电比色计测试的，即利用光电效应测量光线通过有色溶液的强度的方法。这两种方法都是在可见光区内测定物质对光吸收强度进行分析的。

②分光光度法包括原子吸收光谱、红外光谱等。原子吸收分光光度法是一种基于物质所产生的原子蒸气对特定谱线（通常是待测元素的特征谱线）具有吸收作用而进行分析的方法。由于这种方法测定灵敏度高，特效性好，抗干扰能力强，稳定性好，适用范围广，加之仪器较简单，操作方便，因而应用日益广泛。

③发射光谱法是根据原子所发射的光谱测定物质的化学组成的方法，即试样在外界能量的作用下转变成气态原子，并使气态原子的外层电子激发至高能态。当从较高的能级跃到较低的能级时，原子将释放出多余的能量而发射出特征谱线。对所产生的辐射经过摄谱仪进行色散分光，按波长顺序记录在感光板上，就可呈现出有规则的光谱线条，即光谱图。然后根据所得光谱图进行定性分析和定量分析。

④色谱分析是一种分离技术。它的分离原理是，使混合物中各组分在两相间进行分配，其中一相是固定不变的，称为固定相，另一相是携带混合物流过此固定相的流体，称为流动相。当流动相中所含混合物流过固定相时，就会与固定相发生作用。由于各组分在结构和性质上的差异，流动相与固定相发生作用的大小、强弱也有差异，因此，在同一推力作用下，不同组分在固定相的停留是有长有短，从而按先后不同的次序从固定相中流出，达到分离的目的。试样中各组分被分离后，再分别检测，最后记录仪记录，得到色谱图。气相色谱仪应用相当广泛，但对于难挥发和热稳定性能差异的物质，此法的应用仍受到一定限制。

近年来，随着基础理论研究和新技术的应用，还出现了许多其他新型的光学仪器法。如核磁共振波谱法、红外线检验法、紫外线检验法、X 射线检验法、质谱仪检验法、荧光光谱法等。它们大都用于测定商品的成分和构成，其特点是快速简便、准确、自动、灵敏。但由于样品处理费时，仪器价格昂贵，对操作人员要求高，故其应用受到一定的局限性。

（2）电化学分析法。电化学分析法是根据溶液中物质的电化学性质及其变化规律，建立在以电位、电导、电流和电量等电学量与被测物质某些量之间的计量关系的基础之上，对组分进行定性和定量的仪器分析方法。电化学分析法概括起来一般可以分为三大类：第一类是通过试液的浓度在特定实验条件下与化学电池某一电参数之间的关系求得分析结果的方法。这类方法主要包括电导分析法、库仑分析法、电位法、伏安法和极谱分析法等。第二类是利用电参数的变化来指示容量分析终点的方法。这类方法仍然以容量分析为基础，根据所用标准溶液的浓度和消耗的体积求出分析结果。这类方法根据所测定的电参数不同而分为电导滴定法、电位滴定法和电流滴定法。第三类是电重量法，也称电解分析法。这类方法将直流电流通过试液，使被测组分在电极上还原沉积析出与共存组分分离，然后再对电极上的析出物进行重量分析以求出被测组分的含量。

电化学分析法主要具有以下特点：①灵敏度较高。最低分析检出限可达10—12mol/L。②准确度高。如库仑分析法和电解分析法的准确度很高，前者特别适用于微量成分的测定，后者适用于高含量成分的测定。③测量范围宽。电位分析法及微库仑分析法等可用于微量组分的测定；电解分析法、电容量分析法及库仑分析法则可用于中等含量组分及纯物质的分析。④仪器设备较简单，价格低廉。仪器的调试和操作都较简单，容易实现自动化。⑤选择性差。除离子选择性电极法、极谱法及控制阴极电位电解法选择性较高之外，电化学分析的选择性一般都较差。

问题与思考：

对比总结一下感官检验法和理化检验法的优缺点。

三、生物学检验法

生物学检验法是食品类、药类和日用工业品类商品质量检验常用的方法之一，一般运用于测定食品的可消化率、发热量和维生素的含量、细胞的结构与形状、细胞的特性、有毒物品的毒性大小等。它包括微生物学检验法和生理学检验法两种。

（一）微生物学检验法

微生物学检验法是采用微生物技术手段，检测商品中的有害生物的存在与否以及数量多少的方法。需要进行微生物学检验的商品有食品及其包装物、化妆品、卫生用品等。

（二）生理学检验法

生理学检验法是以特定的动物或人群为受试对象，测定食品的消化率、发热量以及某一成分对集体的作用、毒性等。

在实际生活中，影响商品质量变化的因素很多，商品质量的下降往往是很多因素作用的综合结果。无论是理化检验还是生物学检验，都是在特定条件下进行的，检验只是考虑了一个或几个因素。为了更好地模拟商品实际情况，对商品进行试用以综合评定商品在实际使用中的质量表现，也是一种常用的质量评价方法。

知识拓展

为什么常用小白鼠做实验？

1. 小白鼠好养。小白鼠是一种很好养的动物，个头小，占地面积很小，不需要太大的空间，养殖成本也比较低，所以可以大规模养殖小白鼠来做实验。

2. 繁殖能力强。小白鼠有着很强大的繁殖能力，它们可以持续不断地繁殖生产，也在一定程度上降低了成本。

3. 攻击性低。小白鼠和其他动物比较起来，攻击力是比较低的。在研究的时候可能需要注射很多不同的药剂，假如动物反抗厉害的话可能影响操作甚至伤害自己。

4. 和人类基因相似。小白鼠的基因和人类基因达到了极高的相似度，最高可以达到98%，这是一个很惊人的数字。

5. 社会价值不高。小白鼠不是一种很受欢迎的宠物，同时也不能作为食物被吃掉。所以大量使用小白鼠进行实验，不会影响到社会，也不会造成大的负面影响。

（资料来源：环球网）

任务5 应用与实践

一、商品质量分级

商品质量分级（商品品级、商品质量等级）是指对同一品种的商品，按其达到商品质量标准的程度所确定的等级。它是表示商品质量高低优劣的标志，也是表示商品在某种条件下适合其用途大小的标志，是商品鉴定的重要内容之一。

（一）商品品级的划分方法

商品品级的划分方法很多，主要可归纳为百分记分法、限定记分法和限定缺陷法三类。

1. 百分记分法

百分记分法是按商品的各项质量指标的要求，规定为一定分数，其中重要的质量指标所占分数较高，次要的质量指标所占分数较低。各项质量指标完全符合标准规定的要求，其各项质量指标的分数总和为100分。如果某一项或几项质量指标达不到标准规定的要求，相应扣分，其分数总和就要降低。分数总和达不到一定等级的分数线，则相应降低等级。这种方法在食品商品评级中被广泛采用。

2. 限定记分法

限定记分法是将商品的各种质量缺陷规定为一定的分数，由缺陷分数的总和来确定商品的等级。商品的缺陷越多，分数的总和越高，则商品的品级越低。该方法主要用于工业品商品的分级。例如，棉色织布的外观质量主要决定于其布面疵点，标准中将布面各种疵点分为七项，分别为破损性疵点、油污疵点、边疵点、径向疵点、纬向疵点、整理疵点和其他疵点。按疵点对布的影响程度确定各项疵点的分数，分数总和不大于10分的为一等品，不大于20分的为二等品等。

3. 限定缺陷法

缺陷，是指产品存在危及人身、他人财产安全的不合理的危险。产品缺陷是指存在于产品的设计、原材料和零部件、制造装配或说明指示等方面的，未能满足消费或使用产品所必须合理安全要求的情形。产品缺陷多少直接会影响商品质量的好坏，根据其影响质量的程度，可以分为致命缺陷、严重缺陷、一般缺陷和次要缺陷（见表8－1）。

表8－1　产品缺陷分类

级别	严重性	加权分	功能影响	外观	包装
A级	致命缺陷	100	肯定会影响产品主要功能，引起顾客申诉与索赔	缺陷严惩很明显，顾客不能接受，一定申诉或索赔	产品错、漏装零部件，会导致产品损坏，顾客不能接受
B级	严重缺陷	50	肯定会影响产品的一般功能，引起顾客的不满意	缺陷明显一定引起顾客不满意，可能会申诉	导致产品损坏，如外观损坏、锈蚀等引起顾客申诉
C级	一般缺陷	10	可能轻微影响产品功能，但不明显，用户不会觉察与发现	缺陷可能被顾客发现，但不会申诉	可能影响有的产品功能，但顾客不会申诉
D级	次要缺陷	1	不影响产品功能	顾客不会注意或不会发现	顾客不会注意与觉察

限定缺陷法是指通过在标准中规定商品的每个质量等级所限定的疵点种类、数量、不允许出现的疵点及成为废品的疵点限度来确定商品质量等级的方法。此种方法多用于工业品品级之中。如全胶鞋13个外观指标中，一级品不准有鞋面砂眼；二级品有砂眼直径不超过1.5mm，深不超过鞋面厚度等规定。

（二）商品品级划分实训

商品品级划分实训

1. 实训目的：掌握商品品级划分方法，对给定商品进行划分等级。
2. 实训内容：商品品级划分。
3. 环境要求：普通教室。
4. 实训流程：选定商品—分析商品质量特性—拟定分级标准。
5. 注意事项：①3—5 人为一组；②可以选择苹果、土豆、梨、西红柿等熟悉的农产品为划分对象；③可以参考商品质量六类特性法等。
6. 实训作业：商品品级划分标准。

文本：珍珠品级划分

二、商品质量检验实训

根据所学的产品质量监督抽查部分内容，以 4—5 人为一组，组成产品质量监督检查小分队，对学校周边超市、农贸市场等场所的商品进行质量监督检查。

商品质量监督检查实训

1. 实训目的：了解市场上商品质量状况，体验产品质量监督抽查工作。
2. 实训内容：商品质量监督检查。
3. 环境要求：超市、农贸市场等场所。
4. 实训流程：确定商品类别和检查事项—市场监督检查—撰写检查报告。
5. 注意事项：①市场监督检查形式采取暗访式；②商品样品可以申请实训经费进行购买；③有条件的学校可以跟随工商部门进行；④检查项目可以有：包装标志、标注是否规范；重量是否与标注相符；产品是否过期等。
6. 实训作业：检查报告。

思考训练

项目八自测题

一、简答题

1. 质量监督的作用有哪些？
2. 为什么可以说“经过培训的评价员的感觉器官作为‘仪器’”？

二、实务分析题

1. 为自己熟悉的一种产品拟定分级标准并对其分级。
2. 与市场监管部门执法人员座谈，了解商品质量执法检查的内容是什么。

项目九

商品陈列与介绍

文本：项目九
教学实施手册

PPT：项目九
课件

学习指南

单元名称	商品陈列与介绍	对应岗证	营业员、直播销售员等岗位
学习目标	1. 知识目标 （1）了解商品陈列设计原则和要求； （2）掌握常用的商品陈列法； （3）掌握“FABEDS 万能介绍法”和“五步销售话术法”； （4）掌握商品说明书的写作技巧； （5）掌握网店商品介绍文案写作步骤； （6）了解商品展示技术比赛； （7）了解销售门店岗位职责。 2. 能力目标 （1）能进行商品陈列设计并实际陈列； （2）能够介绍商品，胜任营销员工作； （3）会写作商品说明书； （4）会制作网店商品介绍文案。 3. 素养目标 （1）弘扬劳模精神，培育劳动品质； （2）提高职业素质和职业能力，全面践行新时代爱岗敬业职业精神。		
学习重点	1. 商品陈列设计； 2. “FABEDS 万能介绍法”和“五步销售话术法”； 3. 网店商品介绍文案写作步骤。		
实训建议	营业员实习/商品陈列实训/商品介绍实训		
问题思考	1. 商品陈列的作用有哪些？ 2. 大学生当营业员没出息、没出路吗？		

导入案例

超市里的“潜规则”？

在很多人眼中，超市只是用来购物的场所，为我们提供所需要的商品，因此有不少人都是去超市买到所需的东西后就结账离开，有人逛了十几年的超市，也没有关注到超市里的一些“小套路”。其实超市在营业的过程中也是存在着一些潜规则的。

1. 中层货架产品销量高

去过超市买东西的人想必都知道，超市里摆放的有许多货架，货架分为上下很多层。根据绝大多数消费者的身高进行分析，他们在选择物品时，绝大多数时间会把目光放到货架的中层。

对于低层或者顶层的商品关注度就没有那么高，因为处于最底层的商品，我们需要蹲下来去观察，处于最高层的商品，我们要昂起头去观察。

超市在进行物品摆放的时候，总会把一些利润高的产品放在中间的货架上，因为这样他们就能够赚到更多的钱，相信不少人在逛超市的时候也会发现，中间货架商品的销售是很快的。

2. 美颜功能的“灯光”

就像我们在拍照时，总会喜欢使用美颜功能，这样会使我们在镜头里更好看一些。超市里售卖的一些商品，有时也会使用“美颜”。能够帮助商品提高颜值的东西就是灯光。留心观察的人会发现，在超市的蔬菜货架、海鲜货架以及肉质货架上面会有不少的打光灯，很多人对这些灯光的第一印象就是为了照明。其实并不然，那些安装的灯光，有些是亮白色，而有些会是暖黄色或其他颜色。不同的灯光打在不同的商品上，会呈现出不一样的效果。

就像在蔬菜货架上面安装一个灯源为绿色的打光灯，会使蔬菜看上去就更加的新鲜；在肉类货架上安装红色打光灯，会使肉的质量看上去更好。

问题与思考：

超市里的“潜规则”存在的原理和它带来的影响是什么？

视频：超市也有“潜规则”

任务1
商品陈列

合理地陈列商品可以起到展示商品、刺激销售、方便购买、节约空间、美化购物环境等各种重要作用。据统计，店面如能正确运用商品的配置和陈列技术，销售额可以在原有基础上提高10%。

一、商品陈列的概念

商品陈列指以商品为主体，利用其固有的性能、形状、体积、色彩、样式等属性，通过各种展示方式的选择或组合，向顾客展示商品特点，通过视觉与顾客沟通，增强商品的感召力，从而加深顾客对商品的了解、促进顾客做出购买决定的商品促销手段。

二、商品陈列设计

（一）设计原则

商品陈列能将商品的外观、性能、特征和价格迅速地传递给顾客，由其自主比较、选择，可减少询问，缩短挑选时间，加速交易过程。商品陈列经过一系列艺术处理，能起到改善店容店貌、美化购物环境的作用。大量实践表明，要想达到商品陈列的心理效应、经济效益和社会效果，需遵循以下基本原则。

1. 醒目

陈列要突出商品形象，最好能在陈列中形成一个焦点，以引起顾客的注意。

2. 丰富

要求货架经常保持整齐、丰满、有序，使顾客感到可选择的余地很大。

3. 科学

商品应适应顾客的习惯、选择方式和随机心理，满足顾客求新、求美的心理。

4. 艺术

商品陈列的造型设计要充分体现该商品的特点，构思要巧妙，艺术手法要新颖独特。既要美观大方，又要层次分明；既要重点突出，又要色彩和谐。

5. 有说明

陈列商品时应附有各种必要的说明（包括品名、产地、规格、质量等级、价格），有的商品还应附有简要说明，介绍使用方法和维修方法。

6. 符合人体尺寸

商品陈列要让顾客看得见、摸得着，而且应陈列不加包装的商品，使顾客的感官不受任何阻碍地受到刺激，触发其购买动机。

问题与思考：

为什么商品陈列设计要遵循“符合人体尺寸”原则？

（二）设计要求

商品陈列设计要注意思想性、科学性、代表性和艺术性等。有效的商品陈列，可使商店“冷”的商品富有“热”的感觉，从而对积压商品起到推销作用。因此，商品陈列设计应包括以下一些要求。

（1）要合理选择陈列设施和地点，合理利用营业面积，适应消费者流动路线，便于顾客浏览和选购商品；

（2）要求商品陈列布置与店内布局、环境色彩、整体气氛保持一致，反映出企业的经营特色；

（3）陈列商品的造型设计，要讲究艺术美观，充分显示出商品的不同特征，应做到层次分明，重点突出，相互衬托；

（4）要慎重选择陈列样品，陈列样品与销售商品一致，做到有样有售，标明价格，附有介绍；

（5）陈列时商品自身的色彩也应进行协调，暖色与暖色排在一起，冷色与冷色排在一起，或有规律地作色彩对比排列，这样可使商品看起来美观；

（6）陈列用具的色彩亮度要低于商品，以免喧宾夺主，影响陈列效果；

（7）陈列的商品最好将商标正面显露出来，方便顾客观看；

（8）陈列的商品要显示出丰满性，勤加更换，保持清洁，注意商品养护，减少商品污染损耗；

（9）对结构复杂、功能性商品和一些新产品、高档商品应做必要的说明，让顾客全面了解，以供选择商品参考；

（10）要求陈列商品思想性与艺术性统一，按照社会主义精神文明建设的要求，既要有思想性，又要有艺术性，二者有机地结合，才能产生良好的效果。

（三）设计形式

商品陈列是零售商在商店中如何向顾客展示商品的一种特殊技术，它常被称为“向顾客做购买前最后一分钟的提示”。作为商店的现场广告，商品陈列的促销作用要比电视广告和报纸广告更为有效。市场营销专家指出，超级市场中顾客三分之二的购买决定都是参看商品的各式陈列而决定的，其实在其他不同业态的商店中商品陈列同样重要。常用的商品陈列设计的形式有以下几种。

1. 主题陈列

主题陈列又叫专题陈列，这是将商品陈列在一个主题环境中的一种形式。主题选择有很多，如各种节日、庆典活动、重大事件都可以融入商品陈列中去，营造一种特殊的气氛，吸引消费者注意。如“六一儿童节”来临之际，可将各种儿童用品集中陈列在一个陈列台上，再加上鲜花等装饰品，渲染出一种活泼、热烈的氛围。

主题陈列在布置商品陈列时应采用各种艺术手段、宣传手段、陈列用具，并利用色彩突出某一主题商品。对于一些新产品，或者是某一时期的流行产品以及由于各种原因要大量推销的商品，可以在陈列时利用特定的展台、平台、陈列道具台、陈列具等突出宣传，必要时，配以集束照明的灯光，使大多数顾客能够注意到，从而产生宣传推广的效果。另外，商店还可与生产厂家合作，利用主题陈列的形式，共同开展某种商品的展销促销活动，为某工厂生产的主要商品专门开辟出一块场地，配以适当的用具展示出来，使这类商品同其他同类商品明显区别开来，一方面给商品陈列带来变化，另一方面又促进了这类商品的销售，扩大了市场。

2. 端头陈列

端头即货架两端，这是销售效果极强的陈列位置，尤其在超级市场。端头陈列即在货架两端进行的商品陈列。端头陈列的商品可以是单一品种商品，也可以是组合商品，后者效果更佳。在美国曾进行过一项调查，调查资料显示：将单一的商品陈列改为组合商品陈列，销售额会大大提高。目前国内商店使用的中央陈列架有许多是半圆形端头，这等于白白浪费了黄金陈列空间。若要发挥端头的商品陈列优势，可将半圆形的端头去掉，放上一个单面货架，就可进行端头陈列了。需注意的是：

（1）端头商品组合陈列时商品种类不宜过多；

（2）组合商品之间要有关联性，绝不可将无关联的商品陈列在同一货架内；

（3）在几种组合商品中可选择一种商品为牺牲品，以低廉价格出售，目的是带动其他商品的销售；

（4）端头的特殊位置可以用来专门陈列特价商品、高利润商品、新商品、重点推荐商品或热卖中的商品。

3. 突出陈列

即将商品超出通常的陈列线，面向通道突出陈列的方法。突出陈列有很多种做法，有的在中央陈列架上附加延伸架，据调查这可以增加180%的销售量；有的将商品直接摆放在紧靠货架的地上，但其高度不能太高。

突出陈列打破了一般陈列的单调感，其陈列效果是：

（1）商品的露出度提高，可增加商品出现在顾客视野中的频率；

（2）突出商品的脸颊型、丰富感，并使店铺给顾客一种非常热闹的感觉；

（3）可实现单品大量贩卖。

突出陈列在设计时，需要注意：

（1）突出陈列的高度要适宜，既要能吸引顾客的注意，又不能太高，以免影响货架上商品的销售效果；

（2）突出陈列不宜太多，以免影响顾客正常的行动路线；

（3）不宜在窄小的通道内做突出陈列，即使在比较宽敞的通道，也不要配置占地面积较大的突出陈列，以免影响通道顺畅；

（4）适用于新产品、促销商品、廉价商品等希望特别引起顾客注意、提高其周转率的商品。冷藏商品避免选用此种陈列方法。

4. 关联陈列

关联陈列也称配套陈列，即将种类不同但效用方面相互补充的商品陈列在一起，或将与主力商品都有关联的商品陈列于主力商品的周围以吸引并方便复合购买的陈列方法。例如，将浴液与洗发水、香皂与香皂盒、皮鞋与鞋油放在一起，顾客在购买了 A 商品以后，顺便会购买旁边的相关商品 B 或 C。关联陈列增加了商店陈列的灵活性，加大了不同种类商品陈列的机会，是商品群原理在商品陈列中的一个集中体现。在运用关联陈列时一定要注意商品之间的相关性，确保顾客产生连带购买行为。常见的关列陈列有：

（1）用途上的关联。将空调、电视、影碟、立体音响、录像等商品相邻陈列；在销售家庭装饰用品时，把地毯、地板装饰材料、壁纸、吊灯等共同布置成一个色调和谐、图案美观、环境典雅的家庭环境，形成一种装饰材料的有机结合，让顾客在比较中感受到家庭装饰对居住环境的美化作用。

（2）附属上的关联。如旅行用品中电动剃须刀、电吹风、照相机、望远镜的陈列。

（3）年龄上的关联。如老年用品助听器、按摩器、小型电器、电热毯、频谱仪等的陈列。

（4）商标上的关联。陈列商品以商标为纽带进行系列陈列，如强生用品系列有婴儿润肤露、婴儿无泪洗发水、婴儿爽身粉、洗面露、面部调理液、面部凝露等产品，可摆放在一起。

5. 悬挂陈列

悬挂陈列是用规定的或可以转动的有挂钩的陈列架来陈列商品的一种方法。悬挂陈列能使顾客从不同角度来欣赏商品，具有化平淡为神奇的促销作用。常规货架上一般很难实施商品的立体陈列，尤其是一些小商品如剃须刀片、电池、手套、袜子、帽子、小五金、头饰品等，使用悬挂陈列既方便顾客挑选，又方便商店修改陈列。

悬挂陈列的适用范围是：①中小型轻量商品；②常规货架上很难实施立体陈列的商品；③多尺寸、多颜色、多形状的商品。

三、常用的商品陈列法

（一）整齐有序陈列法

没有谁会喜欢在一个杂乱无章的卖场中停留，特别是在品牌林立的今天。整齐和有序列的卖场不仅可以使顾客在视觉上感到整洁，同时也可以帮助顾客迅速地查找商品，节省时间。因此，卖场中货品的商品陈列造型要打理得整整齐齐；货品分类放置，排列要有次序和规律；重点突出，连带性强，要能让顾客既看到重点促销的商品，又能联想到其他相关商品。

（二）丰满陈列法

俗话讲“货卖堆山”，货架、地堆、端头上的商品必须丰满陈列。商品不丰满，会降低货架空间利用率，导致仓库库存压力增大；商品不丰满，容易给顾客留下这些是“卖剩下来的商品”的不好印象；商品不丰满，会影响商品本身的表现力，影响销售。尤其是地堆、端头等特殊陈列的商品更要丰满，这些特殊陈列犹如超市的画龙点睛之笔，是商店的亮点。就算商品放满了货架，但若是东倒西歪、凌乱不堪，仍然会给顾客留下不好的印象。如果没有库存，不能保证货架放满，就要把商品前进陈列，以保证商品陈列丰满整齐。

具体有两种处理方法：在空缺的地方放置“此货暂缺”标志；用其他关联性的同时销售比较好的商品填补上，这种操作一定要作记录，跟踪要货，不然容易使该商品在店里消失。不能简单地把旁边的商品拉大排面，除非该商品畅销。

（三）关联性陈列法

商店内的商品陈列，特别强调商品之间的关联性。这种关联不是简单地如把服装鞋帽归类集中在一个区域陈列这样狭隘，可以以一个主题如“情人节”等组合商品陈列。关联性陈列要求在尽可能的情况下，端头陈列的商品与相邻货架商品有关联，让端头发挥一定的促销作用，就是相邻地堆之间陈列也要注意其关联性，注意平稳过渡。否则，如洁厕灵地堆紧挨饮料地堆，让人看了总不舒服。好的关联陈列很容易在激发顾客购买A商品的同时又购买了计划外的B商品甚至C商品。

（四）先进先出陈列法

店内商品，尤其是食品类商品，为了保持商品整体相对好的保质期，在补充商品时应依照先进先出的原则来陈列。补货时把里面的商品先拿出来，检查一下，如果保质期和待上架的一样，且货架和商品都干净，就直接上货；否则，商品拿下来清洁后，把新商品补充在里面，然后把原来的商品放在外面。尤其是生鲜、冷冻冷藏等保质期较短的食品更要注意先进先出。这一点做到容易坚持难，平时应加强对员工的食品安全教育，让员工形成一个良好的上货习惯。

（五）业绩分配陈列法

商店货架空间宝贵，商品陈列不可能平均分配。销售好的商品排面大，陈列段位好，销售差的相反，这样才能实现销售最大化。同时，销售陈列是一个动态过程，要不断分析销售情况，做陈列调整。陈列排面和位置如以销售说话，才能杜绝人情关。商品陈列权和调整权以及商品的下架和新品的上架权要控制好，注意让适合的专人控制监督。对作特价优惠的商品，如果陈列在货架上，应适当扩大排面和调整到好位置，以实现预期效果。

（六）整体性陈列法

卖场中每个货品的陈列形态和造型一定要与卖场整体的布局和效果相配。有些销售员喜欢在卖场中的各个部位都营造各种风格不同的效果，这样虽然局部效果很好，但是从整个卖场来看非常烦琐，缺乏整体感。陈列意图明确，能让顾客了解商品的特点和用途，帮助他们下决心去购买；要懂得货架上的商品只是合唱团的一员，必须和整个队伍形成一体，一味地强调自我，只会破坏整场演出的效果。

（七）展示美感陈列法

陈列的主要目的是吸引顾客的目光，激起顾客的购物兴趣。著名服装陈列设计师田燕曾说过："产品再好，陈列得跟抹布似的，顾客看不出好来；将这块抹布熨得平平的，再戴上花，就可以卖1000块钱。"由此说明，只有一个美的物体才能吸引人，陈列的首要任务就是将商品的美感展示出来，美的陈列才可以使产品增值。

（八）安全至上陈列法

商品摆放要考虑货架的承重能力，注意安全，轻小的商品放在货架的上方，较重、较大的商品放货架的下方等。货架高处的商品，易碎的商品，要注意检查，并采取防护措施。地堆商品注意不要超高超大，以不超过1.4米高为宜。地堆、货架附近不要堆放库存，这样一是店堂不清爽，二是存在容易绊倒顾客等安全隐患。

问题与思考：

谈一谈商场/超市的商品陈列对消费有什么影响。

任务2
商品介绍

商品介绍基于销售目的针对顾客进行的关于商品性能、价格和相关服务等说明。它可以分为口头介绍和文字介绍。商品的口头介绍是指商品销售员向顾客推介商品时的面对面或非面对面（如电话、视频等）对商品的介绍，它是促进顾客做出购买决策的一种很主要的影响因素，也是商品销售员的一项很重要的基本功。文字介绍又可以分为文案介绍和文字说明，是指用于促进顾客了解商品的产品说明书或网上商店的网店商品的介绍文字和图案。文案介绍和文字说明犹如无声的推销员，对于产品的推介也是非常重要的。

一、商品口头介绍

（一）面对面时的商品介绍

当顾客站在商品面前呈现出疑问的样子，或是开口问价时，营业员该如何介绍商品呢？

1. 遵循介绍商品的原则

介绍商品时要非常简明、扼要、清晰易懂，争取一句话就能让顾客知道商品的优点。而且在柜台销售中介绍商品时一定要循序渐进，要有选择性地介绍商品。比如在介绍商品时可以说“您看我认为这款机器‘比较适合’您的家庭”。千万不要在第一次推荐时就说得非常具体，让顾客没有选择的余地。

2. 按照一定的步骤

人的情绪都是可以相互影响和感染的，销售人员在推荐商品时如果对所销售的商品充满了感情和热爱，往往可以通过语言来吸引顾客，让顾客对商品产生更多的兴趣和欲望。柜台销售过程中，介绍商品要分为三个层次：首先要介绍公司和品牌，其目的是让顾客信任商品是货真价实的；接下来再去介绍商品，包括介绍商品的一些功能和组成材料；最后再用获取利益的方法来说服顾客购买商品。

3. 在说明时，先说缺点，再说优点

在向客人介绍商品时，你就应该像一位媒人一样。当你说“这位姑娘脸蛋虽然差一些，但脾气可是很好”。和“这位姑娘脾气虽然很好，脸蛋就稍微差一些”时，虽然内容相同，但听者的感受可就大不相同了。所以，推荐商品时，你不妨这样强调：“这东西虽然稍微贵一些，但东西完全是手工做的，其他商品就没有这种特色。”

4. 针对不同的商品采取不同的介绍

（1）对名牌产品的介绍。各种名牌产品，都有其独特风格，其中有的是历史悠久的传统名牌产品或后起之秀，有的是名师制作、工艺高超，有的是用料精细、质量优良。因此，在介绍与展示商品时一定要突出其特点，着重介绍其质量、产地的特点、信誉，必要时还可介绍其悠久的历史和特殊的制作工艺，从而吸引顾客，激发其慕名而购的动机。

（2）对工艺品、装饰品的介绍。任何工艺品、装饰品，往往都独树一帜，别具风格。在介绍这些商品时要着重介绍其风格特点、艺术价值。

（3）对有特殊效能商品的介绍。应从其成分结构讲起，再转到其效能。如介绍药物牙膏，除了会有普通牙膏的漂白与清香剂外，还加入了某种中草药，因此有消炎止痛、预防牙病的作用。

（4）对一般日常用品、食品的介绍。要从好处讲起，再讲商品的特性，突出其优点，例如，介绍某种衬衫，要先讲它穿起来很舒服，夏天透气良好，冬天保温，因为它是纯棉制品。

（5）对连带商品的介绍。有些商品与其他商品之间在用途上是有关联的。如录音机与磁带、香烟与打火机等。而且由于有的顾客在购买商品时，一时没有想到关联商品，营业员与顾客成交某一种商品后，要不失时机地向顾客推荐关联商品。但介绍连带商品时，语言要婉转亲切，最好用提醒式的语言，诸如："您是不是还需要点别的"，根据顾客的心理状态，有的放矢地进行商品介绍。有些商品之间虽有关联，但消费者不一定需要，如买了枕巾、枕套不一定需要枕芯。因此，介绍连带商品要灵活掌握，不要勉强，要顺从其心意。

（6）对代用商品的介绍。每个商店的经营品种都不可能做到百分之百的齐全。当顾客提出需要某一种商品而商店暂时没有时，营业员应热情地向顾客介绍某种可以代用的商品，以满足需要。如果简单的一句"没有"，虽是实事求是的答复，但并没有表现出热情周到的服务来，可以用遗憾的态度说"真抱歉，您需要的东西刚刚卖完"或"暂时无货"之类的话，同时热情地介绍代用品，以满足其需要。介绍代用品与否，效果是截然不同的。

营业员介绍代用品，可以采用以下途径：当某产地的商品缺货时，介绍另一产地的同类商品；当某种规格的商品缺货时，介绍可以通用的另一规格商品；当某种花色商品缺货时，介绍另一种近似花色的商品；当某种特别用途的商品缺货时，介绍另一种用途相同的商品；当某种特定的商品缺货时，可以介绍加工、改制后的另一种商品；当某种整件商品缺货时，可以介绍用零件装配成套的商品。

（7）对新产品的介绍。新产品开始上市时，不容易被顾客了解和接受，营业员应积极向顾客推荐，以打开销路。如有的新产品是在老产品的基础上改进而成的，就要把新老产品作比较；有的是从国外引进并加以改进的，就要把二者进行对比介绍；有的产品是创新的，就要介绍其特点，使顾客接受这种新产品，以引导消费，促进新产品打入市场。

（8）对滞销商品的介绍。某些商品滞销，一般是因季节的变化、消费习惯的变化、群众生活水平的变化等原因造成的，也有的因商品残次、质量下降所致。但由于顾客消费水平不一、爱好各异，只要分析顾客的心理变化，有针对性地做好推荐工作，就有可能变滞销为平销。在介绍滞销商品时，要讲明滞销原因，有的式样过时，但仍能使用；有的是包装较差，但质量完好；有的是商品有缺陷，但仍有使用价值；有的是出口不对路，但适合国内销售等，还要向顾客讲清原价多少、处理价多少。

（9）对进口商品的介绍。介绍进口商品应将其商标、主要部件和使用说明译成中文交给顾客，并着重介绍其辨识的商标、使用和保养方法。

知识拓展

这名女营业员是劳模

在杭州解百商场有一个“周明娟工作室”，周明娟何许人也？

周明娟就是一名普普通通的营业员。她从1990年加入杭州解百开始，26年来始终扎根一线，从临时工到正式员工，到优秀员工，再到首席营业员、首席主管、首席助理、市劳模、省劳模、全国劳模，一直到成为党的十九大代表。

有记者问她“在你的心目中，营业员是一个怎么样的职业？”时，周明娟说，营业员、导购这样的服务行业，说到底就是用自己的专业服务来引导顾客消费，满足顾客的物质、精神需求。现在实体商场生意越来越难做，纯购物的客人越来越少，随意、休闲式消费的客人比例越来越高，营业员的这种“引导”作用也就显得越来越重要，好的、专业的服务永远都是客人所需要的。

（资料来源：《杭州日报》）

素养视点

结合全国劳模周明娟的事迹，深刻理解劳模精神的丰富内涵，谈一谈在工作中如何弘扬劳模精神。

（二）非面对面时的商品介绍

非面对面时的商品介绍是指商品销售员通过电话、网络以声音或视频的沟通方式对顾客进行的商品介绍。目前这种形式主要有电话推销商品介绍、电视购物商品介绍、直播电商商品介绍。

不同的沟通方式具有不同的特点，如电话只能靠声音传递信息，是一种双向沟通的过程，所以电话商品介绍一定要抓住重点，突出产品的特点，吸引顾客；电视购物以视频传播的形式感染力比较强，配以咨询电话也可以进行互动和交流；直播电商不仅是一种带货方式，还是一种新兴业态，是零售多元化时代注重流量价值而产生的，并且它是多元场景中促进用户价值优化的必然选择。

非面对面时的商品介绍，可以采用“FABEDS万能介绍法”和“五步销售话术法”。

1. FABEDS万能介绍法

美国奥克拉荷大学企业管理博士、曾任台湾中兴大学商学院院长的郭昆漠先生总结提出了FABE销售法，将销售过程分解为Features（特征）、Advantages（优势）、Benefits（利益）和Evidence（证据）四个环节。后来，大陆著名营销实战专家朱立功先生增加了Difference（区别）和Story（故事），成为FABEDS销售法。

（1）Features（特征）。特征是该产品与竞争对手同类产品最大的不同点，用于吸引顾客进店或听销售人员讲解。它必须是正面的、最具轰动性的，才能让顾客在看够同质化的产品之后眼前一亮。在内容上，它可以是产品的第一卖点（内在的，有形），也可以是它所获得的荣誉或好评（外在的，无形），如最新款、最旺销、获得国家专利或重要奖项、知名案例以及权威机构或人士的好评等。

（2）Advantages（优势）。优势是产品的核心卖点组合。销售人员可从产品的技术背景、生产流程和功能效果等方面，简明扼要地介绍产品的优势或特色，应做到“前因后果”。但话术中不得含有“与××相比”等内容，以免顾客认为你在攻击竞争对手而心生反感。而且，与“特征”不同的是，“优势”可以不止一项，但一般也不能超过三项。

（3）Benefits（利益）。利益是产品购买该产品所能得到的好处。销售人员应该认识到，顾客购买产品是为了满足自己的需求，不能满足顾客需求的产品卖点是毫无意义的。礼品的好处是可以用于赠送给亲友拉近感情，艺术品的好处是可以摆放在家里增添美感，但安防产品通常不具备送礼和家居陈设的功能。同样购买安防产品，分销商是为了再卖给其他分销商、工程商或民用购买者，工程商是为了做项目，民用购买者是为了保护自己公司、店铺或家庭的安全，因此安防产品首先必须具备良好的监控效果，再根据不同顾客的需求归纳概括出诸如更好卖、更赚钱、更实惠等差异化的好处。

（4）Evidence（证据）。证据是对产品特征、优势和利益的佐证。假设销售人员在“特征”环节曾经提及该产品获得了国家专利或某个重要奖项，就应该把专利证书或奖牌、奖杯（通常是复制品）拿给顾客看，或提供可证实的媒体新闻报道，可现场上网搜索者最佳。如果向顾客介绍过它应用于某个大型项目，则应提供项目应用的资料，如甲方的中标通知书、产品安装后的实拍图片等。在产品优势和利益方面，提供权威媒体的产品测评文章、有关部门颁发的生产许可证或检验报告等。

（5）Difference（区别）。区别是与本品牌或竞争对手同类产品的不同之处。顾客想要购买产品是基于自己的需求，购买某项产品则是因为它最能满足自己的需求，亦即它最适合，而适合与否必须在与其他产品进行比较后才能明确。在产品优势和利益相当时，价格更实惠的产品将更具吸引力；如果功能配置没有显著差别，则可比较谁的品质更稳定、返修更少。必须注意的是，只有当顾客主动提及竞争对手的产品时，才可以将它们进行比较，且不得提及对手的品牌名称等基本信息，而应以“它们”等代替。

（6）Story（故事）。故事是用大型项目的应用案例、老顾客的购买经历、未购买顾客的后悔说法等感性话语打动顾客。正如老师教导学生应努力学习时，总是拿班上成绩好的同学作为榜样；对多数职场中人而言，同事的薪水、奖金拿得更多，带来的压力远远超过盖茨、李嘉诚又赚了几十亿。顾问式销售法则认为，顾客通常更愿意相信身边可验证的事物。与其拿看似规模超大却虚无缥缈的入驻上海世博会（某不知名的小项目）、联合国注册供应商（入选某分支机构的供应商名录却无法证实被采用）等证据吓人，不如请顾客立即致电向他认识的同行求证，或去本地某政府部门、楼盘看看。

问题与思考：

试举例分析，并说一说朱立功先生增加了Difference（区别）和Story（故事），使FABE销售法成为FABEDS销售法有了哪些进步。

2. 五步销售话术法

第一步提出问题，结合消费场景提出的消费痛点以及需求点，给消费者一个理由。

第二步放大问题，放大问题要全面和最大化，要把大家忽略掉的问题隐患尽可能地全部放大出来。

第三步引入产品，以解决问题为出发点引入产品，解决掉之前提出的问题。

第四步提升高度，详细地讲解产品，并通过行业、品牌、原料、售后等其他视角来增加产品本身的附加值，这个阶段就是展现雄厚的专业知识的阶段了，让顾客对这款产品产生一个仰视的心理态度。

第五步降低门槛，可以兴奋地讲解优惠和渠道的优质、独家稀有紧缺等，降低最后的购买心理防线。

二、商品说明书的写作

商品说明书是一种以说明为主要表达方式，用平易、朴实、易懂的语言向用户等消费者通俗地介绍商品（包括服务等）的性能、特征、用途、使用和保养方法等知识的文书材料。商品说明书有时也叫使用说明书。其写作目的是教人以知，教人以用。它可以用文字、图表、照片等形式进行说明，是业务员必须掌握的商业文书之一。商品说明书有包装式和内装式两种：包装式就是直接将说明书印在包装物上；内装式就是将说明书单列，封在包装里。当然，还有二者兼用的，即除了在包装盒上印有说明外，包装内也有一张说明书。

（一）商品说明书的结构

商品说明书的结构一般由标题、正文、落款三部分组成。

商品说明书常见的标题有三种：①直接以文种作标题。例如商品说明书、产品说明书、使用说明书、使用指南等；②以商品名称作标题。如三九胃泰、紫光扫描仪等；③以商品名称加文种作标题。例如盖中盖口服液产品说明书、步步高 DVD 使用说明书等。

正文是商品说明书的核心部分，各种商品不同，需要说明的内容也不同，有的说明商品的用法，有的说明商品的功能，有的说明其构造，有的说明其成分等，千差万别，各有侧重。例如，食品说明书重在说明其成分、使用方法及保质期限；药物说明书重在说明其构成成分、基本效用及用量；电器说明书重在说明其使用和保养方法等。一般情况包括以下几个方面的内容：①产品的概况（如名称、产地、规格、发展史、制作方法等）；②产品的性能、规格、用途；③安装和使用方法；④保养和维修方法；⑤附件、备件及其他需要说明的内容。

落款要写明产品的制造厂家的名称、地址、邮编、电子邮件地址、电话、传真、电挂及产品的批号、生产日期、优质级别等。不同的商品说明书，落款的项目有所不同，应根据实际需要落款。

（二）商品说明书的写作要求

1. 真实实用

所谓真实，就是要如实介绍商品的作用、性能等，不能夸大，否则一旦出事，后果严重。所谓实用就是要便于理解。商品说明书是售后服务，消费者阅读时往往都很认真，因为直接关系到使用、保养。因此，不仅要说明商品的性能、特点、作用、保养方法等，而且要尽量通俗易懂，避免使用行话术语。

2. 简洁清楚

简洁，不能冗长，可以用小标题列成条条杠杠，并配之以图画或表格。清楚，即不能模棱两可。有的商品说明书滥用不规范的字或是语句不通，读来难懂，更有的说明书内容前后矛盾，让人无所适从。例如，有一种“双宝素口服液”的服用时间，包装盒上是“饭前”，盒内说明书是“清晨空腹或临睡前”，让人莫衷一是。

总而言之，对商品进行科学、准确的说明，可以使用户了解商品，正确使用商品；说明简略，为的是强调特征，突出重点和关键。

××洗衣粉说明书

××洗衣粉为上海合成洗涤剂厂最新推出的高效衣物洗涤剂。

性能：本品采用上等原料及合成蛋白酶微生物的最新配方，能浸洗除净一般洗衣粉所难于洗脱的血渍、尿渍、肉汁渍等混合污渍。

特点：质地柔和，香味芬芳，不伤皮肤，去污力强，泡沫适中，易于漂清。衣物洗后，洁白鲜艳。对丝、毛、棉、麻及其他各种合成纤维等织物，不伤衣料，安全可靠。

使用方法：能浸洗，也能搓洗，用量与一般洗衣粉相同。在45℃左右的温水中衣物浸泡15分钟以上，去污效果更佳。禁忌直接用热水（高于75℃）冲泡溶解洗衣粉，以免影响洗涤效能的最大发挥。

××洗化用品有限公司

地址：××　　电话：××

网址：××　E-mail：××

问题与思考：

为什么商品说明书要求用平易、朴实、易懂的语言，而不建议用高深、专业的术语？

三、网店商品介绍文案写作

网店商品介绍文案是对于在网上出售的商品，在网络平台展示时所做的介绍说明的一种以说明文字。网店商品介绍文案往往以文字、图表、照片等形式进行说明，其目的是诱导顾客，促进顾客消费。它兼有商品说明书和产品推销广告的功能。

（一）文案写作结构与要素

网店商品介绍文案的结构比较随意，没有固定的格式和结构。但一般情况下网店商品介绍文案写作要包括以下要素：

（1）商品属性，包括品牌介绍、规格、质地、颜色、套餐价格等；

（2）商品图片，包括模特效果图、细节图、关联推荐图等；

（3）促销活动介绍；

（4）顾客必读，包括物流运费、售后服务、尺寸量法、付款方式、联系方式等。

（二）文案写作步骤

1. 整体布局

消费者在逛过超市或商场时，很多商家都会对购物路线的设计、货架的摆放很有研究。例如在进门处就可能会看到一些海报或者堆头，接着可以去逛百货，然后再去逛副食品、食品、果蔬，最后在收银台的地方还可以看到放置的一些“口香糖”“饮料”等容易拿的货品，其实这一切都是为了让顾客多逛多买单。网店商品介绍文案就类似一个卖场，虽然只有一种商品，但整体怎么布局，让顾客先看什么后看什么，都是有讲究的。

网店商品介绍文案包括商品属性、商品图片、促销活动介绍、顾客必读等要素，需要根据网店实际需要进行逻辑布局（见图9－1）。对于网店商品介绍文案整体布局一般有以下几个原则：

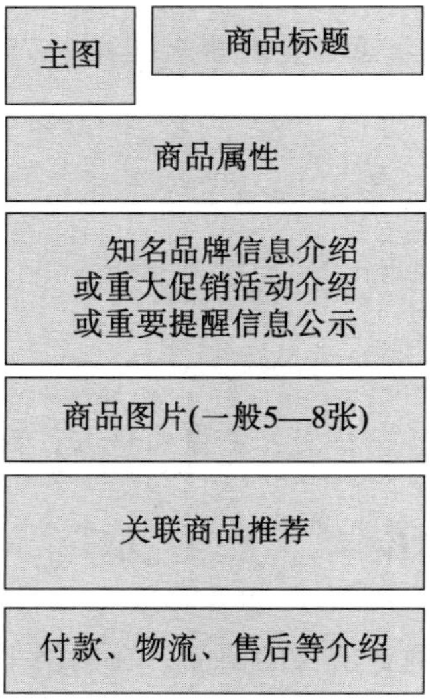

图9－1 网店商品介绍整体布局图

第一，系统自动标记的属性肯定是在最前面的，往往是店主不能决定的；但这里的属性设置也是最重要的，特别诸如品牌、颜色、尺码等属性一定要注明清楚。如果是知名品牌而且是正品，则应给顾客一个强化提醒。

第二，顾客必读中的付款方式、售后、物流、尺寸量法等信息一般可以放在详情最底部，当然如果有特别重要的提醒，可以放在“商品属性”和图片之间；这里的信息固然重要，但他不是让顾客产生购买欲望的信息，反而是在产生购买欲望后决定购买前的一些参考信息和提醒信息，因此可以放在详情偏后位置。

第三，店铺重大促销活动，则可以视具体情况放置在详情偏顶部位置。这里跟进入超市看到的堆头是一样的，要让顾客一进入就能感受到促销的巨大拉力。另外，可在底部介绍一些与此款商品搭配的相关商品，再次刺激消费。

2. 确定商品标题

商品标题一般包括两大主要要素：第一大类：顾客最想知道的信息，如（知名）品牌名称、是否促销、特征（款式、颜色、图案等）、货品种类、特殊信息（是否缺货）等；第二大类：非必要信息，如店铺名称、(自创）品牌名称、货号等。

商品标题就是最佳广告资源，一般情况下网店商品介绍文案的商品标题都有字数限制，但在撰写商品标题时要尽可能涵盖多的关键字，同时把商品表达清楚。所以商品标题要做到“两手抓”，一手“抓”搜索引擎，一手“抓”顾客的眼球。写作时尽可能涵盖多个关键字，使顾客在搜索商品时能够“中标”。

商品标题的写作要避免滥用关键字。以手机类商品为例，标题中禁止添加“仿”“韩版”“1:1”“水货”“港水”“欧水”“山寨机”“台湾版”这些字眼。国产手机禁止使用与“诺基亚”“三星”等品牌正品手机相同、相似关键字，例如：“诺基亚”“三星”“三星伯爵”“IPHONE”品牌关键字等，但可以使用国产 N95、N81 等型号字眼。

另外，商品标题中只能包含一个品牌的一个型号信息，禁止添加与所售商品无关的品牌及型号信息，例如：商品标题为“「××通信」特价诺基亚 N73（另售 N95 V8 I908 IPHONE)”，括号内字眼是无关信息，禁止发布。

3. 填写商品属性

首先，介绍品牌。商品品牌是最有力的形象说明，一定程度上诠释了商品的质量、售后服务以及风格等。

其次，商品属性部分必须包括规格、质地、颜色、产地、有效期……该部分内容越详细越好，不仅有利于顾客了解商品、减少沟通成本，也便于在交易发生纠纷时提供有利证据。

此外，对于商品价格可以列出市场价、现价以及搭配配件后的套餐优惠价格等。

4. 选择商品图片

有了好的标题、清晰的商品属性说明，顾客才会进一步地浏览商品详情，而商品详情里最能直接刺激到顾客的就是图片。下面以女装商品为例，为大家讲解如何选择商品图片。

（1）图片的数量。在选择图片数量时要把握一个度。图片一味地求多，会直接影响顾客打开网页的速度，若网页打开慢，顾客很容易因为没有耐心等待而流失掉；如果图片太少，则顾客感受不到全面的信息，也很容易流失。

（2）图片的排布。图片一般应包括效果图（模特图)、平铺图、细节图、对比图等。有经验的卖家一般都会先用 1—2 张效果图去告诉顾客，穿上这件衣服的整体感觉，包括正面、侧面、背面的整体效果，再用4—5张图片去告诉顾客这件衣服的局部是什么样的，包括口袋、衣领、吊牌等地方。

当然，这些图片可以用模特来渲染效果，但需要注意的是：第一，要清晰醒目地注明尺寸与模特的“参数”，包括体重、身高、胖瘦、三围等；第二，在模特图旁边，务必要注明：“以上是模特效果图，仅供参考！”表明这些的目的则是避免因顾客心理落差导致的售后争议。因为某件衣服穿在模特身上是很漂亮，顾客往往就会开始幻想自己穿着也是那么漂亮、高雅和优美。如果不在模特效果图旁边加上类似的提醒文字，顾客会保持这种幻想一直到拿到实物衣服。如果顾客的穿着效果和模特差别较大，那么顾客自然就会有心理落差了。

（3）图片的质量。图片的质量非常关键。一要做到图片本身清晰，包括画面清晰、主次分明。有的图片很模糊，看不清楚，顾客当然不会产生购买欲望。当然，图片的清晰度和图片大小也有关系。在保证一定质量的情况下，图片不要太大，否则会影响顾客浏览时的下载速度。二要把握图片渲染的度。图片不要喧宾夺主，本来是卖衣服的，结果模特身上背的包比衣服更突出，这就得不偿失了。图片不要太漂亮。如果图片过于漂亮，而商品本身的质地、做工都较差，则顾客收到衣服后的心理落差一定很大，自然也就不满意了。

5. 写好顾客必读

顾客通过标题进入商品详情，了解商品属性，观摩商品图片的，这时如果顾客有购买兴趣，则会细看购物必读等文字信息。

（1）商品补充介绍。通过图片，特别是服装、鞋包的图片等，不能实际感受商品的面料、做工、尺寸、厚薄、品牌等信息，此时文字就是最好的传递工具。有时卖家可以把自己或其他顾客拿到实物后“摸”到衣服的实际感受通过文字描述的形式传递给顾客。

（2）商品使用说明。向顾客提示商品的使用方法，如窗帘可以介绍挂钩用法、食品可以介绍烹调方法、服装可以介绍尺寸测量方法等。

（3）物流运费信息。物流运费信息往往也是顾客很关注的，买家一定要充分利用商品描述，把物流配送等信息及时地传达给客户。最好采用列表方式将常用物流公司、配送区域、各地运费、到货天数以及快递跟踪查询方法等都一一列出，方便顾客了解配送信息。为了避免顾客觉得运费太高，还要注意合理设置运费。关于收货问题，应注明清楚：在收到货时应检查货品后再签收；发现问题时应及时联系卖家，拒绝签收等。

（4）售后服务说明。好的售后服务是卖家成功的保障，对于承诺了的事情就一定要履行，所以一定要说明售后服务情况，这样有利于在遇到交易纠纷问题时提供证据。售后服务具体包括：退、换、修具体期限；退、换、修范围以及不予退、换、修的情况说明；退、换、修来回邮费等。

（5）联系方式。将卖家的手机、办公座机、QQ/MSN、电子邮箱等联系方式列出，便于顾客在遇到问题时与卖家取得联系。

由于要传达的信息很多，然而事实证明，人们并不愿意一次性接受太多的文字，所以为了准确地传达以上的信息给顾客，我们可以在需要特别引起顾客注意的地方，加大字体或者是改变字体颜色，从而突出重点，并做到言简意赅、整齐明了、主次分明。

6. 开展关联营销

资深卖家一定会借助对顾客购物行为和心理的判断，做好商品之间的关联推荐工作。所以在商品详情的底部（即在顾客可能要离开的时候），可以进行一些关联推荐，可以是：品种关联、风格关联、促销关联、搭配关联……让顾客在即将离开的时候眼前一亮，找到自己需要的东西。

任务3 应用与实践

一、商品展示技术比赛

商品展示技术比赛是指通过橱窗设计、展板展台和产品陈列摆设，来最大限度地提高销售效率的竞赛项目，选手需按照设定的主题、产品和材料进行研究、设计，并完成立体视觉展示的现场布置安装。

（一）赛项对技术能力和专业知识的要求

商品展示技术比赛主要考核参赛选手是否具备良好的工作组织、自我管理、沟通和交往技能、解决问题的能力和创新意识、逻辑表述、图纸绘制和创新意识等各方面的能力，是否能够完成商品展示目的的有效表达，是否拥有能够发掘吸引眼球的设计概念，结合让人惊叹的视觉元素的能力，能敏锐地洞察市场的潮流趋势，发掘出吸引消费者的方案，此外还考查展示陈列实施工程的安全知识和动手能力（见表9－1）。

表9－1　商品展示技术比赛考核内容

考核专业能力	考核专业知识
1. 良好的工作组织能力； 2. 时间管理能力； 3. 对商品及消费者市场的分析判断能力； 4. 对多方面资料的搜索和整理能力； 5. 对时尚潮流的洞察力； 6. 对橱窗展示的主题表现能力； 7. 设计方案的表现能力； 8. 展示设计和陈列操作能力； 9. 对问题的判断能力和解决能力。	1. 商品展示设计的基本原理和要素； 2. 商品展示设计方法与程序； 3. 商品展示设计的国际流行趋势； 4. 橱窗设计方案的实施能力； 5. 展示设计材料的处理技巧和方法； 6. 工具的作用、使用技巧、保养和维护以及安全储存知识； 7. 实施制作的安全知识； 8. 应用文写作基础知识。

（二）商品展示比赛内容

竞赛项目分为三个模块，要求在规定时间内完成模块：模块A调研分析；模块B设计方案；模块C实施安装。

1. 模块A调研分析

（1）比赛规则：参赛者根据要求调研橱窗，使用能连接互联网的电脑，文件夹按规定命名，并画出3张草图（手绘、电脑绘图均可）。

（2）比赛时长：60分钟。

2. 模块B设计方案

（1）比赛规则：参赛者使用手绘工具或电脑设计软件，根据调研得到的资料文件和提供的详细材料清单，按模拟橱窗的条件设计整体展示陈列方案，做好安装时间计划表并展示在工作台。展示陈列模拟橱窗尺寸为：1.2m（长）×1.2m（宽）×2.4m（高），参赛者根据模拟橱窗提出设计方案、把握主题、制作设计板等系列工作，同时应清晰地通过设计方案细节表达主题。

（2）比赛时长：120分钟。

3. 模块C实施安装

（1）比赛规则：按专业标准做好搭建的准备工作，要求有效利用灯光与视觉动线并制作小道具，做出平衡、美观、干净整洁的设计方案，按要求进行油漆施工和包裹橱窗底板等工作，使用惊喜材料并制作小道具，做好安装时间计划表并展示在工作台。要求橱窗与设计板一致，主题清晰并用道具专业地展示产品，清晰地体现出品牌，专业上色并达到视觉平衡，有动态节奏并有视觉焦点，有效地利用灯光，专业整洁有序地完成。

（2）比赛时长：300分钟。

二、销售门店岗位认知

一般来说，一家门店工作岗位主要有店长、店长助理、营业员、收银员等。店长是综合管理岗，负责一个店铺的全面管理；店长助理协助店长管理店务、代班、顾客投诉处理及反馈；营业员负责销售、卖场顾客接待、店面形象整理、安全管理；收银员负责收银、存款、销售账目管理、店面形象整理。

1. 店长岗位职责（见表9－2）

表9－2　　店长岗位职责

职位名称	店长	直接上级	区域督导	直接下级	店长助理
工作职责	1. 店铺的最高负责人，承担店铺的全面管理工作； 2. 管辖和监督店铺运作，以达成店铺销售、店铺形象、服务和人员管理的目标； 3. 以身作则，推动下属，培训员工； 4. 作为店内同事与公司之间的沟通桥梁； 5. 作为公司接待人员与公司外部相关人员的沟通桥梁；				
工作内容	1. 向上级负责并汇报工作； 2. 店铺员工管理：培训、考核、激励、奖惩、分工、思想教育，建立一支稳定并卓有成效的销售队伍； 3. 店铺货品管理：及时补货及调货，保证货品齐全以满足销售所需并勤进勤销保持货品快速流通；组织每月末的商品盘点； 4. 店铺卖场管理：及时调整卖场，有效运用宣传品，创造合乎公司品牌形象的店铺环境、店铺陈列和气氛，促进销售； 5. 店铺卫生管理：保持店铺内外清洁，做到一尘不染； 6. 店铺账务管理：分析、推动店铺生意，以达到公司的销售目标和指标，并承担一定比例的个人销售目标；保持账账相符，账实相符，及时制作各类报表； 7. 报表的递交：每天填写日销售报表，第二天10：00前必须传真给公司；周报在每周一上午传真到公司；每月月初5号之前，将上月销售、库存报表传真到公司，以便公司及时掌握各区域销售及库存情况； 8. 有效处理突发事件：客户投诉、工商行政检查、居民纠纷等； 9. 安排员工休息、膳食时间。				
入职要求	1. 有1年或以上店长职位管理经验； 2. 熟悉专卖店运作的整个流程，在大型品牌专卖店有管理经验者优先考虑； 3. 具有较强管理和带领团队工作的能力并能承担工作压力； 4. 有较强的沟通协调能力； 5. 具有零售业的专业知识； 6. 有组织能力、亲和力； 7. 有严谨的敬业精神； 8. 形象健康、年轻活泼； 9. 年龄28岁以下。				

2. 店长助理岗位职责（见表9-3）

表9-3 店长助理岗位职责

职位名称	店长助理	直接上级	店长	直接下级	营业员
工作职责	1. 作为店铺日常运作的管理人员及店长的助理； 2. 必要时全权负责店长的店铺工作； 3. 协助店长管辖和监督店内运作，以达成店铺销售、店铺形象、服务、人员管理的目标； 4. 以身作则，推动下属，培训员工。				
工作内容	1. 协助店长工作，包括店铺的运作、顾客服务、销售管理、店铺形象、人员管理、货品管理和资源管理，具体内容请参阅店长工作内容； 2. 执行店长的工作安排和批示； 3. 向店长提出有关店铺运作的合理性建议； 4. 承担一定比例的个人销售目标； 5. 组织与参与货品盘点； 6. 顾客抱怨与投诉的处理和汇报； 7. 协助带领及教导店员，使其达到公司要求； 8. 处理一般性的文书和文件工作； 9. 店长及店长助理每天11：00前必须把前一天营业款存入公司指定账户，过夜现金必须区分面值、统一张数、填写银行存款单一并放在保险箱内，保险箱密码及钥匙由店长或当班店长助理专人管理；每天晚上结束营业，当班店长助理或店长必须第一时间把销售额汇报给公司相关管理人员。				
入职要求	1. 在大型品牌专卖店进行销售工作2年以上，有店铺主管经验者优先； 2. 熟悉专卖店运作流程； 3. 良好管理和带领团队工作能力并能承担一定的工作压力； 4. 良好的沟通协调能力； 5. 有组织能力、亲和力； 6. 诚实、有敬业精神； 7. 有上进心、工作主动积极； 8. 有较强的销售能力； 9. 年龄25岁以下。				

3. 营业员岗位职责（见表9-4）

表9-4　营业员岗位职责

职位名称	营业员	直接上级	店长、店长助理	直接下级	无
工作职责	1. 店铺运作的员工； 2. 代表公司接待顾客最前线的员工； 3. 提供卓越的对客服务，为公司和店铺争取最佳销售业绩； 4. 对店内的商品负责。				
工作内容	1. 提供专业的销售服务，促进店铺的销售，承担一定比例的个人销售目标； 2. 代表公司的服务形象，提供专业的顾客服务，与顾客建立良好的关系； 3. 执行上司交与的店铺工作，接收上司的合理工作分配； 4. 自觉执行公司和店铺有关员工规定和制度； 5. 反馈顾客意见和销售状况，提出合理的建议； 6. 确保同事之间的分工合作，营造良好的团队精神； 7. 清洁环境卫生（收银区、更衣区、卖场、员工休息室、吊顶、灯具、空调、货仓、洗手间等）； 8. 整理货品、更换陈列； 9. 补货（展示货品，仓库有的货品卖场一定要有）； 10. 熟悉商品特性、优点、搭配，热情工作； 11. 生意成交时，应和收银员交接并遵守柜台收银的工作程序； 12. 了解公司进、退、调的工作程序； 13. 随时注意场内安全、防备偷盗； 14. 盘点作业； 15. 店面卫生清洁。				
入职要求	1. 中专或高中以上文化程度； 2. 形象健康、年轻活泼； 3. 有上进心、工作主动积极； 4. 有1年或以上专卖店店员销售经验； 5. 素质较好的无相关经验者亦可考虑； 6. 吃苦耐劳、有良好的敬业精神并服从公司安排； 7. 年龄25岁以下； 8. 男：身高1.70米以上；女：身高1.60米以上。				

4. 收银员岗位职责（见表9－5）

表9－5 收银员岗位职责

职位名称	收银员	直接上级	店长、店长助理	直接下级	无
工作职责	1. 有礼貌地代为查阅及答复； 2. 按收银程序处理整个收银过程； 3. 当客人在收银柜前，尽量向客人介绍公司的推广活动； 4. 客人付款后，代为派发公司的宣传册子或传单等。				
工作内容	1. 遵守店铺的各项规章制度，执行公司有关政策和规定； 2. 不能带现金上柜； 3. 备好票据及找零现金； 4. 营业过程中不得与顾客、导购私换零钱，不得无故私开发票； 5. 销售小票一式三联，顾客持顾客联，收银员持存根联，存根联需保存完好，剩余一联提交公司存底；晚上营业结束时交店长核对，核对好后交公司财务； 6. 每日下班前要核对账目，收入货款要与实际账表相符，如有现金溢缺，溢缺额不得相互抵消（溢：交由店长管理，缺：收银员现场赔款），现金、伍拾元与百元钞应在验钞机中复核； 7. 处理每天的结账工作，确保营业额与所收账目相等，每天将银行存款单及有关发票交与财务部； 8. 接听外来电话，并需快捷及有礼貌地接听； 9. 在收银工作完毕后，要协助其他同事工作； 10. 经常整理收银区域，确保美观整洁，补充收银柜物料。				
入职要求	1. 有大型品牌专卖店工作经验者优先考虑； 2. 有较强沟通协调能力； 3. 具有零售业的相关知识； 4. 有严谨的敬业精神； 5. 具有电脑操作知识； 6. 年龄不超过25岁。				

素养视点

结合销售门店岗位职责，谈一谈如何培养职业素质和职业能力，如何在平凡的岗位上成就自我、实现自身价值。

三、实习与实训

（一）营业员实习

营业员实习

1. 实训目的：体验营业员工作，训练推销介绍能力。

2. 实训内容：利用周末时间到学校周边商店进行应聘，体验一天的营业员工作。

3. 环境要求：具有一定规模的商店（超市），营业面积在100平方米以上，营业员在5人以上。

4. 实训流程：联系商店—体验工作—实习总结。

5. 注意事项：注意整个实训过程的安全性。

6. 实训作业：提交实训感悟报告。

（二）商品陈列实训

商品陈列实训

1. 实训目的：增加对商品陈列的认识，训练商品陈列技巧与能力。

2. 实训内容：商品陈列。

3. 环境要求：超市/商场。

4. 实训流程：确定主题—制定陈列方案—商品陈列。

5. 注意事项：①调研学校周边超市/商场的商品陈列情况；②研读商品陈列比赛规则，在学校商品陈列室练习商品陈列；③选择与学校有合作关系的超市/商场进行实战练习。

6. 实训作业：提交商品陈列调研报告。

（三）商品介绍实训

商品介绍实训

1. 实训目的：增加对商品的认识，训练商品介绍能力。

2. 实训内容：搜集商品知识，制作商品介绍PPT，以班为单位开展商品介绍会。

3. 环境要求：多媒体教室（音像设备齐全）。

4. 实训流程：选取商品—准备材料—展示介绍。

5. 注意事项：①注意选取商品的新颖性、趣味性、知识性；②可以采用面对面介绍、电话介绍和直播介绍等形式。

6. 实训作业：提交商品介绍PPT或直播的视频。

视频：商品介绍实训

思考训练

项目九自测题

一、简答题

1. 常用的商品陈列法有哪些？
2. FABEDS 万能介绍法有哪些具体步骤？

二、实务训练题

1. 两人一组，模拟商场营业员向顾客介绍商品。
2. 选择某一种商品写一篇网店商品介绍文案。

项目十

商品消费与权益

文本：项目十教学实施手册

PPT：项目十课件

学 习 指 南

单元名称	商品消费与权益	对应岗证	市场检查管理岗
学习目标	1. 知识目标： （1）了解一些常见商品的选购常识； （2）掌握假冒伪劣商品的鉴别要点； （3）了解消费者的权益和经营者的义务； （4）掌握消费者权益保护的实现途径。 2. 能力目标： （1）具备购物常识，能够合理选购商品； （2）能够有效识别假冒伪劣商品； （3）能够处理遇到的消费问题，能利用法律保护自身合法权益。 3. 素养目标 （1）树立文明消费理念，抵制假冒伪劣商品； （2）增强法律意识，争做守法公民。		
学习重点	1. 假冒伪劣商品的鉴别方法； 2. 消费者权益和经营者的义务； 3. 消费者权益保护的实现途径。		
实训建议	“校园‘3·15’宣传”活动		
问题思考	1. 你能识别假冒伪劣商品吗？ 2. 你知道消费者有什么权益吗？ 3. 怎样做一个文明的消费者？		

导入案例

文明消费，从日常做起

随着社会的进步和发展，物质生活水平的不断提高和改善，消费结构从生存型消费逐步转向到了享受型消费。与此同时，一些不健康、不文明的消费行为也不断滋生，既造成了资源、能源的极大浪费，也影响了人与人、人与社会、人与自然的和谐相处。所以文明消费，应从日常做起。

1. 宠物尽量别带入。为了消费者安全及购物体验考虑，部分超市有宠物禁止入内的规定。超市人流量大，难免会有人对宠物比较敏感，宠物也容易受惊，所以请顾及他人感受，遵守超市相关规定，不要携带宠物购物。

2. 尽量少用一次性购物袋。养成购物好习惯，尽量使用菜篮、帆布袋等环保袋代替超市塑料袋，绿色环保需要我们共同努力。

3. 商品包装勿私拆。如果顾客拆开包装重复挑拣，挑完后又不将产品包装好，这样随手乱扔，既不清洁又不美观。

4. 散装食品不乱尝。商场散装食物柜台如果没有品尝区或相关标示，请不要私自品尝，同时挑选散装食物时，尽量不要直接用手抓，请使用特定的小铲子、小夹子等工具。

5. 不买商品放回原处。如果挑好产品后又不想购买了，请务必多走几步物归原位，切忌顺手一丢。这会造成不同产品之间可能出现的相互污染，同时也让工作人员每天为产品复位奔忙。

（资料来源：搜狐网）

问题与思考：

结合案例谈一谈你见到过哪些不文明消费行为，怎样做一个文明的消费者。

任务1 商品选购常识

商品选购是我们日常生活中极普通的消费行为，要使这种消费行为获得令人满意的结果，需具备必要的商品知识、一定的选购技巧和注意积累相应的购物经验。商品琳琅满目，品种繁多，在本节我们仅以几种和我们生活关系密切的商品来介绍一下。

一、食品选购

（一）识别食品标签的基本常识

食品标签是指在食品包装容器上或附于食品包装容器上的一切附签、吊牌、文字、图形、符号等说明物。

1. 查看标签的内容是否齐全

食品标签必须标示的内容有：食品名称、配料清单、净含量和沥干物（固形物）含量、制造者的名称和地址、生产日期或包装日期和保质期、产品标准号。

2. 查看标签内容是否清晰、完整

食品标签的一切内容应清晰、醒目，易于消费者在选购食品时辨认和识读，不得在流通环节中变得模糊甚至脱落，更不得与包装容器分开。

3. 查看标签内容是否科学规范

食品标签上的语言文字、图形、符号必须准确、科学。标签上必须标示的文字和数字的高度不得小于1.8毫米；食品标签的汉字必须是合格规范的汉字，不得使用不规范的简化和淘汰的异体字；可以同时使用汉语拼音，也可以同时使用少数民族文字或外文，但必须与汉字有严密的对应关系，外文不得大于相应的汉字；净含量与食品名称必须标注在包装物或包装容器的同一视野，便于消费者识别和阅读。

4. 查看标签的内容是否真实

食品标签的所有内容，不得以错误的、容易引起误解或欺骗性的方式描述或介绍食品。《中华人民共和国食品卫生法》及其相关法律明确规定食品不得加入药品，食品不得宣传疗效，而一些产品标签上违法标注对某些疾病有预防或治疗作用，如返老还童、延年益寿、抗癌等虚假内容。还有的食品标签上厂址标志不详：厂址只有“××省××地”或干脆只标注“××（国家）出品”，电话号码或手机号码根本打不通。

（二）食品名称的识别

食品名称必须反映食品的真实属性，所以通过食品标签上标明的食品名称可以区别食品的内涵和质量特征。如“甜牛奶”和“甜牛奶乳饮料”，是完全不同属性的两种产品，营养价值和生产成本也不相同。前者的真实属性是“牛奶”，应该是指牛奶中加糖的产品；而后者的真实属性是“乳饮料”，在牛奶中加水、加糖、水的比例多于奶，蛋白质含量大于1%即可。目前，市场上销售的食品中不规范的食品名称标注方法主要是：故意不标注反映食品真实属性的名称或将该名称写得很小，并放在消费者不易看见的地方，如“甜牛奶乳饮料”，将“甜牛奶”标得非常醒目，而“乳饮料”却不标注或标在难以发现的地方。

（三）配料表的识别

通过查看配料表或成分表可以识别食品的内在质量及特殊效用，主要可通过下列几个方面对食品质量加以鉴别：

（1）配料表中的各种配料是按照制造或加工食品时加入量的递减顺序一一排列的，故查看配料表不仅可以了解该食品由哪些原料组成，还能大致了解各种原料加入量的多少。

（2）对一些决定产品质量的重要指标，相关标准上要求标注其在成品中的含量，如：特殊膳食用食品（如婴儿食品、糖尿病人食品）必须标示营养成分如热量、蛋白质含量及钙、钠、锌含量等，罐装类必须标注淀粉含量，果汁及果汁饮料类必须标注果汁含量，酱油必须标注氨基酸态氮含量，查看这些含量可以进一步了解食品的内在质量及特殊效用。

（3）了解食品中加入的添加剂种类，如甜味剂、防腐剂、着色剂等，可了解到产品中添加剂的具体名称。

（四）生产日期和保质期的识别

从生产日期和保质期上可识别食品新鲜程度。因此，在选购食品时应注意查看标签上的生产日期和保质期是否清晰，是否为过期产品；购买散装食品时也应查看销售时标注的生产日期及保质期限。

问题与思考：

结合生活中的实际，谈一谈购买商品时养成看生产日期和保质期习惯的意义。

（五）进口食品标签的识别

（1）查看进口食品上是否有中文标签。

（2）注意查看所选购的进口商品是否贴有激光防伪的“CIQ”标志。“CIQ”是“中国检验检疫”的缩写，基本样式为圆形，银底蓝色字样为“中国检验检疫”，背面注有九位数码流水号。该标志是辨别“洋食品”真伪的最重要手段。

（3）可以向经销商索要查看“进口食品卫生证书”。该证书是检验检疫部门对进口食品检验检疫合格后签发的，证书上注明进口食品包括生产批号在内的详细信息。

（六）食品安全十二条守则

国家食品药品监督管理局联合八大部委实施的食品药品放心工程，推出了“食品安全十二条守则”，是广大消费者日常饮食安全的指导原则。

（1）尽量选择到正规的商店、超市和管理规范的农贸市场购买食品。

（2）尽量选择有品牌、有信誉、取得相关认证的食品企业的产品。

（3）立即食用做熟的食品。

（4）不买比正常价格过于便宜的食品，以防止上当受害。

（5）不买、不吃有毒有害的食品，如河豚、毒蘑菇、果子狸等。

（6）不买来历不明的死动物。

（7）不买畸形的、与正常食品有明显色彩差异的鱼、蛋、瓜、果、禽、畜等。

（8）不买来源可疑的反季节水果、蔬菜等。

（9）不宜多吃以下食物：松花蛋、臭豆腐、味精、方便面、葵花籽、猪肝、烤牛羊肉、腌菜、油条等。

（10）购买时查看食品的包装、标签和认证标志，查看有无注册和条形码，查看生产日期和保质期。对怀疑有问题的食品，宁可不买不吃。购买后索要发票。

（11）买回的食品应按要求进行严格的清洗、制作和保存。

（12）厨房以及厨房内的设施、用具要按要求进行清洁管理。

二、服装商品选购

（一）服装选购常识

要想买到称心如意的服装，消费者必须具备以下常识：

1. 要懂一点面料知识

不同面料，其质感、用途、价格不同。如能懂得一点面料知识，既能根据自身的需求选择相应面料的服装，又能防止不法商贩以次充好、以假乱真的欺骗行为，避免上当。

2. 要懂一点服装制作知识

知道控制服装整体质量的一些关键部位是什么地方，尺寸如何把握。要会查看做工，局部要仔细检查服装针脚是否均匀、细密；整体要查看领、袖、口袋是否对称；衣袖、裤脚长短肥瘦是否一致；要看整体熨烫是否平整等。

3. 要检查各种质量标志、标签

正规的厂家产品应有商标，一般附在上衣领下和下装的腰间。随商标应说明服装规格、厂名、厂址等。在上装的摆缝处还应缀有标签，注明服装面料的成分、服装洗涤保养方法等。可以根据商标标签的有无及其标明内容的可信度、与服装实际情况的相符度来辨别服装真伪。

4. 要会定号型

统一服装号型，不可能一人一型、一人一号，还存在靠档的问题。因此，若是外衣，一定要试穿；若为内衣，得清楚自己的号型，选准规格。

5. 要问准价格

目前服装价格不统一，这属于正常现象。选购时最好能“货比三家”，慎重挑选。在小商品市场和集贸市场要能把自己掌握的服装与面料方面的知识综合起来加以运用，在“砍价”中争取主动权。

6. 要有主见

穿衣戴帽，各有所好。选购服装要根据消费者的自身条件，全面周到地考虑。自身条件如体形、肤色、气质、爱好以及经济承受能力等，是决定服装规格、色彩、款式、档次等的主要因素。总之，选购服装是“系统工程”。

（二）服装选购的技巧

1. 看款式和颜色

大家均会选购自己看上的款式，所以不必再讲，而颜色要讲究如何搭配。在选购时要注意颜色的牢度，很多商家注重颜色和款式的成衣效果，并未从健康的方面着想。我们在购买深色的衣服时，要注意先用手指来回地擦拭，最好在买衣服时随身带一块白色的布，观察擦拭后是否留下颜色的痕迹。

2. 闻气味

闻衣服是否有刺鼻的气味。有的朋友购买衣服穿后，皮肤起红色的小颗粒并且发痒，这是因为布料染料不环保所致，一般出现在红色和深咖啡色服装中。这种刺鼻的气味就是甲醛，对人体有致癌副作用。所以，新的内衣或长裙、裤必须先洗后再穿，因为甲醛具有较强的挥发性。

3. 看成分

现在最流行的成分是粘胶纤维、涤丝等人造系列，不但柔软，而且环保，不会引起不良反应。另外，还有全棉、毛、真丝、棉麻、棉丝等混纺系列，体现面料高档。

4. 看做工

所有的外线止口压线大小一致，左右对称，长短一致。走线要均匀、平伏、少接线，无断线、跳线现象。

5. 看布次

当你在购买时不要购买有破洞、纱结、细纱、织次等问题的服装。如果发现污渍要更换，因大量的成衣污渍是无法在家处理好的。

6. 看布边

布边整齐，则料子本身的织法也整齐；看纹路。较好的织物的纵横纹路应呈垂直交叉。对光照，可以清楚地看出线结的多少及有无脱线处，用此法观察毛料最为可靠。一般衣料正面较平整、光滑、细致；反面较暗淡，布边较粗糙，纹路不清；平布颜色、花型清晰，色泽鲜明的是正面。提花布织得精致细密的是正面，有长条挑纱的一面是反面。斜纹织物可看其纹路斜势。华达呢、双面卡、涤卡等布正面的斜纹是从右向左下方倾斜，称“撇纹”。涤卡、哔叽、涤棉等布正面斜纹是从左向下方倾斜，称“捺纹”。毛织品或有些化纤品是双层折合的，折在里面的是正面。

7. 试穿

不同的服装款式有不同的穿着效果，内衣要求紧身，外套要求宽松，背心要求袖夹稍紧、胸稍小一点的，而长袖内衣则稍比背心松 1—2 厘米。一定要注意尺寸，因不同的面料缩水不同，一般内衣面料缩水在 10% 左右，而梭织的面料在 2%—5%。

8. 根据自己身材、体形和肤色进行选择

如体形较胖的女性，在服饰搭配上，不能穿太紧身的衣服，以宽松随意些为好，以低矮的 V 形领衣服领为最佳，不宜裤或裙穿在衣服外边，更不能穿戴太夸张的腰带，这样更加容易显出粗大的腰围。在服装的色彩上以冷色调为好，忌穿横条纹、大格子或大花的衣服。再如皮肤黝黑的人，宜穿暖色调的衣服，以白色、浅灰色、浅红色、橙色为主，也可穿纯黑色衣着，以浅杏、浅蓝作为辅助色；黄棕色或黄灰色会显得脸色明亮；若穿绿灰色的衣服，脸色会显得红润一些；不宜与湖蓝色、深紫色、青色、褐色搭配。

三、化妆品选购

化妆品是保持皮肤健康、增进美容的日常用品。面对种类繁多的化妆品，许多消费者感到无所适从，不知如何选用。

（一）正品、水货、仿货、行货、港货的区别

消费者在网上购买化妆品时，经常会看到一些正品、水货、行货等“字眼”的说明，这些字眼到底是什么意思呢?

正品：正品可能是水货也可能是行货，说法没有统一，但一定是真货。

水货：水货其实也是真货，只是进货渠道不正规，没有经过关税，没有中文说明书。比如你到外国买到兰蔻，带回来以后卖掉，这就属于水货，价格比正规渠道的便宜。

仿货：就是假货，做得比较好的仿货化妆品不会伤皮肤，可能也有些效果，但是效果微乎其微。

行货：正规渠道的真货，经过关税，国家检验，有中文说明书。

港货：港货分两种，一种是指从香港正规商场带回来的；还有一种就是香港生产的，也叫港货，这种港货要注意它的真假性，有的高档化妆品在香港并没有设厂，那么所谓港货就一定是假货。

（二）化妆品选购的常用方法

正确地选用化妆品，应该根据自己皮肤的性状、年龄、性别、生理条件、不同的季节、不同的用途来挑选适用的化妆品。在挑选化妆品时首先在注意产品的质量，同时注意产品的有效期或生产日期，检查包装是否密封良好。

1. 按皮肤性状选用化妆品

具有油性皮肤的人，要用洗净力较强的洁肤用品和具有收敛性的化妆水类用品，可选用水质的膏霜类护肤用品。干性皮肤的人，应该使用含有油脂成分的洁肤用品以及含油量高的冷霜之类的护肤品，不宜使用甘油，因甘油吸水性较强，使用后会使皮肤更加干燥。中性皮肤的人，则可选用洗净力较弱的洁肤用品以及奶液、润肤霜之类的护肤品。油性皮肤的人宜选用弱酸性（PH6）的香皂、洗面奶、“水包油”的面霜，抹香气浓郁的香水。干性皮肤的人宜选用中性（PH7）的香皂、洗面奶、“油包水”的面霜和抹清淡的香水。混合性皮肤的人在化妆品上相对随意些。

2. 按季节选用化妆品

一年四季气候条件不同，人的皮肤状态也随之发生了不同的变化。夏天气温较高，皮脂腺功能旺盛，常分泌较多的汗液和皮脂，此时以使用含油量较少的化妆品为好。为防止阳光中紫外线对皮肤的损伤，可选用防晒油等护肤用品。另外，爽身粉、花露水也是夏季常用的化妆品。冬季气候寒冷干燥，汗液和皮脂分泌减少，皮肤往往会变得干燥，有时会产生皲裂，此时应使用油脂含量高并且内含保湿成分的雪花膏、润肤霜等用品。春秋季节风沙较大，则可选用含油量中等的奶液类护肤用品。

3. 按性别、年龄选用化妆品

人的皮脂不仅因年龄、气候而不同，和性别也有关系。对于男性，特别是年轻男子，他们的皮脂分泌量较多，皮肤更是强烈地偏于“油性”。男用化妆品的主要作用就是可以吸取分泌旺盛的油分，保持皮脂的平衡。因此，中性或干性皮肤的妇女使用了这些化妆品，反而会使皮肤干得更厉害。在女用化妆品中，有分别适用于少女、孕妇及中老年妇女的各类化妆品，但即使是女用化妆品，老年人用的某些营养润肤化妆品也是不适用于年轻人的。这些营养化妆品中为防止皮肤的进一步老化，常加入激素类药品，这些药品的添加，有防止皮肤萎缩的作用，但对于激素分泌正常年轻人来说，不仅不会起到上述作用，反而会刺激皮肤，甚至罹患某些皮肤病。婴幼儿皮肤细嫩，皮脂分泌较少，可选用专供婴幼儿使用的各种化妆品。老年人皮肤较为干燥，应选用油脂含量较高及含有维生素 E 等营养成分的化妆品。

（三）化妆品选购的技巧

1. 看包装

真的化妆品包装精美、考究、盒面光滑、色泽鲜亮，烫金字体工整、清晰。假的化妆品的外包装大都印制粗糙，色泽不正，字体不清。

2. 看内膏体

真的、质量好的化妆品内膏体细腻、柔滑，色泽柔和纯正。假的、质量次的化妆品，膏体粗涩，色泽不正。

3. 闻香型

真的、优质的化妆品香味雅致、绵绵悠长、淡雅清新，给人以心旷神怡的享受。而假冒的化妆品，不是香味浓得刺鼻，就是腻得令人作呕。

四、首饰类商品选购

（一）黄金首饰选购

1. 看首饰上的标志

我们国家对金饰上的标志、吊牌是有明确规定的，一般都要有生产企业的代号、材料名称、含量印记等，若没有这些就是不合格的产品。在选购金饰时，大家最关心的应该就是它的“成色”，也就是金饰里金元素的含量（含金量）。

（1）看分数标志。分数标志是将黄金首饰里的含金量用百分比、千分比来表示。例如标注 G990 或者 AU990，就表示这件金饰的含金量为 99%；标注 G586 或者 AU586，就表示它的含金量是 58.6%。前者的含金量更高、成色更好，所以在选购的时候一定要看清标志。

（2）看文字标志。除了分数标志外，有些黄金制品上还会有文字标志，更加简单明了，只有两个字——足金（含金量不低于 99.0% 的黄金）。

另外，以前还有“千足金”“万足金”之类的标记，指的是含金量不少于 99.9% 或者 99.99% 的金饰。目前我国已经取消了千足金、万足金的命名，现在的金饰上不会再出现这两种标志了。

2. 手颠金重和听声韵

黄金的密度为 $19.32g/cm^3$，比铜的密度高出两倍多，用手掂黄金有坠手的感觉，而手掂铜虽然重但没有坠手的感觉。

足金、纯金首饰的纯度非常高，实在沉稳，首饰落地或者互相碰撞的声音也会低闷沉稳，是“吧嗒”的声音，并且落地即不动了；而成色差、纯度低甚至假黄金落地或者互相磕碰时，会发出“当当”的金属声音，有时落地后还会跳动。千万别用力磕碰黄金，小心变形。

3. 观察颜色和做工

一是看颜色和光泽。赤黄色为佳品，还要注意观察商品外观的颜色，成色不好的颜色发暗发青色。有些装饰品颜色太暗淡就像喷出来的油漆色。

二是一定要用手摸一摸，看看是不是封边良好，有没有焊接不牢的，有没有断口、毛边，另外，容易掉下来的扣子也要检查。同时，纯金首饰容易变形，一定要看整体形状有无变形。黄金首饰表面的质感也不能忽略，要选择表面清晰、光亮度好，纹理均匀细腻的首饰。购买时还要注意首饰边缘是否光滑，好的首饰做工都很精细。

4. 分清楚包裹金、镀金、包金、鎏金、锻压金

（1）包裹金首饰。纯金首饰任何部位金属的成分都是相同的，而包裹金首饰则是两种或两种以上的金属附生或锻压在一起相互包裹，在不同的部位金属成分不同，其表面都是黄金而内部是铜和银。

（2）镀金首饰。在银或者铜制作的首饰表面镀上一层超薄的黄金，然后这样的首饰被称为“镀金首饰”。镀金首饰的标记是“GP”或者“KP”。我国规定，镀金层不能小于0.5微米（1微米=0.001毫米），这种镀金首饰光泽明亮、柔和，但不耐久，就像镀金表带一样容易磨损，会露出黄铜的坯胎，呈现暗淡的黄色。这种镀金首饰比较容易识别，仔细观察在首饰的结合处或棱角的凹陷处会有没有镀上金的地方；另外，它的密度小，用手掂比较轻、无坠手感，垂落在地面有清脆的“当啷”声，弹性好会跳动。

（3）包金首饰。包金首饰是在铜或银片上压上一层金箔，金箔的厚度10—50微米。包金首饰金箔的厚度比镀金厚，外表与黄金首饰相似。包金在美国也称为填金，这种包金首饰在美国都打有KF的印记，如果金箔ISK金，就在首饰内侧打上18KF的印记。

（4）锻压金首饰。锻压金和包金类似，就是将金箔锻压在其他金属制品的毛坯表面上。金箔的含金量不能小于10K，重量不能低于首饰总重的5%，它的标记为“GF”或者“KGF”。锻压金耐磨、硬度也高，还有黄金的质感，所以受人欢迎。

5. 选择规模较大、质量有保障的金店购买

在选购黄金首饰时，建议消费者挑选规模较大、信誉较好和有质量保证的大型商场或品牌专卖店，尽量不要在个人手中或旅游地区购买。

（二）钻戒的选购

“钻石恒久远，一颗永流传”，可见钻石已成为爱情的信物，故情侣订婚、结婚都会送对方一枚钻戒来见证这样一个隆重的仪式。但是钻石有好坏，作为消费者应如何进行选购呢？

1. 看色泽

一颗优质的钻石必然是色泽晶莹的。一般的钻石都是无色透明的，只有极少数钻石是有色彩的，而色彩越是艳丽则钻石价值越高，越让人痴迷。完全无色的透明钻石罕见，也是极其珍贵的，杂色越多的钻石则价值越低。钻石的色泽由优至劣共分为D—Z多个级别，D级别的最为珍稀。

2. 看重量

钻石的重量以克拉为计量单位，1克拉=0.2克，在色泽、纯净度等条件相同的情况下，重量越大的钻石价值越高。钻石比黄金更具有收藏价值，故越大则越能保值增值。大钻石更成为收藏家们狂热追捧的对象，是身份和地位、财富的象征。

3. 看净度

一般来说，钻石内部都或多或少地存在一些杂质，一般是肉眼看不见的小颗粒，如果肉眼可见，则证明钻石纯净度太低，不具备太大的收藏价值。在10倍放大镜下观察钻石，如果钻石内部完美无瑕，不含杂质，则纯净度极高，是最高的FL级别纯净度，这种钻石稀有。一般含有极为细小杂质的钻石就已经十分不多见了，纯净度越高的钻石价格也就越高。

4. 看工艺

再好的钻石也需要精湛的加工工艺来释放其本来的光泽，而钻石工艺主要指的就是切割工艺。完美的切工能够让钻石从各个角度反射光线，散发出夺目绚丽的光彩，让其魅力发挥到极致，只有极少部分的切工才能达到这种极高水平。而不成功的切割技术不仅会让钻石无法发挥其本来的光泽，还会让钻石失去其价值。故精湛的切割技艺是赋予钻石生命力的重要一步。

文本：如何选购钻石

任务2
假冒伪劣商品的识别

一、假冒伪劣商品

（一）什么是假冒伪劣商品

假冒伪劣商品，是指那些含有一种或多种可以导致普通大众误认的不真实因素的商品。假冒伪劣商品可以分为假冒商品和伪劣商品两种类型。

1. 假冒商品

商品在制造时，逼真地模仿别人的产品外形，或未经授权，对已受知识产权保护的产品进行复制和销售，借以冒充别人的产品。在当前市场上主要表现为：冒用、伪造他人商标、标志；冒用他人特有的名称、包装、装潢、厂名厂址；冒用优质产品质量认证标志和生产许可证标志的产品。

2. 伪劣商品

它是指生产、经销的商品，违反了我国现行法律、行政法规的规定，其质量、性能指标达不到我国已发布的国家标准、行业标准及地方标准所规定的要求，甚至是无标生产的产品。

视频：假冒伪劣商品

（二）假冒商品与伪劣商品的区别和联系

假冒商品和伪劣商品，既有区别又相互联系，是可以互相转化或相互包含的相同类型的商品。假冒商品，如前所述，是指非常逼真地模仿某个商品的外观，从而使用户、消费者误认为该商品就是真商品。假冒商品的生产者和销售者是在未经授权、许可（或认可）的情况下，对受知识产权保护的商品进行复制和销售。复制一般是指对商品的商标、包装、标签或具有其他重要的特性进行复制。所谓假冒，就是指行为人违反国家法律、法规的规定，以假借名牌或名家旗号的手法，生产销售其产品（商品），坑害用户、消费者的行为。因此，从广义上讲，假冒商品的内容与名称不相符，也属于伪劣商品的一种。但从狭义的角度看，伪劣商品主要是指质量低劣或者失去了使用价值，与假冒商品也有区别。如上述所指的假冒产地、厂名或认证标志、名优标志、他人注册商标的，属于假冒商品，不属于伪劣商品。伪劣商品有时也假冒其他名牌商品进行销售，则此时它既是伪劣商品，又是假冒商品。

伪劣商品和正品有严格区别。正品是指符合质量标准的商品，有时可分一等品、二等品、三等品等。相反，达不到质量标准的产品，有明显的外观瑕疵或影响使用价值的次品以及不符合技术标准而不能正常使用的废品等，如果进行销售都属于伪劣商品。

（三）常见的假冒伪劣商品

（1）假冒他人注册商标的商品；

（2）假冒他人商品的产地、企业名称或代号的商品；

（3）虚构企业名称的商品；

（4）过期、失效、变质的商品；

（5）危及人身和财产安全的商品；

（6）名称与质地不符、所标明的指标与实际不符或者主要指标不符合国家标准的商品；

（7）冒用优质或认证标志，冒用许可证标志的商品；

（8）掺杂使假、偷工减料的商品；

（9）以次充好、以假充真、以旧充新的商品；

（10）法律法规明令禁止生产、销售的商品；

（11）无标准、无检验合格证的商品；

（12）实施生产许可证管理而未标明许可证标志和编号的商品；

（13）未按有关规定标明规格、等级、主要技术指标或成分含量的商品；

（14）处理商品（含次品、副品、等外品）而未在商品或其包装的显著部位标明“处理品”（或“次品”“副品”“等外品”）字样的商品；

（15）生产、经销剧毒、易燃、易爆等危险品而未标明有关标志或未按规定提供使用说明的商品；

（16）限期使用的商品而未标明或未如实标明生产日期和失效时间的；

（17）未按规定标明产地、企业名称、企业地址和其他项目的商品。

（四）假冒伪劣商品的危害

1. 扼杀自主创新

创新是社会进步的动力，然而造假却是创新的天敌。制假售假挫伤了企业研究、开发新产品的积极性和创造性。创新的企业会觉得研发新产品投入越多，受到的伤害越深、损失越大。

2. 危害百姓健康

消费者买到假冒伪劣产品，不仅是上当受骗，而且自身的健康、安全也可能遭受到很大的危害。如前些年谈“红”色变的“苏丹红”，屡打不绝的“吊白块”，导致大头娃娃的“空壳奶粉”……屡屡对消费者的健康和生命构成威胁。

3. 破坏诚信建设

象征美好与团圆的月饼里装上往年冷冻的剩馅，鲜红光亮的大枣里注满了造假的颜料，花色缤纷的小狗却是被人们强行染色的结果；更有甚者，假药以及有害的造假食物已经严重危害百姓的生命。

假冒伪劣事件不仅伤害着人们的身体，严重影响广大消费者正常的生活与工作，而且还大大破坏了诚信建设，有悖道德规范。同时，如果假冒伪劣泛滥、坑害百姓的情况非常普遍，势必对城乡居民消费造成消极的心理影响。

4. 导致税收流失

地下造假行为不仅危害工农业生产，危害消费者健康安全，还会导致国家税收大量流失。据不完全统计，我国每年制售假冒伪劣产品的总产值高达2000亿—3000亿元，每年因假冒伪劣商品造成国家税收损失高达250亿元以上。

5. 扰乱市场秩序

假冒伪劣产品多使用劣质原材料，没有售后服务，不仅破坏市场经济秩序，而且破坏投资环境。正规企业面对假货，几乎不可能有公平的竞争环境。如果假冒伪劣商品泛滥，一些国外有名望产品的生产企业就不愿意投资或转移投资、停止新技术新产品的输入，影响企业扩大再生产，也让国内失去引进新技术、新产品的机会。

6. 败坏商品信誉

假冒伪劣商品不仅败坏国内市场商品的声誉，而且败坏出口商品的信誉，危害企业品牌声誉，造成国外市场萎缩、外汇流失，危及企业生存。

二、识别假冒伪劣商品

（一）假冒伪劣商品的特点

1. 假冒商品和劣质商品相伴

在我国老百姓的眼里，假冒商品就是伪劣商品。事实上，这种情况并非在所有的国家存在。在一些发达国家，一般的生产技术较为普及，设备和技术都能够轻易得到，因而假冒商品与正牌商品的品质差距不是很大，假冒者的利润主要在对正牌商品商标、商誉的侵占上。而在多数发展中国家，由于整体的生产技术水平低，假冒者为获取更高的利润，以劣质商品假冒正牌商品，假冒商品所导致的消费者受伤害的事例往往较多。回顾我国假冒伪劣的历史可以发现，20 世纪 80 年代末和 90 年代前期，所查处的假冒伪劣商品，多数质量极其低下，甚至完全是假货。而近几年，随着社会生产技术水平的提高，假冒商品的质量也有所提高，甚至出现了大量与正牌商品质量相当的假冒商品。这其实就是生产技术发展对假冒商品的改变作用。尽管这样，目前的假冒商品中大部分还是生产技术水平低下的作坊式小厂的伪劣商品，并且这种情况还要持续相当一段时间。

2. 商品假冒和防伪标志物假冒相伴

假冒伪劣的泛滥刺激了防伪产业的发展，但几乎市场销售好、市场定位较高的商品或多或少都在使用防伪商品。造假和防伪始终就在相互斗争中存和发展。当前的假冒商品中，身披激光防伪标志等防伪外衣的比比皆是，这成为我国假冒商品的一大特点。

3. 仿造品和仿冒品并存

在商品市场上，除假冒商品之外还有大量的仿造品和仿冒品存在（见图 10－1）。这些仿冒品突出的特征是，在商标标志和包装上使用与名牌商品相同或极为相似的图案和风格，在商品的品牌上取与名牌商品相近的名称。

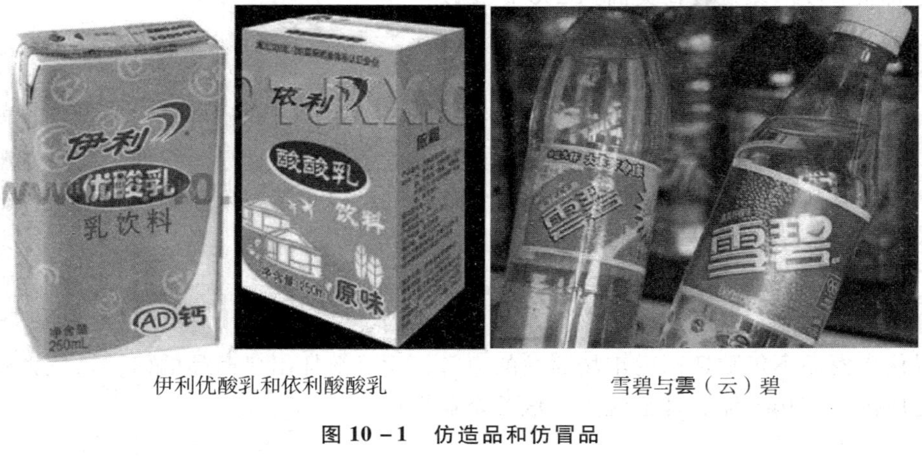

伊利优酸乳和依利酸酸乳　　雪碧与雲（云）碧

图 10－1　仿造品和仿冒品

4. 假冒伪劣商品和地方保护主义、腐败等现象共生

在查处许多假冒伪劣案件中，大量的假冒商品来自一些假冒伪劣商品集散地。这些集散地市场周围是大量的从事假冒伪劣商品生产加工、运输和销售的个人、专业户和生产厂家，造假达到了明目张胆的地步。当地政府对此不闻不问，甚至暗中支持。另外，造假售假的大量存在还有腐败作为支持。许多被查处的造假案件背后都有行贿、受贿等腐败相伴。假冒伪劣生产呈现出专业化和分散化的特点。

近些年，在我国政府的严厉打击下，造假也趋向分工细化、地点分散，每一个造假窝点往往只负责生产、销售的某一环节。造假者之所以这样，是因为这样能增加打假难度。

（二）假冒伪劣商品的鉴别要点

1. 认准商标标志

假冒名优商品在外包装上多数没有商标标志，或“注册商标”“注”或“R”等字样，往往纸质较差，印刷粗糙，线条、花纹、笔画模糊，套色不正，光泽差，色调不分明，图案、造型不协调，版面不洁，无防伪标记。

2. 查看商品标志

假冒伪劣商品的标志一般不是正规企业生产，外包装标志或残缺不全，或乱用乱写，或假冒优质奖标记，欺骗消费者。

3. 检验商品特有标记

部分名优商品在其特定部位还有特殊标记，如飞鸽、凤凰、永久三大国产名牌自行车，在车把、车铃、车座、衣架、车圈等处均有特殊标记。部分名优烟、酒包装上的商品名称用凹版印刷，用手摸有凹凸感，而假冒商品名称在包装上字体较平，无凸凹感。

4. 检查原产地域命名商品的生产地域

原产地域命名商品，指的是用一特定地域的名称来命名的商品，以标明该商品产自该特定区域，而且商品的质量、特色或声誉取决于该地域以内在的自然因素和人文因素所构成的地理特征。我国《原产地域产品保护规定》已于1999年7月30日实施。这一规定，对保护我国民族历史精品具有重要意义。我国的西湖龙井茶、绍兴黄酒等均已正式申请原产地域保护。一些具有地方特色的传统名优商品，以地域命名商品名称的，往往同一种商品生产厂家很多，但正宗传统名优商品只此一家，因而要认准厂名。如正宗名优“德州扒鸡”，厂家是中国德州扒鸡总公司，注册商标是德州牌。正宗名优“金华火腿”，上有“浙江省食品公司制”和“金华火腿”印章，而虽有“金华火腿”印章，生产厂家并非浙江省食品公司的，多为冒牌货。

5. 检查商品包装

名优商品包装用料质量好，装潢印刷规范，有固定颜色和图案，套印准确，图案清晰，形象逼真。伪劣商品一般包装粗糙，图案模糊，色彩陈旧，包装用料材质差。用真假商品对比，可以辨认。

大多数名优商品包装封口，均采用先进机械封口，平整光洁，内容物不泄漏。而假冒伪劣商品无论是套购的真品包装，还是伪造、回收的包装，封口多手工操作，不平整，常有折皱或裂口，仔细检查封口处，大都能发现破绽。如假冒名酒，将酒瓶倒置，往往会有酒液流出，用鼻嗅闻，能觉察到酒味。对包装封口有明显拆封痕迹的商品要特别注意，很可能是"偷梁换柱"。使用回收真酒瓶装假酒，酒瓶常有污垢，封口不圆整，在同一包装箱内的酒出厂日期、生产批号不一。

许多名优商品包装上有中国物品编码中心统一编制的条形码，经激光扫描器扫描，电脑可以识别。冒牌货往往无此标志，或胡乱用粗细不等的黑色直线条纹以及数字欺骗消费者，用激光扫描器扫描，没有正常反应，电脑不能识别。

6. 检查液体商品的透明度

除黄酒和药酒允许有正常的瓶底聚集物外，其他酒在常温下均为清亮透明，无悬浮物，无沉淀。

用肉眼观察兑水的白酒，酒液浑浊不透明；兑水的啤酒颜色暗淡，不清亮透明。

乳剂农药在正常情况下不分层、不沉淀。

7. 看商品的色泽

对农作物的种子和谷物，可看颜色是否新鲜而有光泽，籽粒大小是否均匀。

卷烟烟丝应色泽油润而有光泽，受潮的烟丝失去光泽、发暗。

优质禽畜生肉的肌肉颜色鲜艳、有光泽，脂肪为白色；劣质品的肌肉颜色灰暗、无光泽，脂肪发灰，呈褐色。

8. 看商品的烧灼情况

粉剂农药取10克点燃后，如冒白烟，说明有效；若极易燃烧，且冒浓黑烟，说明是假农药。

香烟烟支点燃后，能自燃40毫米以上者为正常，否则是受潮，或烟丝质量差。

9. 看商品的发霉、潮湿、杂质、结晶、形状、结构情况

药品和食品有发霉情况的应禁止销售和使用。粉状商品（如面粉、药粉、水泥等）出现团块的，表明受潮失效或变质。

10. 手感

手握饱满干燥的谷物及农作物的种子，应感到光滑顶手，插入种子堆（包）时阻力小，感觉发凉；如手握感到松软，插入时阻力大的，则籽粒不饱满，含水量大。

检查香烟时，可用手捏，名牌条装烟从外面轻捏会感觉很硬，冒牌条装名烟里面往往是纸包装的杂牌次烟，轻捏就觉得纸软。检查烟支时可用手捏，感到烟丝有弹性的为正常；手感疲软、容易弯曲是受潮，发脆的则是干燥。

11. 听感

罐头有漏听或胖听的不能食用。胖听罐头盖部凸起，用手叩击能听到空虚鼓音。

手搓香烟烟支，能听到轻微沙沙声是正常的表现；如果柔而无声表明香烟已受潮，沙沙作响的是过于干燥了。

12. 嗅感

凡食品、药品鼻嗅有霉味、酸败味、异味的，马口铁罐头有金属味的，均不能再食用或服用。

13. 味感

名牌香烟吸入后气味醇正，口感舒适；劣质烟有苦、辣、霉味、土腥味，杂气重。

名酒香气突出，醇厚丰满，回味悠长，大多能空杯留香。

兑水的白酒品尝时口感香味寡淡，尾味苦涩。

兑水的啤酒品尝时口感香味、滋味淡薄，感觉不到酒花香气，味道欠纯正。

知识拓展

假酒为何屡禁不止?

多年前，已故中国白酒泰斗周恒刚曾痛斥中国白酒“假酒”之乱象。时至今日，中国白酒市场上流通的白酒，除了贴牌酒以外，假酒屡禁不止，愈演愈烈。

业内人士表示，除茅台、五粮液、洋河、泸州老窖等名酒以外，市场上畅销什么酒，就一定会出现假酒，数量之繁多，令人防不胜防。特别是近几年随着网络购物的兴起，更是给假酒提供了生长的温床——网上看图是真酒，可购买以后通过物流或快递收到的酒就不一定是真的了。其实，假酒何止只是名酒？就连低端市场非常火爆的牛栏山二锅头，据厂家负责人说其假酒占比也达到了40%。

（资料来源：酒业报道）

问题与思考:

尽管监管部门和酒企对假酒销售和监察打假的力度年年都在加强，但为何还是有这么多的假酒泛滥，屡禁不止呢？你有什么好的办法来防范和打击假酒？

任务3
消费者权益保护

一、消费者权益

《中华人民共和国消费者权益保护法》第二章规定了消费者的九项权利：安全权、知情权、自主选择权、公平交易权、求偿权、结社权、获得有关知识权、人格尊严和民族风俗习惯受尊重权、监督权。另外，在《中华人民共和国电子商务法》中又赋予了消费者一种新的权利——评价权。

（一）安全权

消费者的安全权分为人身安全权和财产安全权。消费者在购买、使用商品和接受服务时，首先考虑的便是商品和服务的卫生、安全因素，不希望因卫生安全方面存在问题，导致生病、身体受到伤害，甚至产生生命危险。财产安全不仅指购买、使用的商品或接受的服务是否安全，更重要的是指购买、使用的商品或接受的服务以外的其他财产的安全，只要是在购买、使用商品或接受服务过程中，消费者的人身、财产安全受到损害，消费者就有权要求赔偿。

（二）知情权

作为经营者，诚实信用是交易双方应遵守的基本准则，不得隐瞒实情，不得作虚假承诺，否则就构成消费者知情权的侵犯，一旦发生争议或造成损害，消费者有权要求经营者给予赔偿。

（三）自主选择权

消费者选购商品或接受服务的行为必须是自愿的，不必以经营者的意愿为自己的意志，主动权在自己手中。同时，消费者自主选择商品和服务的行为必须合法，不能把自主选择权建立在侵害国家、集体和他人的合法权益之上。此外，自主选择权通常只能限定在购买商品或接受服务的范围内，不能扩大到使用商品上。

（四）公平交易权

经营者在提供商品或服务时，必须保证质量、价格合理、计量正确，不得违反平等自愿、公平交易的市场准则，违背消费者的意愿强制交易。

（五）求偿权

对于商品的购买者、商品的使用者、接受服务者以及在别人购买、使用商品或接受服务的过程中受到人身或财产损害的其他人而言，只要其人身、财产损害是因购买、使用商品或接受服务而引起的，都享有求偿权；商品的生产者、销售者或服务者均要承担赔偿责任，而不论其是否有过错；除非是出于受害者自己的过错，如违反使用说明造成的损害，则商品的制造者、经销者不承担责任。

（六）结社权

消费者组织起来依法成立消费者社会团体，形成对商品和服务的广泛社会监督，及时处理侵害消费者权益的行为、指导消费者提高自我保护意识和能力，通过调解、仲裁等方式，及时解决消费纠纷。

（七）获得有关知识权

所谓消费知识，包括消费态度知识，使消费者科学地指导自己消费行为；有关商品和服务的基本知识及有关市场的基本知识，以指导自己做出正确的消费选择。所谓消费者权益保护方面的知识，包括有关消费者权益保护的法律、法规和政策，消费者权益保护机构以及消费者和经营者发生争议时的解决途径等。

（八）人格尊严和民族风俗习惯受尊重权

尊重消费者在消费活动中的人格尊严是消费者享有的最起码权利，任何人都无权加以污辱和诽谤。对于侵犯消费者人格尊严的行为，法律视情节轻重予以相应的民事制裁。情节特别严重构成犯罪的，还应予以刑事制裁。

（九）监督权

消费者享有对商品和服务以及保护消费者权益工作进行监督的权利。有权检举、控告侵害消费者权益的行为和国家机关及其工作人员在保护消费者权益工作中的违法失职行为，有权对保护消费者权益工作提出批评、建议。

（十）评价权

评价权是消费者所拥有的一种“无权利之名而有权利之实”的新兴权利。《中华人民共和国电子商务法》第三十九条规定：“电子商务平台经营者应当建立健全信用评价制度，公示信用评价规则，为消费者提供对平台内销售的商品或者提供的服务进行评价的途径。”最高法的司法解释里也曾谈到，消费者对商品或服务的质量享有公正评论的权利是一种“公正评论权”。

通俗地说，评价权是一种给好评或者打差评的权利。消费者的评价以“信息公示”的方式公之于众，是消费者对经营者的一种制衡，有助于保障潜在消费者的利益。同时，消费者的评价权也能倒逼企业和商家不断提高产品质量、改进服务，起到优化市场机制、促进优胜劣汰的作用。

知识拓展

消费者也不可滥用“权利”

近日，一位宁夏银川的外卖小哥报警称，自己送外卖时因为没有帮顾客扔垃圾而遭到差评，不仅被平台扣了50元钱，接单量也有所减少，该“小哥”事后曾向平台申诉，但并没有用。新闻引发广泛关注。随后外卖平台回应称，平台已为“小哥”剔除差评，不会影响其收入。虽然此事告一段落，但因为消费者评价权引发的纠纷，却一直存在。比如不久前，一用户恶意给小米新机写差评，被小米科技有限责任公司诉至法庭。法院判定，该用户侵犯了小米公司的名誉权，要求其在10日内删除所发的恶意评价，并刊登道歉声明，赔偿小米公司经济损失等3万元。

素养视点

结合本案例谈一谈消费者也不可滥用“权利”问题，进而体会“把权力关进制度的笼子里”的意义。

二、经营者的义务

（一）经营者保障人身和财产安全的义务

为了有效实现消费者的保障安全权，经营者应当保证其提供的商品或服务符合保障人身、财产安全的要求；对于可能危及人身、财产安全的商品或服务，应当向消费者作出真实的说明和明确的警示，并说明和表明正确使用商品或服务的方法以及防止危害发生的方法。经营者发现其提供的商品或服务存在严重缺陷，即使正确使用商品或接受服务仍然可能对人身、财产安全造成危害的，应当立即向有关部门报告和告知消费者，并应采取防止危害发生的措施。

（二）经营者不得作虚假宣传的义务

为了保证消费者的知悉真情权，经营者应向消费者提供有关的商品或服务的真实信息，不得作引人误解的虚假宣传，否则就构成侵犯消费者权益的行为和不正当竞争行为。经营者对消费者就其提供的商品或服务的质量和使用方法等具体问题提出询问时，应当作出真实、明确的答复。在价格标示方面，商店在提供商品时，应当明码标价。

（三）经营者出具相应的凭证和单据的义务

经营者在提供商品或服务，应当按照国家有关规定或商业惯例向消费者出具购货凭证或服务单据；消费者索要购买凭证或服务单据的，经营者必须出具。由于购货凭证或服务单据具有重要的证据价值，对于界定消费者和经营者的权利义务也具有重要意义，因此明确经营者出具相应的购货凭证和单据的义务，有利于保护消费者权益。

（四）经营者不得从事不公平、不合理的交易的义务

为了保证消费者的公平交易权，经营者不得以格式合同、通知、声明、店堂告示等方式对消费者作出不公平、不合理的规定，或减轻、免除其损害消费者合法权益应当承担的民事责任。经营者在格式合同、声明、店堂告示等含有对消费者作出不公平、不合理的规定或减轻、免除经营者损害赔偿责任等内容的，其内容无效。

知识拓展

三包政策

三包政策是零售商业企业对所售商品实行退货、更换、维修的简称，指商品进入消费领域后，卖方对买方所购物品负责而采取的在一定限期内的一种信用保证办法。

“三包”规定：产品自售出之日起7日内，发生性能故障，消费者可以选择退货、换货或修理；产品自售出之日起15日内，发生性能故障，消费者可选择换货或者修理；消费者凭发票及三包凭证办理三包，三包有效期自开具发票之日起计算；在三包有效期内，修理两次，仍不能正常使用的产品，凭修理提供的修理记录和证明，由销售者负责为消费者免费调换同型号同规格的产品或按有关规定退货；对于因消费者使用、维护、保管不当造成损坏的、非承担三包修理者拆动造成损坏的、无三包凭证及有效发票的、三包凭证型号与修理产品型号不符或者涂改的、在不可抗拒力造成损坏的不实行三包，但可实行收费修理。针对不同的产品，国家还做了一些具体规定。

三、消费者权益保护

（一）消费者权益保护的意识

1. 自我防范意识

自我防范意识，不仅要求消费者在购买商品或接受服务时，要注意考虑自己的利益，而且要求消费者在购买商品后，在商品的使用消费过程中，也要注意保护自己。尽管我们可以说，社会主义生产的目的就是为了满足人们日益增长的物质文化生活需求，但是，不能否认，在具体的交易过程中，经营者与消费者的利益是冲突的。因此，每一个消费者在进行消费交易过程中，都应对自己的利益给予高度的注意。例如，购买商品的消费者，首先应对销售者进行必要的了解，选择自己信得过的商店或其他经营者购买商品。在选购商品时，对于

商品的种类、规格、性能、原材料、结构、合格证、出厂日期、消费期限、使用说明、售后服务等有关商品自身的情况以及商标、厂家、生产地、经销者等关于商品生产经营者的情况应尽可能地了解；在交易成立后，应尽可能要求销售者出具发票、收据或其他书面的证明材料，以便在受到侵害时能够有效地进行索赔。在使用、消费过程中，应严格按照规定的使用、消费方法进行消费，若发生消费事故，应及时与经营者取得联系，并提出索赔要求。消费者应当在日常的消费生活中不断注意培养和提高自我防范意识，国家和消费者组织应当通过宣传消费知识，提醒消费者时刻注意保护自己的利益。

2. 权利意识

为了保护消费者的利益，法律对消费者赋予了各种权利。这里所说的消费者权利，不仅包括《中华人民共和国消费者保护法》规定的消费者法定的一般权利，也包括消费者根据其他法律或与经营者签订的合同而享有的权利。一个对自己和社会负责的消费者，应当知道自己享有哪些权利，如果在自己的合法权益受到侵害时，依法维护自己的权利，与侵害消费者利益的行为进行斗争。这不仅是他个人的权利，也是其对社会的责任。权利是受法律保护的利益，当法律对消费者的权利进行界定后，对这种受法律保护的利益的侵害，便是违法行为。如果消费者对于自己的权利漠不关心，听任经营者侵害而不进行维护，则消费者不仅是对自己的失职，也是对社会的不负责任。消费者对自己权利的放弃，便是对经营者违法行为的怂恿和奖励，此时，受到损害的不仅仅是消费者自身的利益，还包括社会的公共利益，法律秩序将会因消费者对权利的放弃而受到破坏，经营者会因消费者的软弱而变得更加肆无忌惮。因此，每一个消费者要尊重自己的权利，每一个消费者都有义务维护自己的权利。权利意识的提高依赖于法律意识的提高，要使每一个消费者具有高度的权利意识，必须使消费者知道在法律上他有哪些权利。在我国，强化消费者的权利意识还存在一个比较棘手的障碍，这就是传统农业经济条件下形成的“和为贵”的旧思想观念。诚然，消费者与经营者和平相处、礼貌相待，当然是消费者渴求的理想状态，但是，为了和平相处而放弃权利，对于社会和消费者本人来说都是不可取的。消费者要改善自己的地位，必须为权利而斗争。当每一个消费者都能认真对待自己的权利，并且能不畏不法经营者的势力而为维护自己的权利进行斗争时，当每一个社会成员都能理解并帮助消费者为争取和维护自己的权利而斗争的行为时，不法经营者便失去藏身之地，消费者与经营者之间才能在更平等的基础上实现更加永久的和平共处，才能在更高的、更符合人类一般理性的层次上达成更加稳定的理解、协调与合作。

3. 文明消费意识

消费者在进行消费的过程中，也应当对自己的行为进行约束，注意培养文明消费的意识，杜绝愚昧消费的行为。我们说，消费者应当为自己的权利而斗争，并不意味着消费者可以无法无天、无理取闹。消费者应当以一个文明的现代消费者的标准要求自己。首先，文明消费最基本的要求是合法，决不能以消费为名，行偷盗、诈骗之实，在购买商品或接受服务时，应当尊重经营者的人格，爱护经营者的商品。其次，在消费时应当遵守经营者规定的各项合理的管理规章，接受消费场所工作人员的管理。再次，要注意礼貌，言辞举止适度，行为合法并符合礼仪规范。在与经营者发生纠纷时，应当尽量心平气和地在协商的基础上解决；在协商不成时，应通过合法的渠道谋求解决。不论采取哪一种方式解决争议，都应当注意保持文明消费者的形象。

4. 消费者群体保护意识

消费者群体的普遍利益与单个消费者的具体利益是相互依赖、相辅相成的。现代消费者不仅应当关心自身的利益，还应当关心消费者的共同利益和其他消费者的利益。现实生活中，持“事不关己，高高挂起”思想观念的消费者仍相当普遍。由于受传统观念的影响，一些消费者认为，一些蝇头小利，不必过于计较，对其他消费者主张权利不仅漠不关心，有时甚至冷嘲热讽。殊不知，每一个消费者在主张自己权利的同时，也为他人获得公平的交易环境做出了贡献。消费者的群体保护意识，不仅消费者组织及其工作人员应当具备，每一个消费者也应当具备。

知识拓展

“光盘行动”要持之以恒

“光盘”是指将盘子里的东西吃光。“光盘行动”旨在让人们培养节约习惯，养成珍惜粮食、反对浪费的习惯。对“舌尖上的浪费”说不，居安思危，牢记“谁知盘中餐，粒粒皆辛苦”。

过去从大宴会到小餐桌，从街边餐馆到学校食堂，每年被倒掉的食物相当于上亿人一年的口粮。勤俭节约是中华民族的优秀美德，也是现实国情的需要，因此遏制餐桌上的浪费，是一场每个人都需要参与的行动。

通过“光盘行动”的开展，“舌尖上的浪费”现象得到很大改观，群众反映强烈的餐饮浪费行为和现象得到有效遏制，广大市民的节约习惯进一步增强，浪费可耻、节约光荣的理念深入人心，在全社会形成浓厚氛围。

但不可否认，如今在一些地方“舌尖上的浪费”又有回潮的迹象。2020年8月11日，国家主席习近平作出重要指示，强调坚决制止餐饮浪费行为，切实培养节约习惯，在全社会营造“浪费可耻、节约为荣”的氛围。

“光盘行动”不是一阵风，厉行节约、反对浪费是我们每个人的责任。“光盘”精神永不过时，要让“光盘行动”真正成为一种习惯、一种风尚，需要深耕细作，也需要法律法规的护航，应将食品浪费行为纳入法治轨道，建立长效监管机制。

（资料来源：《湛江日报》）

素养视点

党的二十大报告指出：“实施全面节约战略，推进各类资源节约集约利用。”结合光盘行动，谈一谈如何才能让“光盘行动”真正成为一种习惯、一种风尚。

（二）消费者权益保护的实现途径

我国为保护消费者的合法权益，先后颁布了一系列保护消费者权益的法律、法规。例如《中华人民共和国产品质量法》、《中华人民共和国消费者权益保护法》、《部分商品修理更换退货责任规定》（国家新“三包”规定）、《中华人民共和国反不正当竞争法》、《中华人民共和国价格法》、《中华人民共和国商标法》、《中华人民共和国广告法》、《中华人民共和国食品卫生法》、《中华人民共和国药品管理法》等。尤其是《中华人民共和国消费者权益保护法》已经成为消费者保护自身合法权利的坚强后盾，其中维护消费者合法权益的五种途径，给消费者指出了一条如何保护自我合法权益的清晰思路。这五个途径主要有：协商和解、调解、申诉、仲裁、诉讼。

文本：《中华人民共和国消费者权益保护法》

1. 协商和解

协调和解是指消费者与经营者双方在平等自愿的基础上，通过友好协商的形式分清责任，取得彼此谅解，最后达成公平合理地解决消费者争议协议的一种方式。协商和解在实际生活中最普遍。

协商和解具有简便、高效、经济的特点，且涉及的消费者争议大多数是标的不大、案情比较简单的争议。这种方式一旦被接受，消费者的合法权益将会受到保护，同时经营者在利润和商誉上也不会受到损害，而且程序简单、节省时间和精力。这种方式对于市场经济发展和社会秩序稳定都不会产生任何消极的影响，与其他的途径相比成本最低，无论是对消费者或经营者，它都不失为一种理想的途径。

但是协商和解的缺点在于缺乏国家强制力。消费者与经营者相比处于弱势地位，无法与具有优势地位的经营者抗衡。如果经营者以消费者的利益为重，就会为消费者解决问题。如果经营者不讲信用，就可能会推诿，逃避责任，那样的话消费者不仅消耗精力、时间，而且问题仍得不到解决，消费者的利益就会得不到保障。

2. 调解

调解指在第三方的支持下，由当事人就有关问题自愿协商，达成协议解决纠纷的一种方式。

调解不同于消费者与经营者协商解决。协商和解只有消费者与经营者参加，而调解是消费者、经营者、消费者协会三方参加，由消费者协会居中调解，此时消费者协会不代表任何一方利益，它必须公正地调解；另外，消费者协会在调解过程中应当充分尊重当事人的意见，无论调解是否达成协议或怎样达成协议，应当由双方当事人自己协商。如果达成调解协议，即由双方当事人自动履行协议，消费者协会不得强迫履行。消费者协会受消费者委托时，是代表消费者利益的，是消费者的代理人。

但是消费者协会也存在一些弊端。由于消费者协会等民间组织没有法律强制力，实际工作起来没有威慑力度，常常力不从心，使它的作用在很大程度上受到了限制。所以，往往只有依托于行政机关或者司法机关，来解决那些对不讲诚实信用、生产假冒伪劣产品的经营者投诉。

3. 申诉

行政申诉是指公民或者法人认为自己的合法权益受到损害而向行政机关提出的、要求行政机关予以保护的请求。

行政机关的经济监督，在国家经济监督体系中居于主体地位。工商、物价、卫生、质检等行政部门实际履行着保护消费者合法权益的职能，促使其成为保护消费者权益的重要途径的主要因素如下：

（1）从市场经济发展的角度来看，经营者为了追求最高的经济利益，有时会损害社会利益，也包括损害消费者的利益。如果仅靠市场自身的力量是无法解决的，这就需要政府以“裁判员”的身份出面去维护市场竞争秩序，才能保证市场经济迅速健康地发展。而行政机关对消费申述的解决就是一种对市场经济竞争的维护。

（2）从社会利益的角度来看，通过消费者向行政部门申述，行政部门能够利用强制的执行力及时地打击那些坑害消费者、生产假冒和伪劣产品的经营者。行政部门在保护消费者合法权益的同时，也提高了行政机关的工作效率。

（3）从消费者利益的角度来看，一是以申述的方式解决与协商、调解相比较，申诉的程序比较正规，对于消费者来说可靠性会更强些；二是以申诉方式解决消费纠纷会更经济；三是申诉还有高效、快捷的特点。

4. 仲裁

解决消费者争议的另一种方式就是由仲裁机构仲裁。仲裁也称“公断”，是指发生纠纷的当事人，自愿将他们之间的争议提交仲裁机构进行裁决的行为。它是一种准司法活动，并具有公正性、权威性、经济性、快速性、保密性强的优点。

因仲裁机构只在设区的市设立，对于其他地区的消费者如果要想以这种方式解决纠纷将会非常的不便利。而且，只要有一方不愿意选择仲裁的方式，仲裁机构将不受理。所以，这种途径在我国并不被争议当事人看好，现在选择仲裁方式做解决消费纠纷的消费者不太多。

5. 诉讼

在我国消费者还可以向人民法院起诉，要求解决争议。诉讼是解决争议最有力的方式。法院代表国家行使审判权，其判决具有强制力。另外，法院可以依自身职权强制执行生效判决。消费者的诉讼可分为民事诉讼、行政诉讼、刑事诉讼三种。我们一般讲的是民事诉讼。虽然这种途径十分有力度也最有效，但也存在一定的不便。

（1）从社会利益的角度来看，消费者在寻求诉讼途径解决纠纷时，不仅自身要花掉一定的费用，还要花费法院的司法成本费。如果所有的消费纠纷都交由司法机关解决，那么司法机关必然会不堪重负，社会的公共利益也将会受到损害。所以，从考虑社会利益的方面看，分散消费纠纷解决渠道，将会更有利于社会的发展和稳定。

（2）从经济的角度来看，虽然我国市场经济制度已经有一些完善，但尚未完全走上正轨，大量侵犯消费者权益的不正当竞争行为充斥着市场，所以，必须靠效率高、效果显著的方式调控市场，显然实现这一目标靠行政保护途径要比司法途径更可行些。

（3）从消费者的利益角度来看，在我国，一般消费者的权利意识差，当权利受到侵害时往往听之任之，不到万不得已不愿到法院打官司。而且，按照《中华人民共和国消费者权益保护法》第四十九条的规定，打赢官司最多能得到增加一倍的赔偿金额。因而，打官司后，不仅受到的损害得不到补偿，而且会造成更大的人力、财力的浪费。因此，对于那些小金额的消费纠纷，消费者要以诉讼方式维护自己的合法权益就得不偿失。显然，诉讼成本高已经成为消费者选择民事诉讼方式维护其合法权益的绊脚石。

素养视点

结合自身实际，谈一谈如何增强法治观念，增强法律意识，争做守法公民。

任务4
应用与实践

在本学习项目进行后，结合本章内容可以开展“校园‘3·15’宣传活动”实践活动。活动可以邀请当地消费者协会专业人士进行参与和指导。

校园“3·15”宣传活动实训

视频：校园3·15实训

1. 实训目的：加深对假冒伪劣商品及其危害的认识，了解更多的识别假冒伪劣商品的常识，培养学生养成良好的消费习惯，具备文明消费意识，训练学生大型活动的组织能力。
2. 实训内容：撰写“文明消费”倡议书，拟写宣传语，设计宣传画，制作宣传条幅、版面等。
3. 环境要求：广告宣传材料、音响设备等。
4. 实训流程：设计宣传材料—宣传—活动总结。
5. 注意事项：①注意整个实训过程的安全性；②注意整个过程中的成本核算。
6. 实训作业：撰写的倡议书、拟写的宣传语、设计的宣传画。

思考训练

一、简答题

项目十自测题

1. 常见的假冒伪劣商品有哪些？
2. 消费者有哪些权益，经营者有哪些义务？

二、实务分析题

1. 制作一期校园打假宣传版面。
2. 结合赵本山的小品《卖拐》，分析消费者如何保护自身的消费权益。

参考文献

1. 万后芬．绿色营销［M］．2版．北京：高等教育出版社，2006.

2. 窦志铭．商品学基础［M］．4版．北京：高等教育出版社，2016.

3. 孙参运．商品学基础［M］．1版．武汉：武汉理工大学出版社，2008.

4. 周玉萍．消费者权益保护法的价值及其实现途径［J］．重庆职业技术学院学报，2007，16（6）.

5. 中国人大网，http：//www. npc. gov. cn.

6. 中国政府网，http：//www. gov. cn.

7. 中华人民共和国司法部网，http：//www. moj. gov. cn.

8. 中国国家认证认可监督管理委员会，http：//www. cnca. gov. cn.

9. 中国物品编码中心网站，http：//www. ancc. org. cn.

10. 中国商标网，http：//www. ctmo. gov. cn.

11. 中国质量认证中心网站，http：//www. cqc. com. cn/.

12. 中企检测认证网，http：//www. h2l. cn/.

13. 搜狐网，https：//www. sohu. com.

14. 站酷网，https：//www. zcool. com. cn.

15. 伦敦空气启示录［N］．青年商旅报，2015－3－13（11）.

16. 新华网，http：//news. xinhuanet. com.

17. 找法网，http：//china. findlaw. cn/.

18. 360doc个人图书馆，http：//www. 360doc. com/.

主编简介

孙参运，1974 年出生，河南省商丘市人，副教授，高级电子商务师。1998 年毕业于郑州纺织工学院市场营销专业，现任商丘职业技术学院乡村振兴学院副院长。商丘市学术技术带头人，河南省课程思政名师；职业技能大赛省级评委，“豫创天下”创业创新大赛商丘分赛区评委，全国电子商务三创赛国赛金奖辅导老师；教育部工商管理教指委“商品学基础与实务”精品课程主持人；市场营销专业国家教学资源库子项目“商业文化与素养”主要负责人；河南省课程思政示范课程“商品学基础与实务”和“商业文化与素养”主持人；先后获得教育部中等职业教育改革创新示范教材奖，首届河南省教材建设二等奖等。

“不香不艳兀自开，我心向阳明镜台。求得天赐一滴露，劳蜂还恩蜜甜来。”从教 20 多年来，一直扎根职业教育一线，执着于教学和人才培养模式的开发与设计。先后主编教材 10 部，发表《基于工学结合“3111”人才培养模式的课程体系构建》《构建基于创新创业教育发展要求的“四岗双创”新模式》等多篇教改文章，引起媒体的广泛报道、转载及业内同行的好评。